Die Effizienz des Täter-Opfer-Ausgleichs

Eine empirische Untersuchung von Täter-Opfer-Ausgleichsfällen aus Schleswig-Holstein

Anke Keudel

Die Deutsche Bibliothek – CIP Einheitsaufnahme
Die Effizienz des Täter-Opfer-Ausgleichs – eine empirische Untersuchung
von Täter-Opfer-Ausgleichsfällen aus Schleswig-Holstein
– 1. Aufl. – Mainz : WEISSER RING, 2000
    (Mainzer Schriften zur Situation von Kriminalitätsopfern ; Bd. 24)
    ISBN 3-9806463-3-5

Herausgeber:
WEISSER RING – Gemeinnütziger Verein
zur Unterstützung von Kriminalitätsopfern und
zur Verhütung von Straftaten e.V.
Weberstraße 16, 55130 Mainz

ISSN 0937-3713
ISBN 3-9806463-3-5

© WEISSER RING Verlags-GmbH, Weberstraße 16, 55130 Mainz
1. Auflage 2000, 2.000
Alle Rechte vorbehalten

Meiner Familie

Vorwort

Die vorliegende Arbeit wurde im Wintersemester 1999/2000 als Dissertation bei der Juristischen Fakultät der Christian-Albrechts-Universität zu Kiel eingereicht. Das Manuskript wurde im Oktober 1999 fertig gestellt.

Mein besonderer Dank gilt Herrn Prof. Dr. Heribert Ostendorf, Leiter der Forschungsstelle für Jugendstrafrecht und Kriminalprävention an der Christian-Albrechts-Universität zu Kiel, der meine Dissertation mit großem Engagement betreut hat. Ihm verdanke ich nicht nur die Anregung zu dieser Arbeit und den Kontakt zum WEISSEN RING, sondern auch vielfältige Fachgespräche und kritische Diskussionsbeiträge im Verlauf der Bearbeitung des Forschungsprojektes.

Außerdem habe ich dem WEISSEN RING zu danken, der die Forschungsarbeit finanziell unterstützt hat und die Druckkosten übernommen hat.

Auch möchte ich mich bei meinem Vater und meinem Bruder Lars bedanken, die das Manuskript kritisch gelesen haben und mir bei technischen Problemen zur Seite standen.

Meinen Freunden, die mich in der Zeit mit Rat und Tat unterstützt haben, möchte ich an dieser Stelle danken, insbesondere Karin Sommer, Leif Jucho, Almut Elflein und Helge Claußen.

Kiel, im März 2000   Anke Keudel

Inhaltsverzeichnis

1. TEIL: STAND DES TÄTER-OPFER-AUSGLEICHS — 17

1. Kapitel: Zielsetzung der Arbeit — 17

2. Kapitel: Grundlagen des Täter-Opfer-Ausgleichs — 18
- A. Begriff — 18
- B. Rechtliche Grundlagen — 18
  - I. Erwachsenenbereich — 18
  - II. Jugendbereich — 19

3. Kapitel: Zur Entwicklung des Täter-Opfer-Ausgleichs — 21

4. Kapitel: Kritik am derzeitigen Täter-Opfer-Ausgleich — 23
- A. Abschaffung des Strafrechts — 23
- B. Wiedergutmachung kein Element des Strafrechts — 24
- C. Entlastung von Bagatellkriminalität — 26
- D. Verstoß gegen das Rechtsstaatsprinzip — 26
  - I. Verstoß gegen die Unschuldsvermutung — 27
  - II. Opferorientierung — 27
  - III. Staatsanwalt als Richter vor dem Richter — 28
- E. Mangelnder kriminalpräventiver Effekt — 30
- F. Schwächung der Opferrechtsstellung — 31
- G. Ablenkung vom Entkriminalisierungsbedarf — 31
- H. Schwächung der generalpräventiven Wirkung des Strafrechts — 32
- I. Kritik an der Ausgestaltung — 34
  - I. Mängel der derzeitigen gesetzlichen Regelung — 35
  - II. Verbesserungsvorschläge — 36
    1. Alternativ-Entwurf Wiedergutmachung — 36
    2. Entwurf eines Gesetzes zur strafverfahrensrechtlichen Verankerung des Täter-Opfer-Ausgleichs — 39

5. Kapitel: Entwicklung des Täter-Opfer-Ausgleichs in Europa — 41
- A. Italien — 41
- B. Niederlande — 41
- C. Österreich — 42
- D. Estland — 42
- E. Spanien — 42
- F. Internationale Empfehlungen — 42

2. TEIL: DIE EMPIRISCHE UNTERSUCHUNG — 44

1. Kapitel: Ausgangsuntersuchung — 44
- A. Akten der Staatsanwaltschaft — 44
  - I. Angaben zu den Beschuldigten — 45
    1. Alter — 45
    2. Vorbelastung der Beschuldigten — 45
    3. Bestreiten des Tatvorwurfs — 47
  - II. Die Erledigung des Verfahrens — 48
  - III. Die Tat — 49
    1. Tatbestände — 49
    2. Beziehungstaten — 51
    3. Bekanntschaftsverhältnis — 52
    4. Spontane Aggression — 53

5. Alkoholeinfluss	53
6. Stellvertreterkonflikt	54
7. Kriminalitätsschwere der Anlasstat	55
a) Schadenshöhe bei Vermögensdelikten	55
b) Ärztliche Versorgung	56
c) Bagatelle	57
8. Personales Opfer	58
IV. Einleitung des Täter-Opfer-Ausgleichs	59
V. Art der Durchführung	60
1. Entschuldigung mit Worten	61
2. Entschuldigung mit Gesten	62
3. Schadenswiedergutmachung und Schmerzensgeld	62
4. Sonstige Wiedergutmachung	63
5. Geld an eine gemeinnützige Einrichtung	64
VI. Dauer des Täter-Opfer-Ausgleichsverfahrens	64
1. Zeitabschnitt von der Tat bis zur Verfügung der Staatsanwaltschaft zur Durchführung eines Täter-Opfer-Ausgleichs	64
a) Jugendliche	64
b) Heranwachsende	65
c) Erwachsene	66
d) Gesamtbetrachung	66
2. Zeitabschnitt von der Verfügung der Staatsanwaltschaft zur Durchführung eines Täter-Opfer-Ausgleichs bis zum Abschluss des Täter-Opfer-Ausgleichs	67
a) Jugendliche	67
b) Heranwachsende	68
c) Erwachsene	68
d) Gesamtbetrachtung	69
3. Zeitabschnitt von der Verfügung der Staatsanwaltschaft bis zur endgültigen Einstellung	70
a) Jugendliche	70
b) Heranwachsende	70
c) Erwachsenenbereich	71
d) Gesamtbetrachtung	71
B. Akten der Gerichtshilfe Itzehoe	72
I. Angaben zu den Beschuldigten	73
1. Alter	73
2. Vorbelastung der Beschuldigten	73
3. Bestreiten des Tatvorwurfs	74
II. Die Erledigung des Verfahrens	74
III. Die Tat	75
1. Tatbestände	75
2. Beziehungstaten	76
3. Bekanntschaftsverhältnis	76
4. Spontane Aggression	76
5. Alkoholeinfluss	77
6. Stellvertreterkonflikt	77
7. Kriminalitätsschwere der Anlasstat	78
a) Schadenshöhe	78
b) Ärztliche Versorgung	78
c) Bagatelle	79
8. Personales Opfer	79
IV. Einleitung des Täter-Opfer-Ausgleichs	80
V. Art der Durchführung	81
1. Entschuldigung mit Worten	81
2. Entschuldigung mit Gesten	82
3. Schadenswiedergutmachung und Schmerzensgeld	82
4. Sonstige Wiedergutmachung	83

5. Geld an eine gemeinnützige Einrichtung	84
VI. Dauer des Täter-Opfer-Ausgleichsverfahrens	84
1. Zeitspanne zwischen Tat und Verfügung der Staatsanwaltschaft zur Durchführung eines Täter-Opfer-Ausgleichs	85
2. Zeitabschnitt von der Verfügung der Staatsanwaltschaft zur Durchführung eines Täter-Opfer-Ausgleichs bis zum Abschluss des Täter-Opfer-Ausgleichs	85
3. Zeitabschnitt von der Verfügung der Staatsanwaltschaft bis zur endgültigen Einstellung	86
VII. Zusammenfassung und Ergebnis	87

2. Kapitel: Vergleich mit anderen empirischen Untersuchungen zum Täter-Opfer-Ausgleich — 88

A. Studien aus dem allgemeinen Strafrecht und dem Jugendstrafrecht (zusammen)	88
I. Bundesweite Täter-Opfer-Ausgleichs-Statistik	88
1. Anregung zum Täter-Opfer-Ausgleich	89
2. Deliktstruktur	89
3. Merkmale der Beschuldigten	89
a) Personales Opfer	89
b) Altersstufen der Beschuldigten	89
c) Vorbelastung der Beschuldigten	90
d) Bestreiten des Tatvorwurfs	90
e) Bekanntschaftsverhältnis	90
4. Art und Weise der Durchführung	90
a) Gemeinsames Gespräch	90
b) Art der vereinbarten Leistungen	91
5. Rechtliche Grundlage der Verfahrenserledigung	91
6. Dauer des Verfahrens	92
a) Tat bis Eingang beim Projekt	92
b) Eingang bis Rückgabe	92
c) Rückgabe bis Verfahrensabschluss	92
II. Brandenburg	93
1. Deliktsgruppen	93
2. Alter	93
3. Natürliches Opfer	93
4. Art des Ausgleiches	93
5. Schaden	94
B. Studien aus dem Jugendstrafrecht	94
I. München/Landshut	94
1. München	94
a) Deliktsgruppe	94
b) Schäden	94
c) Ärztliche Behandlung bei Körperverletzungsdelikten	95
d) Bekanntschaftsverhältnis	95
e) Vorbelastungen	95
f) Art der Durchführung	95
g) Dauer des Verfahrens	96
2. Landshut	96
a) Deliktsgruppe	97
b) Schaden	97
c) Ärztliche Behandlung	97
d) Bekanntschaftsverhältnis	97
e) Natürliche Person	97
f) Art der Durchführung	98
g) Dauer des Verfahrens	98
II. Projekt WAAGE (Köln)	99
1. Deliktsgruppe	99
2. Schaden	99
3. Vorbelastungen	99

4. Bekanntschaftsverhältnis	99
5. Art der Wiedergutmachung	100
6. Dauer des Verfahrens	100
III. Projekt „Handschlag" (Reutlingen)	100
1. Deliktsgruppen	100
2. Schaden	100
3. Vorbelastungen	101
4. Stellvertreterkonflikt	101
5. Art der Durchführung	101
C. Studien aus dem allgemeinen Strafrecht	101
I. WAAGE-Studie (Hannover)	101
1. Personales Opfer	101
2. Geständnis	102
3. Delikte	102
4. Vorbelastungen	102
5. Bagatellen	103
II. Tübingen	103
1. Deliktsart	103
2. Schaden	104
3. Vorverurteilungen	104
4. Bekanntschaftsverhältnis	104
5. Art des Ausgleiches	104
6. Schäden	105
III. Nürnberg/Fürth	105
1. Deliktsgruppen	105
2. Ärztliche Behandlung	105
3. Schadenshöhe	105
4. Vorbelastungen	105
5. Natürliches Opfer	106
6. Art der Durchführung	106
7. Dauer des Verfahrens	106
D. Zusammenfassung und Ergebnis	106
3. Kapitel: Rückfalluntersuchung	**107**
A. Probleme der Rückfallauswertung	107
I. Methode: Auszüge aus Bundeszentralregister	107
II. Rückfall als Effizienzkriterium	108
III. Rückfall ist nicht gleich Rückfall	108
IV. Kausalität zwischen Sanktion und Rückfallverhalten	109
B. Rückfallanalyse	109
I. Schleswig-Holsteinische Studie	110
1. Rückfall der Grundgesamtheit	110
a) Rückfallquote	110
b) Einschlägiger Rückfall	111
c) Schwere der Rückfalldelikte	112
d) Schwere des Rückfalls	113
e) Rückfalldelikte	114
f) Rückfallsanktion	115
g) Zeitdifferenz	117
h) Anzahl der Eintragungen	117
i) Einschlägige Fälle bei Mehrfachrückfälligen	117
j) Rückfallschwere bei Mehrfachrückfälligen	118
k) Deliktsschwere der Mehrfachrückfälle	120
2. Differenzierung der Untersuchung nach Altersklassen	121
a) Rückfallquoten nach Altersklassen	121
b) Einschlägige Rückfälle nach Altersklassen	122
c) Deliktsschwere der Rückfälle nach Altersklassen	123

d) Rückfallschwere nach Altersklassen	123
e) Rückfalldelikte	124
f) Anzahl der Eintragungen nach Altersklassen	125
g) Rückfallsanktionen nach Altersklassen	126
3. Abhängigkeiten der Rückfälle von einzelnen Merkmalen des Täter-Opfer-Ausgleichs-Verfahrens	127
a) Zusammenhang zwischen Täter-Opfer-Beziehung und Rückfall	127
b) Zusammenhang zwischen Täter-Opfer-Bekanntschaft und Rückfall	128
c) Zusammenhang zwischen spontaner Aggression und Rückfall	128
d) Zusammenhang zwischen Alkoholkonsum und Rückfall	129
e) Zusammenhang zwischen Kriminalitätsschwere der Ausgangstat und Rückfall	130
f) Zusammenhang zwischen Rückfall und Deliktsgruppen	131
g) Zusammenhang zwischen Bestreiten des Tatvorwurfs der Ausgangstat und Rückfall	132
h) Zusammenhang zwischen Vorbelastung und Rückfall	132
i) Zusammenhang zwischen formalem Ausgleichsgespräch und Rückfall	134
4. Zusammenfassung	134
II. Itzehoer Kontrollstudie	135
1. Auswertung der Grundgesamtheit	135
a) Rückfallquote	135
b) Einschlägige Rückfälle	136
c) Schwere der Rückfälle	136
d) Schwere der Delikte	137
e) Rückfallsanktion	138
f) Zeitdifferenz	138
g) Anzahl der Eintragungen	138
h) Ergebnis des Vergleiches mit den Daten aus Itzehoe	139
2. Abhängigkeit der Rückfälle von einzelnen Merkmalen des Täter-Opfer-Ausgleichs-Verfahrens bei der Itzehoer Kontrollstudie	139
a) Zusammenhang zwischen Täter-Opfer-Beziehung und Rückfall	140
b) Zusammenhang zwischen Täter-Opfer-Bekanntschaft und Rückfall	140
c) Zusammenhang zwischen spontaner Aggression und Rückfall	141
d) Zusammenhang zwischen Alkoholkonsum und Rückfall	141
e) Zusammenhang zwischen Kriminalitätsschwere der Ausgangstat und Rückfall	142
f) Zusammenhang zwischen Deliktsgruppen und Rückfall	142
g) Zusammenhang zwischen Bestreiten des Tatvorwurfs der Ausgangstat und Rückfall	143
h) Zusammenhang zwischen Vorbelastung und Rückfall	143
i) Zusammenhang zwischen formalem Ausgleichsgespräch und Rückfall	144
j) Ergebnis	144
4. Kapitel: Vergleich mit anderen Rückfalluntersuchungen	**144**
A. Jugendliche	145
I. Österreichische Rückfallstudie von Császár	145
1. Rückfallquote	146
2. Vorbelastungen	146
3. Anzahl der Folgeverurteilungen	147
4. Deliktsschwere und Rückfall	148
5. Die Sanktionen der Rückfalldelikte	149
6. Zusammenfassung und Ergebnis des Vergleiches mit der Studie von Csázsár	149
II. Untersuchung von Hügel	150
1. Rückfallquote	150
2. Anzahl der Nachentscheidungen	151
3. Vorbelastungen	152
4. Rückfallgeschwindigkeit	153

5. Sanktion der Rückfalltaten	153
6. Rückfall und Delikte	154
7. Zusammenfassung und Ergebnis des Vergleiches mit der Studie von Hügel	154

III. Untersuchung von Hock-Leydecker aus dem LG Bezirk Frankenthal/Pfalz ... 155
    1. Rückfallquote ... 156
    2. Anzahl der Eintragungen ... 156
    3. Rückfall und Vorbelastung ... 157
    4. Delikte und Rückfall ... 157
    5. Zusammenfassung und Ergebnis des Vergleiches mit der Studie von Hock-Leydecker ... 158

IV. Untersuchung von Storz ... 159
    1 Rückfallquote ... 159
    2. Anzahl der Eintragungen ... 159
    3. Delikte und Rückfall ... 160
    4. Zusammenfassung und Ergebnis ... 160

V. Untersuchung von Matheis aus Kaiserslautern ... 161
    1. Rückfallquote ... 161
    2. Rückfall nach einzelnen erzieherischen Maßnahmen ... 162
    3. Rückfallhäufigkeit ... 162
    4. Rückfallgeschwindigkeit ... 163
    5. Einschlägige Rückfälligkeit ... 163
    6. Rückfallsanktionen ... 164
    7. Vorstrafen ... 164
    8. Deliktsschwere ... 164
    9. Zusammenfassung und Ergebnis des Vergleiches mit der Studie von Matheis ... 165

VI. Untersuchung von Kalpers-Schwaderlapp aus Koblenz und Mainz ... 166
    1. Rückfallquote ... 166
    2. Rückfall nach den einzelnen Verfahrensarten ... 166
    3. Einschlägiger Rückfall ... 167
    4. Rückfallhäufigkeit ... 168
    5. Rückfallgeschwindigkeit ... 168
    6. Sanktionen bei Rückfalltaten ... 169
    7. Vorstrafen und Rückfall ... 169
    8. Rückfall und Delikt ... 170
    9. Zusammenfassung und Ergebnis des Vergleiches mit der Studie von Kalpers-Schwaderlapp ... 171

VII. Untersuchung von Kraus/Rolinski aus Regensburg ... 172
    1. Rückfallquote ... 172
    2 Rückfallhäufigkeit ... 173
    3. Rückfallsanktionen ... 173
    4. Vorbelastung ... 173
    5. Delikt und Rückfall ... 174
    6. Zusammenfassung und Ergebnis ... 174

VIII. Untersuchung vom Kriminologischen Dienst aus Baden-Württemberg ... 174
    1. Rückfallquote ... 175
    2. Sanktionen nach Rückfall ... 176
    3. Rückfall und Anlassdelikte ... 176
    4. Vorstrafen und Rückfall ... 178
    5. Sozialisation und Rückfall ... 178
    6. Rückfallgeschwindigkeit ... 179
    7. Zusammenfassung und Ergebnis des Vergleiches mit der Studie vom Kriminologischen Dienst aus Baden-Württemberg ... 179

IX. Untersuchung von Kerner/Janssen aus Nordrhein-Westfalen ... 180
    1. Rückfallquote ... 180
    2. Rückfallsanktionen ... 181
    3. Vorbelastungen und Rückfall ... 182

  4. Delikt und Rückfall   182
  5. Zusammenfassung und Ergebnis des Vergleiches mit der Studie
    von Kerner/Janssen   182
 X. Untersuchung des Justizministeriums aus Nordrhein-Westfalen   183
  1. Rückfallquote   183
  2. Sanktionen der Rückfalldelikte   184
  3. Rückfallhäufigkeit   184
  4. Rückfallgeschwindigkeit   185
  5. Einschlägiger Rückfall   185
  6. Vorbelastungen   186
  7. Einlassdeliktsgruppen   186
  8. Deliktsschwere   186
  9. Zusammenfassung und Ergebnis   187
 XI. Untersuchung von Wellhöfer aus Nürnberg   187
  1. Rückfallquote   188
  2. Anzahl der Rückfalltaten   188
  3. Deliktsgruppen der Einlasstat   189
  4. Vorbelastungen   189
  5. Zusammenfassung und Ergebnis des Vergleiches mit der Studie von Wellhöfer   190
B. Erwachsenenbereich   190
 I. Untersuchung von Dünkel aus Berlin   190
  1. Rückfallquote   190
  2. Anzahl der Wiederverurteilungen   192
  3. Rückfallgeschwindigkeit   192
  4. Deliktsstruktur und Rückfall   193
  5. Vorstrafen und Rückfall   194
  6. Zusammenfassung und Ergebnis des Vergleiches mit der Studie von Dünkel   195
 II. Untersuchung von Schäffer aus Tübingen   196
  1. Rückfallquote   196
  2. Anzahl der erneuten Straftaten   197
  3. Einschlägige Rückfälle   197
  4. Vorverurteilungen und Rückfall   198
  5. Deliktsgruppen und Rückfall   198
  6. Zusammenfassung und Ergebnis des Vergleiches mit der Studie von Schäffer   199
 III. Untersuchung von Albrecht aus Baden-Württemberg   199
  1. Rückfallquote   199
  2. Rückfall und Delikt   200
  3. Anzahl der Wiederverurteilungen   202
  4. Rückfallsanktionen   202
  5. Vorbelastung und Rückfall   203
  6. Zusammenfassung und Ergebnis des Vergleiches mit der Studie von Albrecht   204
 IV. Untersuchung des Justizministeriums aus Nordrhein-Westfalen   205
  1. Rückfallquote   205
  2. Sanktionen der Rückfalldelikte   205
  3. Einschlägigkeit des Rückfalls   206
  4. Delikte und Rückfall   207
  5. Vollzugsgestaltung und Rückfälligkeit   208
  6. Zusammenfassung und Ergebnis des Vergleiches mit der Studie
    des Justizministeriums aus Nordrhein-Westfalen   208
 V. Untersuchung von von Schlieben aus Nürnberg-Fürth   208
  1. Rückfallquote   209
  2. Anzahl der Rückfälle   210
  3. Einschlägiger Rückfall   211
  4. Rückfall nach Deliktsgruppen   211
  5. Vorbelastung und Rückfall   212
  6. Rückfallsanktionen   213

       7. Zusammenfassung und Ergebnis des Vergleiches mit der Studie von
          von Schlieben   214
  C. Zusammenfassung und Ergebnis   215

3. TEIL: ZUSAMMENFASSUNG UND KRIMINALPOLITISCHER AUSBLICK   218

ANHANG: ANALYSESCHEMATA   221

LITERATUR   223

ABKÜRZUNGSVERZEICHNIS   231

PUBLIKATIONSVERZEICHNIS „MAINZER SCHRIFTEN"   233

1. Teil: Stand des Täter-Opfer-Ausgleichs

1. Kapitel: Zielsetzung der Arbeit

Die Arbeit hat die Effizienz des Täter-Opfer-Ausgleichs zum Gegenstand. Der Täter-Opfer-Ausgleich wurde gesetzlich zunächst im Jugendstrafrecht als Einstellungsgrund gemäß § 45 Absatz 2 sowie als Weisung gemäß § 10 Absatz 1 Nr. 7 JGG eingeführt. In der Begründung führte der Gesetzgeber aus, dass die Erfahrung aus einer Reihe von Praxismodellen zeige, dass der Täter-Opfer-Ausgleich in Bereichen jugendlicher Auffälligkeit die Möglichkeit biete, der besonderen Situation des Opfers Rechnung zu tragen und den durch die Straftat entstandenen Konflikt zwischen Täter und Opfer angemessener oder erfolgreicher zu bereinigen, als dies die traditionellen Sanktionen in der Vergangenheit vermocht haben. Für die Gesellschaft erscheine der Täter-Opfer-Ausgleich gegenüber Zwang und Repression der erfolgversprechendere Weg, um den Rechtsfrieden nach strafrechtlichen Verfehlungen Jugendlicher wiederherzustellen und der Jugendkriminalität, insbesondere dem Rückfall, wirksamer zu begegnen.[1] Mittlerweile hat der Täter-Opfer-Ausgleich auch im Erwachsenenstrafrecht seinen Niederschlag gefunden: Gemäß § 46a StGB kann das Gericht die Strafe mildern oder sogar von Strafe absehen, wenn der Täter in seinem Bemühen, einen Ausgleich mit dem Verletzten zu erreichen, seine Tat ganz oder zum überwiegenden Teil wiedergutgemacht oder deren Wiedergutmachung ernsthaft erstrebt hat.

In der vorliegenden Arbeit soll überprüft werden, ob die Zielsetzung, die sich aus der amtlichen Begründung ergibt, in der praktischen Umsetzung erreicht wird. Diese Effizienzuntersuchung soll mit Hilfe einer Rückfallanalyse der Beschuldigten, bei denen ein Täter-Opfer-Ausgleich erfolgreich abgeschlossen wurde, durchgeführt werden. Die hierbei ermittelte Rückfälligkeit ist sodann mit der Rückfälligkeit nach anderen herkömmlichen Sanktionen zu vergleichen. Dazu werden Rückfalluntersuchungen nach anderen Verfahrenserledigungen aufgearbeitet.

Die empirische Untersuchung bezieht sich auf alle Täter-Opfer-Ausgleichs-Verfahren aus dem Jugendstrafrecht und dem allgemeinen Strafrecht, die im Zeitraum von 1991 bis 1995 in Schleswig-Holstein angefallen sind und im Rahmen staatsanwaltschaftlicher Entscheidungen im Vorverfahren eingestellt wurden. Die Untersuchung erfolgt in zwei Schritten. Zunächst werden alle Verfahren, bei denen ein erfolgreicher Täter-Opfer-Ausgleich durchgeführt wurde, in Hinblick auf Personalangaben der Beschuldigten, Angaben zu den begangenen Straftaten, die Art und Weise der Durchführung des Täter-Opfer-Ausgleichs mit Einschluss des Bearbeitungszeitraumes überprüft und mit den Ergebnissen anderer Täter-Opfer-Ausgleichs-Studien verglichen. In einem zweiten Schritt werden sodann die entsprechenden Auszüge aus dem Bundeszentralregister in Bezug auf die Rückfälligkeit ausgewertet und mit den Rückfallergebnissen nach anderen Sanktionen verglichen.

---

[1] BT-Drucks. 11/5829, S. 17.

2. Kapitel: Grundlagen des Täter-Opfer-Ausgleichs

A. Begriff

Mit den Begriffen Täter-Opfer-Ausgleich und Wiedergutmachung wird eine Form der strafrechtlichen Reaktion auf die Tat bezeichnet, die die Auseinandersetzung mit den Folgen der Tat und das Bemühen um den Ausgleich in den Vordergrund stellt.[2] Der Täter-Opfer-Ausgleich beinhaltet ein Angebot an Beschuldigten und Geschädigten, mit Hilfe eines Vermittlers eine Regelung zu finden, die es ermöglicht, den Konflikt, der entweder Ursache der Straftat war oder durch sie ausgelöst wurde, zu entschärfen und im Idealfall beizulegen.[3] Im Zentrum dieser Ausgleichsgespräche stehen die Aufarbeitung der Tat und ihrer Folgen für Opfer und Täter sowie die Vereinbarung von Wiedergutmachungsleistungen materieller oder auch immaterieller Art.

Große Bedeutung kommt beim Täter-Opfer-Ausgleich dem Aufeinanderzugehen der am Konflikt Beteiligten zu. Der Täter soll mit dem Opferleid konfrontiert und der entstandene Schaden in beiderseitigem Einvernehmen wiedergutgemacht werden. Im günstigsten Fall wird so eine Aussöhnung zwischen den beteiligten Parteien erreicht. Damit geht der Täter-Opfer-Ausgleich im Idealfall über die bloße Regulierung des Schadens, also die eigentliche Wiedergutmachung, hinaus und kann dazu beitragen, seelische Belastungen beim Opfer abzubauen und sein Vertrauen in die Rechtsordnung wiederherzustellen. Dem Beschuldigten wird indes die Gelegenheit gegeben, eine konstruktive Bewältigung seiner Konflikte zu erlernen.[4]

Der Täter-Opfer-Ausgleich stellt damit als freiwillige soziale Konfliktverarbeitung eine Alternative zu den herkömmlichen strafrechtlichen Reaktionen dar.

B. Rechtliche Grundlagen

I. Erwachsenenbereich

Die Wiedergutmachung und der Täter-Opfer-Ausgleich werden als Strafmilderungsgrund in § 46 Absatz 2 StGB erwähnt. Danach soll bei der Strafzumessung das Verhalten des Täters nach der Tat, besonders sein Bemühen, den Schaden wiedergutzumachen, sowie das Bemühen, einen Ausgleich mit dem Verletzten zu erreichen, berücksichtigt werden.

Weitere Regelungen des Täter-Opfer-Ausgleichs und der Wiedergutmachung finden sich in §§ 56b und 59a StGB als Auflagen im Rahmen der Strafaussetzung zur Bewährung. In der Praxis waren jedoch insbesondere §§ 153, 153a StPO von Bedeutung.[5] Diese Vorschriften regeln die Einstellung des Strafverfahrens vor und nach Anklageerhebung. Ausdrücklich erwähnt wird in § 153a Absatz 1 Nr. 1 StPO die Möglichkeit der Einstellung des

---

[2] s. *Meier* JuS 1996, 436 (437).
[3] s. dazu *Kilchling* NStZ 1996, 309 (310).
[4] s. dazu auch: *Dölling* JZ 1992, 493 (494); *Hartmann, Ute* TOA-Anspruch und Wirklichkeit S. 22 f.
[5] s. *Hartmann, Ute* StA und TOA S. 25.

Verfahrens nach Wiedergutmachung des Schadens. Nach dieser Vorschrift wurden bislang auch Täter-Opfer-Ausgleichs-Verfahren eingestellt.

Eine ausdrückliche gesetzliche Regelung findet der Täter-Opfer-Ausgleich nunmehr in § 46a StGB. Diese Norm wurde durch Art. 1 Nr. 1 des am 28.10.1994 in Kraft getretenen Verbrechensbekämpfungsgesetzes eingefügt.[6] Damit wurde der Täter-Opfer-Ausgleich und die Wiedergutmachung über ihre bisherige diversions- beziehungsweise sanktionsbegleitende Funktion hinaus erstmals im materiellen Strafrecht verankert.

Nach Einführung des § 46a StGB haben die §§ 153, 153a StPO als Einstellungsnormen bei einem freiwilligen Täter-Opfer-Ausgleich ihre praktische Bedeutung verloren. Nach Einführung des § 46a StGB ist für die Einstellung des Verfahrens nach freiwilligem Täter-Opfer-Ausgleich allein der § 153b StPO anwendbar. § 153a StPO sieht in Nummer 1 die Einstellung nach einer Schadenswiedergutmachung vor. Dem Wortlaut und der Systematik dieser Vorschrift nach wollte der Gesetzgeber die *zwangsweise* Schadenswiedergutmachung als Auflage regeln und nicht den *freiwilligen* Täter-Opfer-Ausgleich. Mangels einer ausdrücklichen Regelung für den freiwilligen Täter-Opfer-Ausgleich wurde der § 153a Nr.1 StPO analog auf die freiwillige Wiedergutmachung angewendet. Mit der durch Einführung des § 46a StGB erfolgten ausdrücklichen Regelung der *freiwilligen* Wiedergutmachung ist die bis zu diesem Zeitpunkt bestehende Regelungslücke beseitigt, so dass für die Einstellung nach Täter-Opfer-Ausgleich nunmehr allein § 153b StPO in Betracht kommt. Eine echte Konkurrenz zwischen § 153a StPO und § 153b StPO besteht nicht: § 153a StPO regelt die *zwangsweise* Wiedergutmachung, wohingegen § 153b StPO bei der *freiwilligen* Wiedergutmachung anwendbar ist.[7]

II. Jugendbereich
Im Jugendstrafrecht sind rechtliche Grundlagen des Täter-Opfer-Ausgleichs § 45 Absatz 2 sowie § 10 Absatz 1 Nr. 7 JGG anzuführen.

Der § 45 Absatz 2 JGG hat durch das am 01.12.1990 in Kraft getretene Erste Gesetz zur Änderung des Jugendgerichtsgesetzes die jetzige Fassung erhalten und regelt die Möglichkeit der Einstellung des Ermittlungsverfahrens durch die Staatsanwaltschaft, sofern der Jugendliche sich bemüht hat, einen Ausgleich mit dem Verletzten zu erreichen.

Gemäß § 10 Absatz 1 Nr. 7 JGG kann der Richter dem Jugendlichen auferlegen, sich zu bemühen, einen Ausgleich mit dem Verletzten zu erreichen.

Als Einstellungsmöglichkeit im Jugendstrafrecht kommt neben § 45 Absatz 2 ferner § 45 Absatz 3 in Verbindung mit § 10 Absatz 1 Nr. 7 JGG in Betracht. Nach § 45 Absatz 3 in Verbindung mit § 10 Absatz 1 Nr. 7 JGG kann von der Verfolgung abgesehen werden, sofern der Staatsanwalt die Erteilung einer Weisung durch den Jugendrichter anregt, der

---

[6] BGBl 1994 I, 3186 ff.
[7] vgl. *Rössner/Klaus* in: Täter-Opfer-Ausgleich in Deutschland S. 63; S. 106; zur Anwendbarkeit des § 153b StPO i.V. mit § 46a StGB siehe auch: *Bernsmann* ZRP 1994, 329 (332).

Jugendrichter der Anregung entspricht und der Jugendliche der erteilten Weisung nachgekommen ist. Als Weisung kann nach § 10 Nr. 7 JGG die Bemühung, einen Ausgleich mit dem Verletzten zu erreichen, angeregt werden. Indem der Gesetzgeber den Täter-Opfer-Ausgleich auf mehreren Wegen im Jugendstrafrecht einführt, hat er dessen Stellenwert besonders betont und wollte so bewirken, dass dieses Verfahren verstärkt als Reaktion auf eine Straftat eines Jugendlichen Anwendung findet.

Eine Veränderung der bisherigen rechtlichen Ausgestaltung des Täter-Opfer-Ausgleichs im Jugendrecht infolge der Aufnahme des § 46a StGB ist nicht gegeben. Im Jugendstrafrecht gehen generell die jugendstrafrechtlichen Vorschriften vor, § 2 JGG. Dies wurde explizit durch den Gesetzgeber deutlich gemacht, der bei der Einführung des § 46a StGB ausgeführt hat, dass Sinn dieser Vorschrift die Verbreitung des Täter-Opfer-Ausgleichs im *Erwachsenenstrafrecht* sei.[8]

Der Täter-Opfer-Ausgleich findet darüber hinaus auch bei Kindern Anwendung. So wurde vor drei Jahren in zwei großen Bremer Schulzentren ein Projekt begonnen, das eine Konfliktregelung von Schülern für Schüler vorsieht. Sinn dieses Täter-Opfer-Ausgleichs-Projektes war es, die Konflikte nicht mehr allein von den Erwachsenen bearbeiten zu lassen, sondern in den Fallkonstellationen, in denen Schüler betroffen sind, die Konflikte auch von den Schülern bewältigen zu lassen. Dadurch sollte die machtlose Unterwerfung unter die schulischen Disziplinarmaßnahmen vermieden werden, die insbesondere im Fall eines Schulverweises zu einer weiteren Entwurzelung und erneuten Beziehungsabbrüchen der Schüler führen.

Im Rahmen des Projektes erhielten zunächst einige Schüler freiwillig eine Ausbildung, die ihnen vermitteln sollte, wie eigene Konflikte und die anderer konstruktiv und gewaltfrei gelöst werden können. Diese Streitschlichter sollten Ansprechpartner für Mitschüler oder Lehrer werden und bei der Vermeidung, Klärung und Wiedergutmachung von Konflikten helfen.[9]

Eine solche Alternative des Täter-Opfer-Ausgleichs schon im Kindesalter erscheint sinnvoll, damit die Schüler möglichst frühzeitig lernen, wie Konflikte gewaltfrei und konstruktiv gelöst werden können. Diese neu erlernten Verhaltensweisen können sodann dazu beitragen, dass sich die Schüler als Jugendliche legal bewähren.

Als rechtliche Grundlage für den Täter-Opfer-Ausgleich bei Kindern kommt nicht das JGG sondern das KJHG in Betracht. Im KJHG wird der Täter-Opfer-Ausgleich nicht ausdrücklich genannt, er könnte aber als allgemeine erzieherische Maßnahme angesehen werden. Das Bremer Projekt setzte den Täter-Opfer-Ausgleich hingegen als pädagogische Maßnahme im Schulbetrieb ein.

---

[8] BT-Drucks. 12/6853, S. 21.
[9] *Winter/Taubner/Krause* DVJJ-Journal 1998, 172 (172).

3. Kapitel: Zur Entwicklung des Täter-Opfer-Ausgleichs

Jede Gemeinschaft muss auf normverletzende Verhaltensweisen reagieren, um ein geordnetes Zusammenleben zu ermöglichen. Ansonsten wären gesamtgesellschaftliche Orientierungswerte in Frage gestellt.[10] Die schwerwiegendste Verhaltensabweichung ist die Straftat, die folglich eine Reaktion erfordert. Die Frage ist jedoch, in welcher Form die Gesellschaft diesen Zwang zur öffentlichen Reaktion umsetzt.

Bis weit ins 20. Jahrhundert herrschte die Auffassung vor, das Strafrecht betreffe im wesentlichen das Verhältnis zwischen dem Staat und dem Täter.[11] Der Täter löse durch die Straftat einen staatlichen Strafanspruch aus und müsse die Realisierung dieses Anspruchs dulden.

Zweifelhaft erschien, ob der Strafzweck eher in der Vergeltung und Generalprävention oder in der Resozialisierung des Täters zu sehen sei.[12] Die Wiedergutmachung des Schadens wurde in jedem Fall ausschließlich als Sache des Zivilrechts angesehen.[13] Es gab folglich eine strikte Trennung zwischen Strafrecht und Zivilrecht. Diese Betrachtungsweise führte dazu, dass der Konflikt zwischen Täter und Opfer in Hinblick auf die strafrechtlichen Auswirkungen stellvertretend vom Staat abgearbeitet wurde und nicht durch eine Ausgleichsvereinbarung zwischen den Tatbeteiligten und eine Wiedergutmachungsleistung des Täters zugunsten des Opfers erledigt werden konnte. Das Opfer hat bei dieser Konstellation im Strafverfahren häufig nur die Funktion des Zeugen, ansonsten wird auf seine Interessen kaum eingegangen.[14]

Unweigerlich führte diese fehlende Berücksichtigung eines der Hauptbeteiligten des Konflikts zu Unverständnis, zur Kritik und zur Beeinträchtigung des Rechtsgefühls.[15] Diese Missstimmigkeiten bewirkten eine Wiederentdeckung des Opfers im Strafverfahren. Der Situation und den Bedürfnissen des vernachlässigten Tatopfers wurde neue Aufmerksamkeit geschenkt.[16] Der Ausgleich zwischen Beschuldigten und Geschädigten sowie die Wiedergutmachung des Schadens beinhaltet eine verstärkte Berücksichtigung der Opferinteressen, indem das Opfer die Möglichkeit erhält, seine Interessen über die geringe verfahrensrechtliche Stellung hinaus durchzusetzen.[17]

In der weiter zurückliegenden Strafrechtsgeschichte wurde der Ausgleich zwischen Täter und Opfer als natürliche Reaktion auf eine Straftat angesehen.[18] So hatten im germanischen Recht Täter und Sippe das Recht, die Rache abzukaufen. Im frühen Mittelalter

---

[10] s. *Rössner* in: TOA S. 7.
[11] s. *Dölling* JZ 1992, 493 (493).
[12] s. *Rössner* in: TOA S. 7, 11 f.
[13] s. *Dölling* JZ 1992, 493 (493).
[14] s. *Ostendorf* HdK 5.1.2.4.1.
[15] s. *Ostendorf* HdK 5.1.2.4.1.
[16] s. *Frehsee* S. 4.
[17] s. *Hochmann* NK 1/1998, 30 (30).
[18] s. *Frühauf* S. 28 ff.

kam als Sanktion nur die Befriedigung des Verletzten oder eine Buße an denselben in Betracht, um so Rache und Blutfehden zu vermeiden.[19]

Im deutschen Strafrecht führte der Zerfall der Sippenverbände infolge der Einrichtung des Lehenswesens und die Entstehung eines feudalistischen Staatssystems zu einer Veränderung des ursprünglichen Ausgleichscharakters der Strafsanktion. Mit dem Aufkommen des Großkönigtums kam es zu einer grundlegenden Veränderung der Machtverteilung zwischen Staat und Sippe. Die Sippe verlor an Bedeutung und die Stellung des Staates wurde verstärkt. Zuvor wurden Verhaltensweisen, die einen unmittelbaren Schaden einer Person hervorriefen oder auf einem privaten Konflikt beruhten, als Angelegenheit von Täter und Opfer angesehen.[20] Nun wurde die Wiederherstellung des durch die Tat verursachten Ungleichgewichts jedoch dem Täter-Opfer-Verhältnis entzogen und auf das öffentliche Gewaltverhältnis zwischen Staat und Täter verlagert.[21]

Die Strafen gewannen als Einnahmequelle der Könige und Landsherren Bedeutung und die Verletzten waren zunehmend selbst für die Durchsetzung ihrer Ansprüche verantwortlich. Aus der Sanktion der Geldstrafe entwickelte sich die Leibesstrafe, unter anderem deswegen, weil die Verbrecher der unteren Klassen kaum in der Lage waren, die Geldstrafen aufzubringen. Um den aufkommenden Fehden in der Ritterschaft und dem Raubrittertum zu begegnen, entstanden am Anfang des 16. Jahrhunderts die ersten staatlichen Strafgesetze. Von Bedeutung war insbesondere die im Jahre 1532 erlassene Peinliche Gerichtsordnung Karls V., deren Strafen auf Schmerzen und Pein ausgerichtet waren. Diese Entwicklung drängte die ursprünglich praktizierte Ausgleichszahlung gänzlich in den Hintergrund. Es entstand ein staatliches Strafrecht, die Interessen des Staates und der Gemeinschaft hatten die Interessen des Opfers verdrängt.

Die Interessen des Opfers gewannen erst am Ende der siebziger Jahre dieses Jahrhunderts merklich an Bedeutung. Während noch in den sechziger und beginnenden siebziger Jahren infolge der Resozialisierungseuphorie eine einseitige Täterfixierung festzustellen war, kam es in den späten siebziger Jahren aufgrund des wissenschaftlichen Aufstiegs der Viktimologie, einem Teilbereich der Kriminologie, zu regen Bemühungen um eine Verbesserung der Verletztenstellung[22] und insgesamt zu einer Wiederentdeckung des privaten Konflikts[23]. Es wurde nach neuen Wegen zur Bewältigung des Tatgeschehens gesucht, was insbesondere darauf zurückzuführen war, dass vermehrt Zweifel an dem Sinn und der Funktion staatlicher Strafe aufkamen. Als Ursache dieser Zweifel diente vor allem die Tatsache, dass obwohl in den Jahren zuvor der Behandlungsgedanke im Vordergrund stand, keine Sanktion mit nachweisbarer und genereller Besserungswirkung aufgefunden werden konnte.[24]

---

[19] s. *Ostendorf* HdK 5.1.2.4.1.
[20] s. *Rössner* in: TOA S. 8.
[21] s. *Rössner* in: TOA S.10.
[22] s. dazu *Roxin* Strafverfahrensrecht vor § 61; *Hirsch* ZStW 102, 534 (534); *Kaiser* ZRP 1994, 314 (314).
[23] s. *Rössner* in: TOA S. 11; *Schöch* in: Kriminalprävention und Strafjustiz S. 296 ff.
[24] s. *Baumann* u.a. AE-WGM S. 10.

Diese Desillusionierung in Verbindung mit der aufkommenden Bedeutung, die dem Deliktsopfer zugewiesen wurde, hat entscheidend dazu beigetragen, dass der direkte Ausgleich zwischen Beschuldigten und Opfer einen entscheidenden Interessenszuwachs erhalten hat.[25] Dies hat es ermöglicht, dass die Wiedergutmachung und der Täter-Opfer-Ausgleich in das Strafrecht integriert wurden.

4. Kapitel: Kritik am derzeitigen Täter-Opfer-Ausgleich

A. Abschaffung des Strafrechts

Einer Ansicht nach geht das derzeitige Konzept des Täter-Opfer-Ausgleichs noch nicht weit genug, sie plädiert dafür, generell an die Stelle der staatlichen Strafe eine Wiedergutmachungsregelung zwischen Täter und Opfer zu setzen.[26] Das Strafrecht solle insgesamt zugunsten einer zivilrechtlichen Konfliktregelung zurückgedrängt werden.[27]

Das Ziel der Vertreter dieser Auffassung ist im Endeffekt die endgültige Abschaffung des Strafrechts. Sie plädieren für eine Lebensform, in der Schuld und Sühne grundsätzlich überwunden werden, in der die Konflikte schwerpunktmäßig durch Wiedergutmachung zu lösen seien, wobei ein zentrales Augenmerk auf die private Konfliktlösung zu legen sei. Es wird die Wiedervergesellschaftung der Konfliktregelung befürwortet[28]. Die Abschaffung des Strafrechts setze zunächst voraus, dass die Konfliktregelung der Gesellschaft überlassen bleibe. Greife der Staat durch autoritäre Konfliktregelung ein, so handele es sich um eine Enteignung von Konflikten, da dadurch eine autonome Regelung verhindert werde, die in der Lage wäre, sowohl den Opferinteressen als auch den Problemen des Täters zu entsprechen.[29] Die Bedingung einer solchen gesellschaftlichen Konfliktregelung außerhalb staatlicher Kontrolle sei, dass sich die heutige industrialisierte Gesellschaft in eine sorgende Gemeinschaft wandle, denn für diese Art von Gemeinschaft müsse Versöhnung und nicht Strafe die adäquate Reaktionsform sein.[30]

Sieht man die Aufgabe des Strafrechts lediglich darin, den entstandenen Konflikt zwischen Täter und Opfer zu lösen, werden die Argumente, die den staatlichen Strafanspruch begründeten, missachtet. So fänden die Interessen der Gesellschaft, namentlich die Bewährung der Rechtsordnung sowie der Schutz künftiger Opfer, keine Beachtung.[31]

Die Befürworter des sog. Abolitionismus gehen zudem von einer utopischen Gesellschaft aus. Würde die Konfliktregelung außerhalb staatlicher Kontrolle erfolgen, so wäre sie

---

[25] s. *Baumann* u.a. AE-WGM S. 10; *Schöch* Gutachten C C 54; *Schöch* Entdeckung der Verbrechensfurcht S. 68 (68 ff.); *Albrecht, Hans-Jörg* in: Neue Wege der Wiedergutmachung S. 43 (44).
[26] s. *Plack* S. 381.
[27] s. *Feltes* in: Verbrechensopfer S. 407 (409 ff.); *Pilgram/Steinert* in: Freiheit statt Strafe S. 196 (214 ff.).
[28] s. *Scheerer* in: Handwörterbuch der Kriminologie S. 287 (288).
[29] s. *Christie* S. 125–145.
[30] s. *Scheerer* KrimJ 1984, 90 (102 ff.).
[31] s. *Hirsch* ZStW 102, 534 (536).

dem freien Spiel der Kräfte ausgesetzt. Durch diese staatlich unkontrollierte Machtausübung würden sowohl den Opferinteressen als auch den Täterinteressen geschadet, als auch die Belange der Gesellschaft missachtet werden. Das staatliche Verfahren stellt sicher, dass der Staat dem Schutz der Schwachen effektiv nachkommen kann, deren Interessen ansonsten bei rein privater Konfliktregelung keine angemessene Beachtung finden würden. Eine Gesellschaft, in der nur eine generelle außerstaatliche Konfliktregelung erfolgt, erscheint als Utopie, so dass an dem staatlichen Verfahren festzuhalten ist.[32]

B. Wiedergutmachung kein Element des Strafrechts

Weiterhin wird die Auffassung vertreten, dass bei der Berücksichtigung der Wiedergutmachung im strafrechtlichen Verfahren dem strafrechtlichen Charakter nicht genüge getan und das Strafrecht zum Zivilrecht werde.

Die Wiedergutmachung sei ihrem Wesen nach nicht mit Strafe gleichzusetzen, wobei für diese Erkenntnis der inhaltliche Unterschied zwischen Strafe und Wiedergutmachung ausschlaggebend sei. Der Ausgleich des materiellen oder immateriellen Schadens sei Gegenstand des Schadensersatzrechtes, also der zivilrechtlichen Seite der Tat. Die Strafe beinhalte eine darüber hinausgehende Übelszufügung. Aus diesem Grunde sei Wiedergutmachung nicht mit Strafe gleichzusetzen.[33]

Sicherlich stelle der Schaden des Opfers eine Folge der Straftat dar, aber nicht alle rechtlichen Folgen der Tat seien schadensrechtlicher Natur. Ansonsten würde eine spezifisch strafrechtliche Aburteilung des Beschuldigten unmöglich gemacht. Gerade die sachliche Differenzierung zwischen Strafrecht und zivilem Schadensersatzrecht sei wichtig und müsste Beachtung finden. Komme in einem Fall als Rechtsfolge nur die Wiedergutmachung in Betracht, so dürfe konsequenterweise das Strafrecht nicht zur Anwendung kommen.[34]

Sehe man die Wiedergutmachung wie *Frehsee*[35] und *Roxin*[36] als strafrechtliche „dritte Spur" neben der Strafe und den Maßregeln der Besserung und Sicherung an, so würde es unter dem Deckmantel des Opferschutzes lediglich zu einer Begünstigung des Täters kommen. Dieser werde zu einer Wiedergutmachung verurteilt, die er zivilrechtlich sowieso zu leisten hätte.[37]

Die Wiedergutmachung stelle somit keine selbständige strafrechtliche Sanktion dar. Vielmehr komme der Wiedergutmachung Bedeutung innerhalb des Strafrechts nur in einer unselbständigen, dem zivilrechtlichen Charakter des Ausgleiches gerecht werdenden

---

[32] vgl. auch: *Baumann u.a.* AE-WGM S. 25; *Schöch* in: Kriminalprävention und Strafjustiz S. 303.
[33] s. *Hirsch* ZStW 102, 534 (538).
[34] s. *Hirsch* ZStW 102, 534 (542).
[35] s. *Frehsee* S. 119.
[36] s. *Roxin* in: Festschrift für *Jürgen Baumann* S. 243 (243 ff.); *Roxin* in: Wiedergutmachung und Strafrecht S. 37 (44 u. 51).
[37] s. *Hirsch* ZStW 102, 534 (544).

Form zu. Es könne nur darum gehen, aufgrund der Wiedergutmachung des Schadens oder der Bemühung darum, eine Privilegierung in Hinblick auf die an sich verwirkte Strafe zu verdienen.[38]

Ein Absehen von Strafe aufgrund der erfolgten Wiedergutmachung, obwohl die Schuld des Täters nachgewiesen sei und der Strafanspruch fortbestehe, wie es der § 46a StGB in bestimmten Fällen ermöglicht, komme demnach nicht in Betracht.

Der Einwand, dass Wiedergutmachung lediglich im Rahmen des Zivilrechts von Bedeutung ist, basiert auf der Einstellung, dass die Wiedergutmachung als restitutives Element dem zivilrechtlichen Bereich zuzurechnen sei und dem Strafrecht eine rein punitive Funktion zukommt. Diese strikte Trennung von Zivilrecht und Strafrecht wird hingegen auch an anderen Stellen des Gesetzes durchbrochen. So lassen sich beim § 847 BGB, einer zivilrechtlichen Regelung zum Schmerzensgeld, pönale Elemente erkennen. Der Anspruch aus § 847 BGB soll nämlich sowohl dem Geschädigten einen angemessenen Ausgleich für das erlittene Unrecht bieten als auch dem Gedanken Rechnung tragen, dass der Schädiger dem Geschädigten Genugtuung schuldet für das, was er ihm angetan hat.[39] Durch den Begriff der Genugtuung wird deutlich, dass der Anspruch nicht bloß den Ausgleich herstellen, sondern auch eine Art Buße abgeleistet werden soll. Damit beinhaltet der Anspruch ein pönales strafrechtliches Element. Die dogmatische strikte Trennung zwischen Zivilrecht und Strafrecht erleidet hier folglich einen Bruch.

Der Einwand, dass Wiedergutmachung als zivilrechtliches Element nicht im Strafrecht Anwendung finden dürfe, begründet sich ferner durch eine enge Auffassung des Begriffes der Wiedergutmachung. Infolge der Vergleichbarkeit der Wiedergutmachung mit dem zivilrechtlichen Schadensersatz erscheine zweifelhaft, ob die im Rahmen des Täter-Opfer-Ausgleichs vereinbarte Wiedergutmachungsleistung über den zivilrechtlich zu leistenden Schadensersatz hinausgehen darf, oder ob die strafrechtliche Wiedergutmachung in dem zivilrechtlichen Schadensersatzanspruch aufzugehen hat. Zumindest in Umfang und Höhe löst sich die strafrechtliche Wiedergutmachung von der zivilrechtlichen deliktischen Schadensersatzpflicht. Sie nähert sich dem zivilrechtlichen Schmerzensgeldanspruch an, geht aber nicht in diesem auf.[40] Bei der strafrechtlichen Wiedergutmachung geht es nach § 46a StGB um die Wiedergutmachung der Tat. Bei der Bestimmung der Wiedergutmachungsleistung können zivilrechtliche Möglichkeiten wie Schadensersatz und Schmerzensgeld berücksichtigt werden. Die strafrechtliche Wiedergutmachung umfasst jedoch noch darüber hinausgehende Formen des Ausgleichs, insbesondere solche ohne finanziellen Wert, wie das Aussöhnungsgespräch und Entschuldigung.[41] Dieser weit verstandene strafrechtliche Wiedergutmachungsbegriff eröffnet eine flexible Gestaltung der Wiedergutmachung für Beschuldigten und Geschädigten und verdeutlicht, dass strafrechtliche Wiedergutmachung nicht mit zivilrechtlichem Scha-

---

[38] s. *Hirsch* ZStW 102, 534 (544).
[39] BGHZ 18, 149.
[40] s. *Müller-Dietz* in: Neue Wege der Wiedergutmachung S. 355 (361).
[41] s. *Schöch* Gutachten C C 66.

densersatz gleichzusetzen ist. Der Einwand, dass die Wiedergutmachung kein Element des Strafrechts sei, da der Geschädigte Schadensersatz sowieso im zivilrechtlichen Verfahren erlangen kann, ist folglich nicht zwingend, da die strafrechtliche Wiedergutmachung über die bloße Leistung des Schadensersatzes hinausgeht. Die strafrechtliche Wiedergutmachung ist folglich nicht mit dem zivilrechtlichen Schadensersatz gleichzusetzen.

Aus diesen Gründen ist den Auffassungen, dass die Wiedergutmachung keine Anwendung im Bereich des Strafrechts finden könne, da der Beschuldigte hierzu sowieso zivilrechtlich verpflichtet sei, zu widersprechen. Die strafrechtliche Wiedergutmachung geht über die bloße zivilrechtliche Schadensersatzleistung hinaus, so dass nicht allein dasjenige als strafrechtliche Sanktion verhängt wird, was sowieso zivilrechtlich geschuldet wird.

C. Entlastung von Bagatellkriminalität

Einige Kritiker des Täter-Opfer-Ausgleichs vertreten die Ansicht, dass der Täter-Opfer-Ausgleich nur ein Mittel sei, der nicht anders zu bewältigenden Bagatellüberlast Herr zu werden. Es handle sich lediglich um eine bürokratische Erledigungsroutine, die es ermögliche, den exekutivischen Rechtsanwender von der ständig zunehmenden Bagatellkriminalität zu entlasten. Den Rechtsanwender interessiere nicht der sicher gutgemeinte Leitgedanke der Diversion, es gehe ihm nicht darum, den Konflikt zwischen Täter und Opfer nachhaltig zu entschärfen, sondern die verfahrensökonomische Orientierung an Pensen sei das Motiv für die Anwendung des Täter-Opfer-Ausgleichs.[42]

Zunächst erscheint es schwierig, das Motiv eines Rechtsanwenders für die Anwendung einer bestimmten Saktionsform zu bestimmen. Jedenfalls erscheinen die Motive der Verfahrensanwendung eher sekundär, sofern der Täter-Opfer-Ausgleich eine adäquate Alternative zu herkömmlichen Sanktionen darstellt. Dieses ist dann der Fall, wenn das Verfahren effektiver ist als die anderen in Betracht kommenden Sanktionsmöglichkeiten. Die vorliegende Rückfalluntersuchung soll eine Bewertung der Effizienz des Täter-Opfer-Ausgleichs ermöglichen.

Gegen den Einwand, dass der Täter-Opfer-Ausgleich lediglich die Funktion hat, eine Entlastung von der Bagatellüberlast herbeizuführen, spricht, dass der Täter-Opfer-Ausgleich gerade keine Anwendung im Bagatellbereich finden soll. Bagatelldelikte sind weiterhin nach § 153 Absatz 1 StPO beziehungsweise 45 Absatz 1 JGG aufgrund Geringfügigkeit einzustellen. Hiervon geht auch der Alternativ-Entwurf-Wiedergutmachung aus.[43]

D. Verstoß gegen das Rechtsstaatsprinzip

Aus unterschiedlichen Gründen wird die Vereinbarkeit des Täter-Opfer-Ausgleichs mit dem verfassungsmäßig garantierten Rechtsstaatsprinzip bestritten.

---

[42] s. *Albrecht, Peter-Alexis* Schattenjustiz S. 82.
[43] vgl. *Baumann* u.a. AE-WGM S. 29.

I. Verstoß gegen die Unschuldsvermutung

Dem Täter-Opfer-Ausgleich wird entgegengehalten, dass dem Beschuldigten im Rahmen dieses Rechtsinstituts eine Schadenswiedergutmachung ohne gerichtliche Schuldfeststellung abverlangt werde. Eine solche Rechtsfolge dürfe nur an schuldhaftes Verhalten anknüpfen. Damit liege ein Verstoß gegen den Grundsatz der Unschuldsvermutung des Artikel 6 Absatz II EMRK vor, der auch im Ermittlungsverfahren zu beachten sei.[44]

Der Täter-Opfer-Ausgleich findet jedoch nur Anwendung, wenn ein hinreichender Tatverdacht, also Anklagereife, vorliegt.[45] Diese Voraussetzung zur Durchführung eines Täter-Opfer-Ausgleichs soll verhindern, dass ohne Schuld sanktioniert wird.

Weiterhin kann dem Einwand des Verstoßes gegen die Unschuldsvermutung das Prinzip der Freiwilligkeit der Teilnahme am Täter-Opfer-Ausgleich entgegengesetzt werden. Der Beschuldigte muss sich nicht auf diese Verfahrensweise einlassen, vielmehr kann er sein Einverständnis zum Täter-Opfer-Ausgleich versagen und auf das herkömmliche Verfahren bestehen. Durch dieses Verhalten entsteht dem Beschuldigten somit kein Nachteil. Es kann vielmehr von einer dazugewonnenen Wahlmöglichkeit gesprochen werden. Der Beschuldigte kann sich entweder für die in Aussicht gestellte Verfahrensbegünstigung oder aber dagegen entscheiden. Nimmt er nun aber freiwillig an der sozialkonstruktiven Konfliktlösung in Form des Täter-Opfer-Ausgleichs teil, so weiß der Beschuldigte, dass er Wiedergutmachungsleistungen zu erbringen haben wird, ohne dass zuvor gerichtlich seine Schuld festgestellt wurde.

Diesem Argument wird entgegengehalten, dass die Freiwilligkeit erheblich durch die Gefahr weiterer Strafsanktionen beeinflusst werde und somit von einer freien Entscheidung nicht gesprochen werden könne. Die Freiwilligkeit bedeutet grundsätzlich die Wahlmöglichkeit zwischen verschiedenen Alternativen. Um sich für eine dieser Varianten entscheiden zu können, muss eine innere Überzeugung für eine der Möglichkeiten gewonnen werden. Dieser Prozess ist nie unbeeinflusst von äußeren und inneren Faktoren, die Freiwilligkeit bezieht sich vielmehr auf das Zurverfügungstellen verschiedener Wahlalternativen. Die subjektive Abwägung der Vor- und Nachteile kann daher nicht als Drängen bezeichnet werden, das die Freiwilligkeit in Frage stellt.[46]

Damit kann der Einwand der Unschuldsvermutung durch das Prinzip der Freiwilligkeit entkräftet werden.

II. Opferorientierung

Hauptaufgabe des Strafverfahrens ist es, den Schuldvorwurf des Täters einer fairen Prüfung zu unterziehen. Als Garant für ein rechtsstaatliches Strafverfahren ist die Trennung von Schuldfeststellung und Strafzumessung nötig. Ein Strafverfahren beinhaltet die Prü-

---

[44] vgl. Kondziela MschrKrim 1989, 177 (177).
[45] s. *Meier* GA 1999, 1 (9); *Kleinknecht/Meyer-Goßner* StPO § 153a Rn.7; *Hartmann, Ute* TOA-Anspruch und Wirklichkeit S. 59.
[46] so im Ergebnis auch: *Meier* GA 1999, 1 (6).

fung von Schuldvorwürfen und der möglichen Täterschaft eines Beschuldigten, erst im nächsten Schritt geht es um die Festsetzung einer Rechtsfolge. Unter diesen Voraussetzungen wird eingewandt, beim Täter-Opfer-Ausgleich sei die Schuldfrage bereits vorentschieden. Die Einbeziehung des Opfers in den Entscheidungsprozess um die angemessene Rechtsfolge bewirke, dass die richterlich unabhängige Entscheidungsfindung zulasten des Beschuldigten durchbrochen werde. Aufgrund der emotionalen Nähe, die das Opfer als geschädigte Konfliktpartei zu der Tat und damit auch zum Täter habe, erscheine ein fairer Prozess nicht mehr möglich.[47]

Der Täter-Opfer-Ausgleich wäre in der Tat rechtsstaatlichen Bedenken ausgesetzt, sofern die Schuldfeststellung nicht von der Strafzumessung getrennt wäre. Aufgrund dieser Gefahr ist es für die Durchführung eines Täter-Opfer-Ausgleichs unstrittig erforderlich, dass der Nachweis der Schuld eindeutig geführt wird.[48] Erst wenn die Schuld des Beschuldigten nachgewiesen ist, kommt ein Täter-Opfer-Ausgleich in Betracht. So wird die rechtsstaatlich erforderliche Trennung zwischen Schuldfeststellung und Strafzumessung gewährleistet.

Auch diesem Einwand, der dem Geschädigten beim Täter-Opfer-Ausgleich zukommende Einfluss verhindere einen fairen Prozess, kann entgegengesetzt werden, dass es dem Beschuldigten freisteht, an diesem Verfahren teilzunehmen. Sofern der Beschuldigte nicht bereit ist, eine Konfliktregelung in direktem Zusammenhang mit dem Opfer herbeizuführen, wird das herkömmliche Verfahren durchgeführt.

Einem zu weitgehenden Einfluss des Opfers in der Ausgleichsvereinbarung steht ferner die Funktion des Vermittlers entgegen, der damit betraut ist, Benachteiligungen eines der Beteiligten vorzubeugen und Machtunterschiede auszugleichen.

III. Staatsanwalt als Richter vor dem Richter
Einige Kritiker führen andere Gründe an, die rechtsstaatliche Unbedenklichkeit des Täter-Opfer-Ausgleichs anzuzweifeln. So sei der Effekt des Täter-Opfer-Ausgleichs nicht die eigentlich angestrebte Verringerung förmlicher Verfahren, sondern die Aufwertung der Staatsanwaltschaft zur selbständigen Entscheidungsträgerin, der Staatsanwalt als Richter vor dem Richter.[49] *Kausch* hält den § 153a StPO, soweit er eine Sanktionsverhängung durch den Staatsanwalt vorsieht, sogar für unvereinbar mit der Grundstruktur des überkommenen und vom Grundgesetz rezipierten Anklageprozesses und damit als Verstoß gegen Artikel 92 GG sowie gegen das Rechtsstaatsprinzip des Artikel 20 GG.[50]

Diese Kritik greift nicht durch.

---

[47] s. *Albrecht, Peter-Alexis* Schattenjustiz S. 84.
[48] s. *Ostendorf* JGG § 45 Rn. 14.
[49] s. *Albrecht, Peter-Alexis* Schattenjustiz S. 87.
[50] s. *Kausch* S. 236.

Zum einen ist in § 153a beziehungsweise § 153b StPO ausdrücklich normiert, dass die Einstellung des Verfahrens durch den Staatsanwalt von der Zustimmung des Richters abhängig ist. Zweck dieser richterlichen Zustimmung ist es gerade, die gewichtige Ausnahme vom Legalitätsprinzip einer zusätzlichen neutralen Kontrolle zu unterwerfen.[51] Aus § 153a Absatz 1 Satz 6 in Verbindung mit § 153 Absatz 1 Satz 2 StPO geht hervor, dass nur in besonderen Fällen bei der Einstellung durch die Staatsanwaltschaft von der Zustimmung des Gerichts abgesehen werden kann.

Zum anderen ist, wie oben unter 2. Kapitel B. I. gezeigt, nach Einführung des § 46a StGB allein der § 153b StPO als Einstellungsnorm beim freiwilligen Täter-Opfer-Ausgleich anwendbar. Diese Vorschrift enthält aber gerade keine Ausnahme von dem Zustimmungserfordernis des Gerichts. Die sich aus § 153b StPO ergebenden Kompetenzen der Staatsanwaltschaft sind aufgrund der unabhängigen Prüfung des zuständigen Gerichts folglich mit dem Rechtsstaatsprinzip vereinbar.

Des Weiteren kann von einer Sanktionskompetenz des Staatsanwalts beim Täter-Opfer-Ausgleich nicht die Rede sein. Der Täter-Opfer-Ausgleich umfasst das freiwillige Bemühen des Beschuldigten, einen Ausgleich mit dem Verletzten zu erzielen. Der Staatsanwalt kann dieses Verfahren lediglich anregen, eine Anordnung wäre mit der Freiwilligkeit des Täter-Opfer-Ausgleichs-Verfahrens nicht vereinbar.

Zweifel an der Vereinbarkeit mit dem Rechtsstaatsprinzip können jedoch im Jugendbereich aufkommen. Nach § 45 Absatz 2 JGG kann der Staatsanwalt das Verfahren einstellen, sofern sich der Jugendliche bemüht hat, einen Ausgleich mit dem Verletzten zu erreichen und er weder eine Beteiligung des Richters noch die Erhebung einer Anklage für erforderlich hält.

Einer Ansicht nach geht aus dieser Norm keine Kompetenz hervor, Sanktionen anzuordnen, vielmehr komme der Staatsanwaltschaft eine bloße Anregungsfunktion zu.[52] Sinn des § 45 Absatz 2 JGG sei es gerade, der informellen Sozialkontrolle Vorrang vor der formellen Strafkontrolle zukommen zu lassen. Der Jugendliche, der sich freiwillig um einen Ausgleich mit dem Verletzten bemüht, trüge aus eigener Kraft zur Beendigung des aus der Straftat resultierenden Konflikts bei. Im Hinblick darauf, dass keine schwerwiegende strafrechtliche Sanktion sondern eine freiwillige autarke Konfliktregelung des Beschuldigten Voraussetzung der Einstellungskompetenz der Staatsanwaltschaft ist, erscheint die Einstellungszuständigkeit der Staatsanwaltschaft ohne Zustimmung des Gerichts mit dem Rechtsstaatsprinzip vereinbar.

Einer anderen Ansicht nach darf der Staatsanwalt selbst die Voraussetzungen für das Absehen von der Verfolgung nach § 45 Absatz 2 JGG schaffen.[53] Jedoch dürfe der

---

[51] s. *Pfeiffer* Strafprozeßordnung § 153a Rn. 1.
[52] vgl. *Brunner* JGG § 45 Rn. 21; *Ostendorf* JGG § 45 Rn.12; *Albrecht, Peter-Alexis* Jugendstrafrecht S. 123; *Diemer/Schoreit/ Sonnen* JGG § 45 Rn. 14.
[53] so *Schaffstein/Beulke* Jugendstrafrecht S. 232.

Staatsanwalt nur solche Maßnahmen durchführen oder anregen, die keine allzu schwere Belastung für den Beschuldigten darstellen, wie eine Ermahnung, ein Vernehmungsgespräch oder einen Täter-Opfer-Ausgleich.

Wird dem Staatsanwalt die Anordnungskompetenz zugesprochen, so erscheint in der Tat die Gewährleistung des Rechtsstaatsprinzips und des Richtervorbehalts aus Art. 92 GG gefährdet. Des Weiteren ist den Ausführungen *Kausches* in Bezug auf die Probleme, die die Verbindung von Ermittlung- und Sanktionsfunktion in einer Person mit sich bringt, zuzustimmen. Aus § 45 Absatz 2 JGG ergibt sich dem Wortlaut nach keine Kompetenz, Sanktionen anzuordnen. Somit ist m. E. der Ansicht zu folgen, die der Staatsanwaltschaft lediglich eine Anregungskompetenz an den Jugendlichen und keine Kompetenz zuspricht, Sanktionen anzuordnen.[54]

Es liegt damit kein Verstoß gegen das Rechtsstaatsprinzip vor.

E. Mangelnder kriminalpräventiver Effekt

Des Weiteren wird der kriminalpräventive Effekt des Täter-Opfer-Ausgleichs bezweifelt. Unter Berücksichtigung der Periodenhaftigkeit eines Großteils der Jugendkriminalität sei der Täter-Opfer-Ausgleich eine überflüssige, kontraproduktive Maßnahme, da sich in diesen Fällen jegliche pädagogische Reaktion erübrige. Sofern hingegen persönliche oder soziale Probleme zu der kriminellen Handlung geführt haben, verfehle der Täter-Opfer-Ausgleich wiederum seinen Zweck, da weder die Lebensumstände oder Probleme des Täters Gegenstand des Ausgleichsgesprächs seien und das Gespräch somit nicht in der Lage sei, die Situation des Täters zu verändern. Bei den Maßnahmen gehe es primär um die Ausgleichsleistungen für das Opfer. Aus kriminalpräventiver Sicht erscheine der Täter-Opfer-Ausgleich somit für den einen Teil der Klientel als überflüssig für den anderen Teil als unangemessen.[55]

Der Täter-Opfer-Ausgleich bildet eine Alternative zu anderen herkömmlichen Sanktionen. Es stellt sich nicht die Frage, ob der Beschuldigte sanktionslos bleibt oder ein Täter-Opfer-Ausgleichs-Verfahren durchgeführt wird, sondern ob eine herkömmliche Sanktion oder ein Täter-Opfer-Ausgleich angewendet wird. Beim Täter-Opfer-Ausgleich im Jugendstrafrecht handelt es sich ferner nicht lediglich um eine pädagogische Reaktion, sondern um eine Sanktion, die dem Beschuldigten die Möglichkeit gibt, sich von dem Tatverhalten zu distanzieren und durch eine Vereinbarung mit dem Opfer den Rechtsfrieden wiederherzustellen. Damit erscheint diese Reaktion auf eine Straftat nicht als überflüssig.

Ein Ausgleichsgespräch befasst sich zudem, bevor es zu einer Vereinbarung der Wiedergutmachung kommt, regelmäßig zunächst mit der Tat und den Begleitumständen. Dabei ist es unerlässlich, dass die Ursachen der Tatbegehung und die persönliche Kon-

---

[54] so auch: *Heinz* ZStW 1992, 591 (630).
[55] s. *Albrecht, Peter-Alexis* Schattenjustiz S. 85.

fliktlage des Beschuldigten erörtert werden. Eine Veränderung der Problemsituation des Beschuldigten wäre jedoch ein zu hoher Anspruch an den Täter-Opfer-Ausgleich. Im Gegensatz zu den herkömmlichen Sanktionen wie der Geld- und Freiheitsstrafe bietet der Täter-Opfer-Ausgleich hingegen eine größere Möglichkeit, auf die konkreten Lebensumstände des Beschuldigten einzugehen. Der Beschuldigte wird im Gespräch mit den Ursachen, die zu der Tat geführt haben könnten, konfrontiert und kann sodann versuchen, diese persönlichen Probleme zu lösen. Diese Problemlösung ist nicht Aufgabe des Täter-Opfer-Ausgleichs, der weder eine Therapie noch eine sonstige Lebenshilfe darstellen soll. Der Vermittler wird sich jedoch bei der Suche nach geeigneten Hilfen behilflich zeigen, sofern der Beschuldigte seine Probleme nicht autark zu bewältigen vermag und professionelle Unterstützung wünscht. Dadurch ist es dem Täter-Opfer-Ausgleich im Vergleich zu den herkömmlichen Sanktionen eher möglich, auf die spezielle Problemlage des Beschuldigten einzugehen und den Konflikt im Ursprung zu lösen. Folglich ist der Täter-Opfer-Ausgleich auch keine unangemessene Sanktion bei Fällen, in denen soziale oder persönliche Problemlagen zu dem Konflikt geführt haben.

F. Schwächung der Opferrechtsstellung

Weiterhin wird argumentiert, der Täter-Opfer-Ausgleich schwäche die Rechtsstellung der Geschädigten. Die prozessuale Stellung des Opfers werde durch das Verfahren nicht gestärkt, da im Rahmen von Opportunitätsentscheidungen keine förmlichen Beschwerdemöglichkeiten gegeben sein.[56]

Das Opfer wirkt aber beim Täter-Opfer-Ausgleichs-Verfahren direkt an der Vereinbarung des Schadensausgleiches mit. Der Umstand, dass dem Geschädigten nach Abschluss des Verfahrens keinerlei förmliche Beschwerdemöglichkeit zusteht, erscheint unbedenklich, da der Geschädigte von den Konsequenzen des Verfahrens in Kenntnis gesetzt wird und sich trotzdem mit der Durchführung einverstanden erklärt. Zudem haben sowohl der Beschuldigte als auch das Opfer die Möglichkeit, vor Abschluss der Verhandlung rechtliche Beratung einzuholen, um so einen fairen Ausgleich zu finden. Somit lässt sich eine Verschlechterung der verfahrensrechtlichen Rolle des Opfers durch die fehlende Beschwerdemöglichkeit insbesondere im Hinblick auf die faktische Bedeutungszunahme des Opfers im Täter-Opfer-Ausgleichs-Verfahren nicht feststellen.

G. Ablenkung vom Entkriminalisierungsbedarf

Ferner wird eingewandt, der Täter-Opfer-Ausgleich lenke den Gesetzgeber von notwendigem Entkriminalisierungsbedarf ab.

So führe die Möglichkeit der flexiblen Ausgestaltung der Rechtsfolge dazu, dass die Gesetzgebung von der rechtspolitischen Aufgabe entlastet werde, auf der Tatbestandsseite zu entkriminalisieren. Langfristig führe dies trotz punktueller Verbesserungen zu einem Niedergang des rechtsstaatlichen Strafrechts.[57]

---

[56] s. *Albrecht, Peter-Alexis* Schattenjustiz S. 86.
[57] s. *Albrecht, Peter-Alexis* Schattenjustiz S. 86.

Auch um die Gerichte von der Bagatellüberlast zu befreien, ist eine Streichung verschiedener Delikte diskussionswürdig. Der Täter-Opfer-Ausgleich steht jedoch dem Entkriminalisierungsbedarf nicht entgegen. Der Täter-Opfer-Ausgleich ist eine eigene Sanktionsform, die bei Bagatelldelikten keine Anwendung finden soll. Er findet folglich in der Regel bei Delikten Anwendung, die sich aufgrund ihrer Deliktsschwere nicht für die Entkriminalisierung eignen. Dies schließt folglich eine Beeinflussung des Entkriminalisierungsprozesses durch den Täter-Opfer-Ausgleich aus.

H. Schwächung der generalpräventiven Wirkung des Strafrechts

Ein bedeutender Kritikpunkt besteht darin, die generalpräventive Wirkung des Strafrechts werde durch den Täter-Opfer-Ausgleich geschwächt.[58]

Die Generalprävention wird in die negative und die positive Generalprävention unterteilt.[59] Die negative Generalprävention sieht den Zweck der Strafe in der Abschreckung auch von einem Strafverfahren nicht unmittelbar betroffenen potentiellen Tätern. Diese Abschreckung der Allgemeinheit soll durch die Androhung von Strafe oder den Vollzug der angedrohten Strafmaßnahme erreicht werden.[60] Ziel der positiven oder integrativen Generalprävention ist hingegen die Stärkung der allgemeinen Normtreue, es soll das Vertrauen in die Bestands- und Durchsetzungskraft der Rechtsordnung wieder aufgebaut beziehungsweise gestärkt werden.[61]

Zunächst ist die Wirkung des Täter-Opfer-Ausgleichs-Verfahren in Hinblick auf die negative Generalprävention zu hinterfragen. Die Abschreckung der Allgemeinheit durch die Androhung und den Vollzug von Strafen erscheint nur dann möglich, wenn durch die strafrechtlichen Sanktionen ein Zwang für potentielle Täter entsteht, die Straftat gar nicht erst zu begehen. Damit die Allgemeinheit bemerkt, dass die Androhung der Sanktion nicht eine bloße Drohung ist, die keine fühlbare Konsequenz nach sich führt, soll zur effektiven Abschreckung auch die Umsetzung der Strafandrohung also der Vollzug der Strafe nötig sein. Hierzu ist zunächst anzumerken, dass der Einzelne aufgrund des geringen Ausmaßes seiner Schuld durch den Vollzug der Strafe ungerecht behandelt werden könnte. Der Vollzug dieser Strafe, allein um zu beweisen, dass die Androhung der Strafe keine leere Drohung ist, und somit den Zweck des Strafrechts in Form der Abschreckung der Allgemeinheit zu erfüllen, würde den Täter zu einem Objekt des Staates machen. Dies ist mit der Menschenwürde und somit mit den Grundsätzen der Verfassung nicht vereinbar.

Des Weiteren liegen vielfache kriminologische Erkenntnisse vor, die in Zweifel ziehen, ob die Androhung und der Vollzug von Strafen abschreckende Wirkung haben. So konnte keine der durchgeführten empirischen Untersuchungen zu diesem Thema Anhaltspunkte

---

[58] s. *Loos* ZRP 1993, 51 (51); *Hirsch* ZStW 102, 534 (534).
[59] vgl. *Kaiser* Kriminologie S. 192; *Müller-Dietz* Prävention S. 228.
[60] vgl. BVerfGE 45, 187 ff. (255); *Northoff* HdK 2.1.3.1.1.
[61] vgl. BVerfGE 45, 187 ff. (256); *Roxin* Strafrecht AT S. 35.

dafür finden, dass Strafen eine gravierende abschreckende Wirkung auf potentielle Täter entfalten, weder in Hinblick auf die Schwere noch in Hinblick auf die Wahrscheinlichkeit der Strafe.[62] Eine abschreckende Wirkung für die Allgemeinheit gehe vielmehr von der Gefahr der Entdeckung aus, so dass es unter generalpräventiven Gesichtspunkten sinnvoller erscheint, die Entdeckungswahrscheinlichkeit zu erhöhen.[63] Aufgrund der Feststellung, dass die Schwere der Sanktion keinen gravierenden Einfluss auf die Abschreckungswirkung hat, liegt die Annahme nahe, dass nicht die Schwere der Sanktion bedeutend ist, sondern die Tatsache, dass überhaupt eine strafrechtliche Reaktion auf die Tat erfolgt, wobei die einzelnen Mittel dann austauschbar sind.[64]

Trotz dieser grundsätzlichen Einwände soll die mögliche Abschreckungswirkung des Täter-Opfer-Ausgleichs hinterfragt werden. Der Täter-Opfer-Ausgleich könnte eine geringere Wirkung in Hinblick auf die negative Generalprävention als der Freiheitsentzug oder die Geldstrafe entfalten, da diese Folge der Straftat sich auf eine Wiedergutmachungsleistung an das Opfer, deren genaue Ausgestaltung in einem Ausgleichsgespräch zwischen Beschuldigten und Geschädigten vereinbart wird, beschränkt. Eine darüber hinausgehende Buße des Beschuldigten wird nicht gefordert. Befürchtet wird, dass in der Gesellschaft der Eindruck entsteht, die strafrechtliche Reaktion auf eine Tat bestehe lediglich in der Wiederherstellung des vorherigen Zustandes, so dass sich die kriminelle Tat lohne.[65] Wird zum Beispiel im Rahmen des Täter-Opfer-Ausgleichs im Ausgleichsgespräch eine Einigung erzielt, in der der Beschuldigte eines Diebstahls lediglich dazu verpflichtet wird, die gestohlene Sache zurückzugeben, so ist der alte Zustand wiederhergestellt, der Ausgleich der Tatbeteiligten geglückt, für die Allgemeinheit könnte dies aber die Aussage enthalten, dass ein Diebstahl lediglich die Konsequenz der Herausgabe der entwendeten Sache nach sich zieht, sofern es überhaupt zu einer Aufklärung der Tat kommt. Die Versagung der Abschreckungswirkung des Täter-Opfer-Ausgleichs basiert entscheidend darauf, dass davon ausgegangen wird, der Beschuldigte empfände die Wiedergutmachung nicht als spürbares Übel. Dabei wird jedoch übersehen, dass der Beschuldigte beim Täter-Opfer-Ausgleich die Auseinandersetzung mit der begangenen Tat nicht umgehen kann und die Verantwortung für die Handlung übernehmen muss. Die Wiederherstellung des Rechtsfriedens ist in der Regel nur durch eine Kombination von ideellen Elementen mit materiellen Schadensersatzleistungen zu erreichen. Somit ist die materielle Wiedergutmachung nur ein Element der strafrechtlichen Wiedergutmachung.

Entsprechend dem konstruktiven Gehalt der Wiedergutmachung spielt die positive Generalprävention bei der Beurteilung der generalpräventiven Wirkung des Täter-Opfer-Ausgleichs die entscheidende Rolle.[66] Der Täter-Opfer-Ausgleich müsste in der Lage sein, das Vertrauen der Allgemeinheit in die Bestands- und Durchsetzungskraft der

---

[62] s. *Kaiser* Kriminologie § 31 Rn.34.
[63] vgl. *Kaiser* Kriminologie § 31 Rn.35; *Heinz* ZStW 1992, 591 (622); *Schöch* in: Kriminalprävention und Strafjustiz S. 293 ff.
[64] s. auch *Heinz* in: Entwicklungstendenzen S. 30.
[65] vgl. *Loos* ZRP 1993, 51 (54); *Lampe* GA 1993, 485 (491).
[66] s. *Baumann u.a.* AE-WGM S. 26; *Bannenberg/Uhlmann* in: TOA in Deutschland S. 23.

Rechtsordnung zu erhalten oder zu stärken. Dies wäre dann der Fall, wenn das durch die Tat entstandene Gefühl der Beunruhigung über den Normbruch sowie des Gefährdetseins in der Gemeinschaft durch eine Versöhnung zwischen Beschuldigtem und Geschädigten wieder aufgehoben werden könnte.

Im Rahmen des Täter-Opfer-Ausgleichs findet ein Ausgleichsgespräch statt, bei dem der Geschädigte und das Opfer einvernehmlich Wiedergutmachungsleistungen vereinbaren. Indem die Konfliktparteien sich über die Ausgestaltung der Wiedergutmachungsleistung einigen, kann bei der Allgemeinheit der Eindruck entstehen, das Recht habe sich gegenüber dem Unrecht durchgesetzt. Insbesondere durch die freiwillige Bereitschaft des Beschuldigten, die Verantwortung für die Tat zu übernehmen und die Folgen der Tat auszugleichen, findet eine Normbestärkung statt, der Tatbestand verliert seine Abstraktheit und bekommt einen konkreten Tatbezug. Dies kann wirksam den Rechtsfrieden wiederherstellen.

Zudem trägt die Einverständniserklärung des Geschädigten dazu bei, diese Sanktion als angemessen anzusehen, wenn sogar das Opfer sie billigt. Empfindet die Bevölkerung eine strafrechtliche Reaktionsform als angemessen, so kann dadurch ihr Vertrauen in die Rechtsordnung gestärkt werden. Ferner wird die Opferposition im Gegensatz zu dem herkömmlichen Verfahren durch die Integration des Opfers in die Bestimmung der Ausgestaltung der strafrechtlichen Reaktion gestärkt. Diese verstärkte Berücksichtigung des Geschädigten kann dazu beitragen, der Beunruhigung der Bevölkerung über den Normbruch entgegenzuwirken, indem vermittelt wird, dass der Staat die Interessen des Opfers ernst nimmt.[67] Ferner kann so das durch die Straftat ausgelöste Gefühl der Gefährdung der eigenen Person als potentielles Opfer genommen werden.

Damit ist der Täter-Opfer-Ausgleich geeignet, die Ziele der positiven Generalprävention zu erreichen, so dass keine Bedenken an der mangelnden generalpräventiven Wirkung dieses Verfahrens bestehen.[68]

Die Akzeptanz des Täter-Opfer-Ausgleichs in der Bevölkerung und somit indirekt seine generalpräventive Wirkung würde noch verstärkt werden, wenn diese Sanktion im Vergleich zu den herkömmlichen Strafmaßnahmen effizienter wäre. Dies soll in der vorliegenden Arbeit anhand der Legalbewährung untersucht werden.

I. Kritik an der Ausgestaltung

Der Rechtsgedanke des Täter-Opfer-Ausgleichs und der Schadenswiedergutmachung findet zwar grundsätzlich breite Zustimmung, jedoch wird insbesondere die genauere Ausgestaltung, also der kriminalpolitische Weg der Verwirklichung, kontrovers diskutiert.[69]

---

[67] s. *Baumann u.a.* AE-WGM S. 26.
[68] vgl. im Ergebnis: *Meier* GA 1999, 1 (14); *Rössner* in: Kriminalprävention und Strafjustiz S. 221; *Hartmann, Ute* StA und TOA S. 33.
[69] s. *Dahs* NJW 1995, 553 (554); *Baumann u.a.* AE-WGM S. 10.

I. Mängel der derzeitigen gesetzlichen Regelung

Die derzeitige gesetzliche Regelung des Täter-Opfer-Ausgleichs weist Mängel auf, die sich hemmend auf die Fortentwicklung und Anwendung der konstruktiven Tatverarbeitung in der Praxis auswirken und zudem die Gefahr in sich bergen, die Grundsätze der Rechtssicherheit und Rechtsgleichheit nur unzureichend zu gewährleisten.[70]

Als Kritikpunkt ist zunächst die fehlende prozessuale Verankerung des Täter-Opfer-Ausgleichs anzuführen.[71] Durch die Einführung des § 46a StGB wurde lediglich die materiellrechtliche Ausgestaltung des Täter-Opfer-Ausgleichs geregelt, die prozessuale Institutionalisierung fehlt hingegen. So enthält das Gesetz keine Aussage über die Förderung und Durchführung des Täter-Opfer-Ausgleichs. Es ist weder geregelt, dass die Tatbeteiligten auf die Möglichkeit des Ausgleichsverfahrens hingewiesen werden müssen, noch in welchem Abschnitt des Strafverfahrens der Täter-Opfer-Ausgleich stattfinden soll.

Daraus resultiert, dass sowohl der Zeitpunkt als auch die grundsätzliche Inanspruchnahme des Täter-Opfer-Ausgleichs in das Belieben der Verfahrensbeteiligten gestellt werden. Diese mangelnde prozessuale Regelung beinhaltet zwar den Vorteil der Flexibilität der Verfahrensbeteiligten, aber darin liegt auch die Gefahr, dass weder Staatsanwalt noch Gericht von der Möglichkeit des Täter-Opfer-Ausgleichs Gebrauch machen. Diese Abhängigkeit von den jeweiligen Verfahrensbeteiligten begründet die Kritik, der Täter-Opfer-Ausgleich werde dem Grundsatz der Gleichbehandlung im Recht nicht gerecht. Durch die fehlende Regelung der prozessualen Ausgestaltung sei die Anwendung des Täter-Opfer-Ausgleichs regional unterschiedlich und divergiere sogar von Staatsanwalt zu Staatsanwalt[72], da es in der Regel von den einzelnen Staatsanwälten und Richtern abhänge, ob sie bereit sind, vom Angebot des Täter-Opfer-Ausgleichs Gebrauch zu machen.[73] Es besteht folglich die Gefahr der Ungleichheit der Rechtsanwendung. Die mangelnde gesetzliche Regelung hat nunmehr dazu geführt, dass versucht wurde, das Problem verwaltungsintern durch Erlasse, Richtlinien der Generalstaatsanwälte oder Hausverfügungen zu lösen. Eine Vereinheitlichung der Rechtsanwendung ist jedoch auf diesem Wege aufgrund der föderalen Struktur der Justizverwaltung nicht endgültig zu leisten, so dass es notwendig erscheint, dieses verfahrensrechtliche Problem durch eine Gesetzesreform zu lösen, um so eine Vereinheitlichung der Rechtsanwendung zu fördern und die Durchführung des Täter-Opfer-Ausgleichs nicht mehr allein der Initiative der an dem jeweiligen Verfahren beteiligten Personen zu überlassen.

Ein weiterer Kritikpunkt der derzeitigen Situation stellt die fehlende gesetzliche Gewährleistung der flächendeckenden Einrichtung von Schlichtungsstellen, die zur Durchführung des Täter-Opfer-Ausgleichs benötigt werden, dar. Zudem bleiben die Fragen bezüglich des Datenschutzes und der Akteneinsicht ungeklärt. Diese mangelnde Regelung wirkt sich sicherlich hemmend auf die Anwendungsbereitschaft zur Durchführung

---

[70] s. *Meier* JuS 1996, 436 (441).
[71] s. *Dahs* NJW 1995, 553 (554); *Meier* GA 1999, 1 (1); *Meier* JuS 1996, 436 (441).
[72] s. *Albrecht, Peter-Alexis* Schattenjustiz S. 88; *Albrecht, Peter-Alexis u.a.* Strafrecht S. 27.
[73] s. *Schöch* Gutachten C C 60.

eines Täter-Opfer-Ausgleichs aus, so dass die Initiative des Gesetzgebers gefragt ist, die Regelungslücken zu schließen.

Doch nicht nur prozessuale Mängel werden beklagt, auch die Ausgestaltung der materiellen Rechtslage wird kritisiert. So führe die Beschränkung des Täter-Opfer-Ausgleichs auf bestimmte Deliktsgruppen zu einer Ungleichbehandlung und damit letztlich tendenziell zur Käuflichkeit des Strafrechts.[74] Ein Täter-Opfer-Ausgleich ist derzeit nur dann möglich, wenn eine Entschädigung oder ein sonstiges Eingehen auf Opferinteressen geleistet werden kann. Bei opferlosen Delikten, wie den Straftaten gegen die Allgemeinheit, lässt sich hingegen ein Täter-Opfer-Ausgleich konzeptionell nur schwer vorstellen, so dass diese Fälle grundsätzlich zur Bestrafung führen würden. Im Endeffekt würde die Möglichkeit des Ausgleiches mit über die Strafbarkeit des Täters entscheiden, weshalb von einer Ökonomisierung der Voraussetzungen von Strafbarkeit gesprochen werden könne.[75]

Gegen diese Kritik lässt sich einwenden: Der Täter-Opfer-Ausgleich ist eine Form der Konfliktlösung zwischen den Tatbeteiligten, wozu grundsätzlich ein kommunikatives Element nötig ist, so dass die Ausweitung dieses Rechtsinstituts auf opferlose Delikte die Gefahr in sich birgt, den Täter-Opfer-Ausgleich zu einem konturenlosen Verfahren werden zu lassen. Sollte sich nachweisen lassen, dass der Täter-Opfer-Ausgleich eine effektive Alternative zu herkömmlichen Strafmaßnahmen darstellt, so ist dies für die Fallkonstellationen, die für das Verfahren geeignet sind, positiv zu vermerken. Es gilt folglich nicht, den Täter-Opfer-Ausgleich aufgrund der Deliktsbeschränkungen zu kritisieren, sondern vielmehr auch für die anderen Deliktsgruppen eine adäquate Strafalternative zu finden. Bei den opferlosen Delikten kommt hier beispielsweise die Leistung einer symbolischen Wiedergutmachung in Betracht. Läge eine derartige gesetzliche Regelung vor, könnte nicht mehr von einer Ökonomisierung der Voraussetzungen der Strafbarkeit gesprochen werden.

II. Verbesserungsvorschläge
1. Alternativ-Entwurf Wiedergutmachung
Der Problematik der gesetzlichen Ausgestaltung des Täter-Opfer-Ausgleichs haben sich die Verfasser des Alternativ-Entwurf Wiedergutmachung angenommen. Der Alternativ-Entwurf entstand durch eine Zusammenarbeit deutscher, schweizerischer und österreichischer Strafrechtslehrer, die sich mit einer Reform des Täter-Opfer-Ausgleichs auseinander gesetzt haben.

Ziel dieser Vereinigung war es, die Wiedergutmachung in das bestehende System der Sanktionen und Verfahren einzuarbeiten, um im Hinblick auf Wiedergutmachungsleistungen des Täters so weit wie möglich von Strafe abzusehen.[76] In Anbetracht der

---

[74] s. *Albrecht, Peter-Alexis* Schattenjustiz S. 83.
[75] s. *Albrecht, Peter-Alexis* Schattenjustiz S. 83.
[76] s. *Baumann u.a.* AE-WGM S. 11.

unzureichenden damaligen Gesetzeslage erachteten es die Verfasser als notwendig, Vorschläge für eine gesetzliche Klärung des Verhältnisses der Wiedergutmachung zur Strafe zu erarbeiten und verfahrensmäßige Bedingungen für eine effektive Konfliktregelung zu schaffen. Das Rechtsstaatsprinzip gebiete eine konkrete Regelung, die Möglichkeiten und Grenzen der autonomen Spur absteckt.[77]

Im Jahre 1992 hat der Arbeitskreis der Alternativprofessoren einen 25 Paragraphen umfassenden Entwurf zur Wiedergutmachung vorgelegt. Dies war der erste Versuch, den Grundsätzen der autonomen, sozialkonstruktiven Konfliktbewältigung ein strenges gesetzliches Gerüst zu geben.

In dem Alternativ-Entwurf Wiedergutmachung wird die Schadenswiedergutmachung in das Rechtsfolgensystem der §§ 38 ff. StGB integriert, indem eine Zwischenstufe eingefügt wird. Freiwillige Schadenswiedergutmachung geht demnach der Strafe vor, wenn der Verzicht auf Reaktionen nicht mehr möglich und die zwangsweise Verantwortungsauferlegung noch nicht nötig ist.[78] Der generelle Aufgabenzweck des Strafrechts, nämlich die Wiederherstellung des Rechtsfriedens, sei insbesondere durch die Versöhnung des Täters mit dem Opfer zu erreichen, so dass die Wiedergutmachung als Rechtsfolge auch mit dem Strafzweck vereinbar erscheint.

Als Wiedergutmachung wird der Ausgleich der Folgen der Tat durch eine freiwillige Leistung des Täters definiert. Der vollständige Schadensersatz ist hier nur als eines der möglichen Mittel genannt, ferner werden personale Wiedergutmachungsleistungen wie Geschenke, Entschuldigung oder Versöhnungsgespräch angeführt.

Um eine ungleiche Deliktsbehandlung zu vermeiden, werden unter Wiedergutmachung auch Leistungen an gemeinnützige Einrichtungen oder gemeinnützige Arbeitsleistungen eingeordnet. Mit dieser Einbeziehung symbolischer Wiedergutmachungsleistungen wird die Wiedergutmachung auch bei opferlosen Delikten, also Delikten gegen die Allgemeinheit oder ohne materiellen Schaden, sowie bei einem nicht ausgleichbereitem Opfer möglich[79], so dass der Ungleichheit in der Rechtsanwendung vorgebeugt wird.

Weiterhin regelt der Alternativ-Entwurf Wiedergutmachung, dass auf ein Geständnis verzichtet werden kann, sofern die bloße Zustimmung zum Wiedergutmachungsausgleich und zur vereinfachten Verfahrenserledigung vorliegt. Sinn dieses Geständnisverzichts ist es, den Druck auf den Beschuldigten soweit wie möglich zu minimieren und so die für den konstruktiven Tatfolgenausgleich bedeutende Freiwilligkeit in größtmöglichem Umfang zu gewährleisten.[80]

---

[77] s. *Rössner* NStZ 1992, 409 (414).
[78] s. *Baumann u.a.* AE-WGM S. 24.
[79] s. *Schöch* Gutachten C C 67.
[80] s. *Schöch* Gutachten C C 80.

Auch die prozessuale Gestaltung des Täter-Opfer-Ausgleichs und der Wiedergutmachung werden explizit im Alternativ-Entwurf Wiedergutmachung geregelt.

Der Eigeninitiative kommt bei der freiwilligen Wiedergutmachung ein besonderer Stellenwert zu; daher sieht der Alternativ-Entwurf Wiedergutmachung Hinweise und Gestaltungshilfen für ratsuchende Täter und Opfer vor. Zunächst sind die Tatbeteiligten eingehend über die Möglichkeit der Wiedergutmachung und ihrer Auswirkungen auf das strafrechtliche Verfahren sowie die Freiwilligkeit der Mitwirkung zu belehren.

Bei entsprechenden Bemühungen des Beschuldigten wird der Richter oder Staatsanwalt durch den Alternativ-Entwurf Wiedergutmachung sodann in Abweichung vom strafprozessualen Beschleunigungsgebot[81] ermächtigt, das Verfahren inne zu halten.

Die Wiedergutmachungsleistungen müssen bis zur Hauptverhandlung vollständig erbracht sein, um sanktionsrelevant zu sein. Damit sollen Verzögerungen und unpünktliche Zahlungen vermieden werden.

Weiterhin regt der Alternativ-Entwurf Wiedergutmachung die Einschaltung außergerichtlicher Schlichtungsstellen an. Täter und Opfer seien im Normalfall nicht in der Lage, aus eigener Initiative die Wiedergutmachung zustande zu bringen, daher sei die Vermittlung von Schlichtungsstellen hilfreich.

Als weitere Variante der prozessualen Einbettung des Täter-Opfer-Ausgleichs in das Strafverfahren ermöglicht der Alternativ-Entwurf Wiedergutmachung eine richterliche Wiedergutmachungsverhandlung in einem neu aktivierten Zwischenverfahren vor dem zuständigen Gericht. Die richterliche Wiedergutmachungsverhandlung wird insbesondere in den Fällen vorgesehen, in denen Rechtsfragen im Vordergrund stehen oder eine Sachverhaltsaufklärung notwendig erscheint.

Auch die Rechtsfolge der erfolgten Wiedergutmachung ist im Alternativ-Entwurf Wiedergutmachung geregelt. Die vollständige Wiedergutmachung führt danach zur Wiederherstellung des Rechtsfriedens und macht folglich Strafe entbehrlich. Auf einen strafrechtlichen Schuldspruch könne jedoch trotzdem nicht verzichtet werden, dadurch solle die sozialethische Missbilligung der Tat deutlich gemacht werden. Die Rechtsfolge wäre folglich ein Absehen von Strafe, ein Schuldspruch ohne Strafausspruch.[82] Auch die Voraussetzungen, unter denen ein Absehen von Strafe infolge der Wiedergutmachung zu erfolgen habe, werden zumindest in den Konturen durch den Alternativ-Entwurf Wiedergutmachung geregelt.[83] So soll die Wiedergutmachung bei einer anzunehmenden Freiheitsstrafe bis zu einem Jahr in der Regel zum Absehen von Strafe führen.[84] Eine Übelszufü-

---

[81] ein allgemeiner Grundsatz der Beschleunigung ist in der StPO nicht ausgesprochen, liegt aber einigen Einzelvorschriften zugrunde: z. B. §§ 115, 128 f., 121, 163 II 1 StPO.
[82] s. *Schöch* Gutachten C C 75.
[83] s. *Schöch* Gutachten C C 75.
[84] AE-WGM § 4.

gung durch Strafe kommt hiernach nur in den Fällen in Betracht, in denen diese zur Einwirkung auf den Täter oder auf die Allgemeinheit unerlässlich ist.

Jenseits dieser festgelegten Grenze, bei der in der Regel von Strafe abzusehen ist, sieht der Alternativ-Entwurf Wiedergutmachung in § 5 bei erfolgter Wiedergutmachungsleistung die Verhängung einer Strafe mit obligatorischer Strafmilderung nach § 49 Absatz 1 StPO vor.

Weiterhin wird in §§ 7, 8, 9 Alternativ-Entwurf Wiedergutmachung der Tatfolgenausgleich bei den Aussetzungsmöglichkeiten der Freiheitsstrafe nach §§ 56, 57 StGB verstärkt.

Aus der derzeitigen Gesetzeslage geht weiterhin nicht hervor, welche Erledigungsform bei der Wiedergutmachung oder dem Täter-Opfer-Ausgleich Vorrang hat. Diese Lücke schließt der Alternativ-Entwurf Wiedergutmachung durch die Regelung verschiedener Einstellungsarten.[85]

Zunächst gibt es nach § 11 die Einstellung nach § 153b StPO, die aber auf leichtere Vergehen beschränkt ist, die nicht mit einer im Mindestmaß erhöhten Strafe bedroht sind.

Weiterhin wird in § 19 Alternativ-Entwurf Wiedergutmachung der Schuldspruch unter Absehen von Strafe durch gerichtlichen Beschluss mit Zustimmung des Beschuldigten geregelt, sowie in § 20 der Eröffnungsbeschluss mit Informationsanhang über erbrachte Wiedergutmachungsleistungen bei Weiterführung des Verfahrens bis zur Hauptverhandlung.

Alle anderen Fälle sollen wie bisher mit einem gerichtlichen Urteil nach der Hauptverhandlung entschieden werden.

Zusammenfassend ist festzuhalten, dass der Alternativ-Entwurf Wiedergutmachung eine detaillierte Regelung des Täter-Opfer-Ausgleichs vorschlägt, die insbesondere geeignet ist, der Unsicherheit der Rechtsanwender entgegenzuwirken und eine einheitliche Rechtsanwendung zu fördern.

2. Entwurf eines Gesetzes zur strafverfahrensrechtlichen Verankerung des Täter-Opfer-Ausgleichs

Die Bundesregierung hat ferner in jüngster Zeit einen Gesetzesentwurf in das Gesetzgebungsverfahren eingebracht, der die strafverfahrensrechtliche Verankerung des Täter-Opfer-Ausgleichs gewährleisten soll.[86]

Dieses Gesetz sieht unter anderem Änderungen des § 153a StPO sowie eine Einfügung der §§ 155a und 155b StPO vor.

---

[85] s. *Schöch* Gutachten C C 80.
[86] BR-Drucks. 325/99.

Die Änderung des § 153a StPO umfasst vor allem die Auflistung des Täter-Opfer-Ausgleichs in § 153a Absatz 1 Satz 1 Nr. 5 StPO als Auflage oder Weisung. Die Einordnung des Täter-Opfer-Ausgleichs als Auflage oder Weisung erscheint jedoch dogmatisch verfehlt, da es sich bei diesem Verfahren gerade um einen freiwilligen Tatfolgenausgleich, nicht um eine aufoktruierte Maßnahme handelt. Die strafverfahrensrechtliche Regelung im § 153a StPO wird der Konzeption des Täter-Opfer-Ausgleichs folglich nicht gerecht.

Mit § 155a StPO wird eine Sollvorschrift eingefügt, die bestimmt, dass die Staatsanwaltschaft und das Gericht in jedem Stadium des Verfahrens die Möglichkeit des Ausgleiches zwischen den Tatbeteiligten prüfen und auf einen solchen Ausgleich hinwirken sollen.

Die neue Norm gibt der Staatsanwaltschaft und den Richtern keine Handlungsverpflichtungen, vielmehr wird die generelle Prüfung der Möglichkeiten zu einem Ausgleich lediglich angeregt. Dies bringt zwar den Vorteil der größtmöglichen Flexibilität und der einzelfallgerechten Rechtsfolge mit sich, birgt aber die Gefahr in sich, dass Staatsanwaltschaft und Richter nicht tätig werden und die durch den Gesetzesentwurf erhoffte verstärkte Anwendung des Täter-Opfer-Ausgleichs ausbleibt. Eine flexible Gestaltung des Einzelfalls wäre auch möglich, wenn anstelle der Soll-Vorschrift eine Muss-Vorschrift treten würde. Eine Verpflichtung der Staatsanwaltschaft oder des Gerichts, in jedem Verfahrensstand zu prüfen, ob ein Ausgleich zwischen den Tatbeteiligten möglich ist, und diesen sodann zu fördern, widerspricht der flexiblen Festsetzung einer Rechtsfolge nicht.

Der Gesetzesentwurf leidet ferner darunter, dass keine präzisen Handlungsanweisungen vorgegeben sind, wie und wann konkret die Prüfung sowie die Förderung eines Ausgleichs zwischen den Tatbeteiligten erfolgen sollen. So enthält der Entwurf beispielsweise keine Verpflichtung, die Tatbeteiligten in einem möglichst frühzeitigen Verfahrensstadium über die Alternative des konstruktiven Tatfolgenausgleiches zu belehren und über ihre möglichen strafersetzenden oder strafmildernden Folgen zu informieren. Diese Hinweise sind jedoch notwendig, damit die Tatbeteiligten Eigeninitiative ergreifen können und damit der Täter-Opfer-Ausgleich auch vermehrt in der Praxis Anwendung findet.

Zudem wird die Rechtsfolge der erfolgten Wiedergutmachung nicht ausdrücklich geregelt. Die neue Variante der Einstellung nach § 153a Absatz 1 Satz 1 Nr. 5 StPO ist nicht für den freiwilligen Täter-Opfer-Ausgleich konzipiert, sondern für den Fall, dass ein Täter-Opfer-Ausgleich als Auflage oder Weisung erteilt wurde. Somit kommen für den freiwilligen Täter-Opfer-Ausgleich weiterhin lediglich § 46a StGB sowie § 153b StPO in Betracht. An der derzeitigen Verunsicherung in der Praxis über die anwendbaren Vorschriften zur Erledigung des Verfahrens nach Täter-Opfer-Ausgleich vermag der Gesetzesentwurf folglich wenig zu ändern.

Die prozessuale Verankerung des Täter-Opfer-Ausgleichs durch eine Muss-Vorschrift sowie die Ausgestaltung konkreter und ausführlicher Handlungsanweisungen an die Staatsanwaltschaft und das Gericht würde die vermehrte Anwendung des Täter-Opfer-Ausgleichs in der Praxis sicherlich mehr fördern als der vom Bundestag beschlossene Gesetzesentwurf. Ferner kann dieser Entwurf infolge der undetaillierten Regelungen nicht die Gefahr der Ungleichheit der Rechtsanwendung beseitigen. Es ist folglich die Initiative des Gesetzgebers gefragt, ein strengeres gesetzliches Gerüst für den Täter-Opfer-Ausgleich zu schaffen. Als Anlehnung eignet sich der Alternativ-Entwurf Wiedergutmachung, der Grenzen und Möglichkeiten der Wiedergutmachung klar herausstellt und die prozessuale Gestaltung detailliert regelt.

5. Kapitel: Entwicklung des Täter-Opfer-Ausgleichs in Europa

Nicht nur im deutschen Strafrecht wurde der Täter-Opfer-Ausgleich in den letzten Jahren gesetzlich verankert, auch in anderen europäischen Staaten ist eine Entwicklungstendenz zur konstruktiven Tatverarbeitung zu bemerken.

A. Italien

In Italien wurde das Jugendstrafverfahren im Jahre 1988 reformiert. Insbesondere beinhaltete die Reform eine Abstufung von Eingriffen und führte eine Reihe von Maßnahmen ein, die den einzelfallgerechten Umgang mit den Jugendlichen gewährleisten sollen. Der Täter-Opfer-Ausgleich findet in diesem System ausdrückliche Berücksichtigung. Nach Art. 28 Absatz 2 D.P.R.448/88 kann der Richter im Falle einer Verfahrenseinstellung Weisungen erteilen, die die Wiedergutmachung der Tat und den Ausgleich des Jugendlichen mit dem Opfer fördern. Zur Durchführung des Täter-Opfer-Ausgleichs wurden Ausgleichs- und Vermittlungsstellen eingerichtet und es entstand ein „Italienisches Zentrum zur Förderung der Mediation – Vereinigung für eine friedliche Lösung von Konflikten", das in Mailand u. a. von Kriminologen, Rechtssoziologen, Sozialarbeitern und Richtern gegründet wurde. Als Beispiel aus der Praxis sind die konkreten Erfahrungen aus Turin zu nennen. Liegt ein Geständnis des Jugendlichen vor und stimmen beide Parteien zu, so überweist der Staatsanwalt nach informeller Verständigung mit dem Strafrichter den Fall regelmäßig an ein beim Jugendgericht eingerichtetes Amt für Mediation, das den Täter-Opfer-Ausgleich durchführt.[87]

B. Niederlande

In den Niederlanden trat im Jahre 1995 ein Gesetz zur Änderung des Jugendstraf(prozess)rechts in Kraft. Schon vor dieser Reform war der Täter-Opfer-Ausgleich im Gesetz verankert. Nach Art. 74 Absatz 1 nl. StGB verfällt das Recht auf Strafverfolgung, wenn eine Vereinbarung zwischen dem Beschuldigten und der Staatsanwaltschaft oder der Polizei getroffen wird und der Beschuldigte bestimmte festzusetzende Auflagen erfüllt. Als Auflage kommt hier der Täter-Opfer-Ausgleich in Betracht.[88]

Auch in den Niederlanden ist das Institut des Täter-Opfer-Ausgleichs folglich gesetzlich verankert.

---

[87] s. *Picotti/Merzagora* in: Entwicklungstendenzen 193 (215 ff.).
[88] s. *van Kalmthout/Vlaardingerbroek* in: Entwicklungstendenzen 227 (235 ff.).

C. Österreich

Das österreichische JGG sieht in § 7 und 8 einen außergerichtlichen Tatfolgenausgleich vor, der über einen Täter-Opfer-Ausgleich im engeren Sinn hinausgeht. Eingeleitet werden kann der Täter-Opfer-Ausgleich entweder vom Staatsanwalt oder vom Gericht bis zum Beginn der Hauptverhandlung. Der Ausgleich führt dann regelmäßig zur Straflosigkeit, sofern die Schuld nicht als schwer anzusehen ist und eine Bestrafung nicht aus spezialpräventiven Gründen geboten ist.

Im Gegensatz zum engeren Täter-Opfer-Ausgleich ermöglicht die österreichische Regelung einen Täter-Opfer-Ausgleich auch bei Taten ohne Opfer und Folgen. Die Durchführung obliegt ausschließlich besonders erfahrenen Bewährungshelfern.[89]

In Österreich geht die gesetzliche Institutionalisierung des Täter-Opfer-Ausgleichs folglich sogar noch über den Täter-Opfer-Ausgleich im engeren Sinne hinaus.

D. Estland

Auch in Estland ist der Täter-Opfer-Ausgleich gesetzlich geregelt. Nach § 10 Absatz 3 und 4 sowie § 61 Absatz 1 StGB sind die Gerichte gehalten, die Möglichkeit eines Täter-Opfer-Ausgleichs besonders zu prüfen und – sofern diese Maßnahme erfolgsversprechender erscheint – von Strafe abzusehen.[90]

E. Spanien

In Spanien wurde das Gesetz über die Jugend- und Vormundschaftsgerichte im Jahre 1992 reformiert. Seitdem besteht die Möglichkeit, die Entscheidung beziehungsweise Maßnahme vorläufig für maximal zwei Jahre zurückzustellen, wenn dies sich mit Rücksicht auf das Delikt anbietet und der Delinquent den Vorschlag einer außergerichtlichen Wiedergutmachung akzeptiert (Art. 16 Absatz 3). Bei Nichteinhaltung der Auflage wird die vorläufige Einstellung widerrufen und die Maßnahme vollstreckt.

Bereits 1990 wurde in Katalonien ein Mediationsprogramm durchgeführt, das neben dem Schadensersatz gegenüber dem Opfer auch die Entschuldigung oder Versöhnung der Tatbeteiligten vorsieht. Seit Inkrafttreten des Gesetzes von 1992 findet diese Alternative verstärkte Anwendung.[91]

F. Internationale Empfehlungen

Auch in den Mindestgrundsätzen der Vereinten Nationen für die Jugendgerichtsbarkeit[92], die 1985 von der Generalversammlung verabschiedet wurden, findet der Täter-Opfer-

---

[89] s. *Jesionek* in: Entwicklungstendenzen 269 (274 ff.).
[90] s. *Leps* in: Entwicklungstendenzen 375 (379).
[91] s. *De la Cuesta/Giménez-Salinas* in: Entwicklungstendenzen 327 (349).
[92] Resolution der Generalversammlung ZStW 1987 253 ff.

Ausgleich Erwähnung. So wird in Punkt 11.4 unter anderem der Aufbau von Opferentschädigungs- und Wiedergutmachungsprogrammen empfohlen. Des Weiteren werden die Opferentschädigung und Wiedergutmachung in Punkt 18.1 d) ausdrücklich als ambulante Maßnahme geregelt, die generell zur Verfügung stehen sollen, um stationäre Maßnahmen möglichst zu vermeiden.

Ferner wurde in der Empfehlung Nr. R (92) 177 des Ministerkomitees an die Mitgliedstaaten des Europarates über die Einheitlichkeit in der Strafbemessung angeraten, Maßnahmen der informellen Erledigung wie Vermittlungsverfahren und die Sicherstellung der Opferentschädigung einzusetzen, A.6. Auch durch diese internationale Empfehlung wurde folglich versucht, die Anwendung des Täter-Opfer-Ausgleichs zu vermehren.

2. Teil: Die empirische Untersuchung

In diesem Abschnitt werden die Ergebnisse der empirischen Untersuchungen zur Effizienz des Täter-Opfer-Ausgleichs dargestellt. Die Auswertung erfolgte in drei Schritten.

Zunächst wurde eine Auswertung der Verfahren vorgenommen, bei denen das Strafverfahren nach erfolgreich durchgeführtem Täter-Opfer-Ausgleich durch die Staatsanwaltschaft eingestellt wurde. Mittels dieser Ausgangsanalyse soll ein Einblick in die praktische Umsetzung des Täter-Opfer-Ausgleichs in Schleswig-Holstein gegeben werden. Zudem soll durch einen Vergleich mit den Ergebnissen anderer Täter-Opfer-Ausgleichs-Studien ermöglicht werden, die Repräsentanz der vorliegenden Studie zu überprüfen. Die Feststellung der Repräsentanz der Ausgangsstudie ist insbesondere von Bedeutung, da sie auch Einfluss auf die Repräsentanz der Rückfallergebnisse hat.

In einem zweiten Schritt wurde das Rückfallverhalten der Probanden nach Täter-Opfer-Ausgleich untersucht.

In einem weiteren Schritt wurde das Rückfallverhalten in Bezug zu den einzelnen Merkmalen des Täter-Opfer-Ausgleichs-Verfahrens gesetzt, um mögliche Zusammenhänge zwischen bestimmten Ausgestaltungen des Täter-Opfer-Ausgleichs und dem späteren Rückfallverhalten feststellen zu können. Sodann wurde das Rückfallverhalten mit den Rückfallergebnissen nach anderen Sanktionen verglichen.

1. Kapitel: Ausgangsuntersuchung

A. Akten der Staatsanwaltschaft

Zur Auswertung der Täter-Opfer-Ausgleichs-Verfahren wurden bei den Staatsanwaltschaften in Schleswig-Holstein die Akten angefordert, bei denen die Staatsanwaltschaft das Verfahren nach erfolgreich durchgeführtem Täter-Opfer-Ausgleich eingestellt hat. Es wurden die vier Staatsanwaltschaften Schleswig-Holsteins, Kiel, Flensburg, Lübeck und Itzehoe, angeschrieben. Von den insgesamt 307 zugesandten Akten aus dem Zeitraum vom 1.11.1991 bis zum 31.10.1995 handelte es sich in 42 Fällen um gescheiterte Täter-Opfer-Ausgleichsfälle, wobei die Ursache dieser fehlerhaften Zusendung wahrscheinlich in der falschen Registrierung zu sehen ist. Diese 42 Fälle wurden nicht in die Analyse einbezogen, so dass der Auswertung eine Anzahl von insgesamt 265 Akten zugrunde lag. Aufgrund von Gruppendelikten, bei denen mehrere Beschuldigte in einer Akte zusammengefaßt wurden, waren im Endeffekt 349 Verfahren auszuwerten, da jeder Beschuldigte einzeln in die Analyse eingebunden wurde.

Die Ermittlungsakten wurden nun mit Hilfe eines eigens für diesen Zweck entworfenen Analyseschemas ausgewertet.[93]

---

[93] s. Anlage I.

Bei den Verfahren waren jugendliche, heranwachsende sowie erwachsene Beschuldigte beteiligt. Zunächst wurden die Altersgruppen gemeinsam ausgewertet. In den Abschnitten, in denen insbesondere in Hinblick auf die Rückfalluntersuchung eine Unterteilung in die drei Altersklassen sinnvoll erschien, wird diese differenzierte Auswertung hinter die gemeinsame gestellt.

I. Angaben zu den Beschuldigten

In diesem Abschnitt wurde untersucht, welche persönlichen Merkmale die Beschuldigten aufwiesen, bei denen das Verfahren nach Täter-Opfer-Ausgleich eingestellt wurde. Diese persönlichen Angaben sind notwendig, um einen Vergleich mit anderen Täter-Opfer-Ausgleichs-Analysen zu ermöglichen und um das Rückfallverhalten differenziert auswerten zu können.

1. Alter
Die folgende Tabelle gibt die Altersverteilung wieder.

Tabelle 1: Altersverteilung

	Beschuldigte	
	Anzahl	Anteil
Jugendliche	157	45%
Heranwachsende	48	14%
Erwachsene	144	41%
Σ	349	100%

Um Jugendliche zwischen 14 und 18 Jahren handelte es sich in 157 Fällen, in 48 Fällen waren die Beschuldigten Heranwachsende, also zwischen 18 und 21 Jahren. Auf die Altersgruppe der Erwachsenen, der über 21-Jährigen entfielen 144 Fälle.

Mit 59% war der Großteil der Beschuldigten folglich weniger als 21 Jahre alt. Die Auswertung ergibt damit, dass der Täter-Opfer-Ausgleich vornehmlich bei jüngeren Beschuldigten Anwendung findet.

Das Durchschnittsalter der Beschuldigten lag bei ungefähr 25 Jahren. Die Altersspanne reichte von 14 Jahren bis zu 72 Jahren.

2. Vorbelastung der Beschuldigten
Vorbelastungen des Beschuldigten schließen die Einstellung durch die Staatsanwaltschaft nach Täter-Opfer-Ausgleich für die neue Tat nicht von vornherein aus.[94] Auch Wiederholungstätern soll damit die Chance gegeben werden, durch Einsicht von weiteren Straftaten abzusehen.

---

[94] s. Rundverfügung des Generalstaatsanwalts vom 26.07.1991 in: Schleswig-Holsteinische Anzeigen 1991 S. 153 ff.; *Voigt-Binné* in: Wiedergutmachung und Strafrechtspraxis 155 (157).

Dennoch ist es fraglich, ob die Staatsanwaltschaft auch in solchen Verfahren einen Täter-Opfer-Ausgleich durchführen ließ, in denen eine Vorbelastung des Beschuldigten vorlag, oder ob in diesen Fällen von der Möglichkeit des Täter-Opfer-Ausgleichs abgesehen wurde. Insbesondere bei der späteren Untersuchung des Rückfallverhaltens ist es von Interesse, ob die Beschuldigten wiederholt straffällig wurden, oder ob es sich um Ersttäter handelte.

Die Vorbelastungen wurden anhand der Auszüge aus dem Bundeszentral- beziehungsweise Erziehungsregister bestimmt. Als Vorbelastungen wurden die Eintragungen gewertet, deren zugrunde liegende Tat zeitlich vor der Einlasstat begangen wurde. Bei jedem Beschuldigten war eine Aussage über die Vorbelastungen möglich, da zur Durchführung der nachfolgenden Rückfalluntersuchung die Auszüge aus dem Bundeszentralregister aller Probanden angefordert wurden. Somit konnten die Verfahren, in denen die Vorstrafen nicht aus der staatsanwaltschaftlichen Ermittlungsakte hervorgingen, im Nachhinein ergänzt werden.

Die Auswertung unterschied zwischen geringen und erheblichen Vorbelastungen. Als erheblich wurde die Vorbelastung dann gewertet, wenn mehr als drei Eintragungen aus dem Bundeszentral- beziehungsweise Erziehungsregister hervorgingen oder eine besonders schwere Vortat oder Strafe vorlag. In den anderen Fällen wurde die Vorbelastung als gering eingestuft.

Tabelle 2: Vorbelastung der Beschuldigten

	Beschuldigte	
	Anzahl	Anteil
Keine Vorbelastungen	268	77%
Geringe Vorbelastungen	55	16%
Erhebliche Vorbelastungen	26	7%
Σ	349	100%

Aus der Tabelle geht hervor, dass in rund ³/₄ der untersuchten Fälle aus dem Erziehungs- und Zentralregister keine Vorbelastung der Beschuldigten ersichtlich war. 16% der Beschuldigten waren gering vorbelastet. Nur in 7% der Fälle musste die Vorbelastung als erheblich eingeordnet werden.

Um einschlägige Vorbelastungen, also solche wegen vergleichbarer Delikte, handelte es sich bei 40 Beschuldigten und damit in 15% der Fälle.

Es bleibt festzustellen, dass der Großteil der Beschuldigten nicht vorbelastet war, die Staatsanwaltschaft jedoch offensichtlich nicht generell davor „zurückschreckt", einen Täter-Opfer-Ausgleich auch bei vorbelasteten Beschuldigten durchführen zu lassen.

Die Vorbelastungen sind in Hinblick auf die Rückfallanalyse von Interesse, so dass es sinnvoll erscheint, die Auswertung in die Altersklassen zu unterteilen.

Tabelle 3: Vorbelastungen nach Altersklassen

	Jugendliche		Heranwachsende		Erwachsene	
	Anzahl	Anteil	Anzahl	Anteil	Anzahl	Anteil
Keine Vorbelastung	130	= 83%	32	= 67%	106	= 74%
Geringe Vorbelastung	23	= 15%	14	= 29%	18	= 13%
Erhebliche Vorbelastung	4	= 3%	2	= 4%	20	= 14%
Σ	157	= 100%	48	= 100%	144	= 100%

Aus der Tabelle geht hervor, dass jeweils der Großteil der Beschuldigten in allen Altersklassen nicht vorbelastet war. Der Anteil der nicht vorbelasteten Probanden war bei den Jugendlichen mit 83% besonders hoch, er machte aber bei allen drei Altersklassen jeweils über $2/3$ aus.

Der Anteil der Probanden, die eine erhebliche Vorbelastung aufwiesen, war bei den Jugendlichen am geringsten und bei den Erwachsenen am höchsten. Diese Differenz resultiert sicherlich daraus, dass der Zeitraum, in dem die Möglichkeit besteht, mit dem Strafsystem in Berührung zu geraten, altersbedingt bei den Erwachsenen zumeist erheblich länger war als bei den Jugendlichen.

3. Bestreiten des Tatvorwurfs

Nach dem eindeutigen Wortlaut des § 153a beziehungsweise § 153b StPO sowie des § 45 Absatz 2 JGG ist das Geständnis nicht als notwendige Voraussetzung eines Täter-Opfer-Ausgleichs anzusehen. Unzweifelhaft erforderlich ist hingegen ein für die Anklageerhebung ausreichender Tatverdacht[95], der jedoch nicht unbedingt mit Hilfe eines Geständnisses gefasst werden muss, so dass ein Täter-Opfer-Ausgleich auch bei mangelndem Geständnis in Betracht kommt[96].

Im Folgenden wird untersucht, welcher Anteil der Beschuldigten die Tat leugnete, sich aber trotzdem mit der Durchführung eines Täter-Opfer-Ausgleichs abfand, und wie hoch der Anteil der geständigen Beschuldigten war.

Tabelle 4: Bestreiten des Tatvorwurfs

	Beschuldigte	
	Anzahl	Anteil
Bestreiten des Tatvorwurfs	60	17%
Akzeptanz des Tatvorwurfs	289	83%
Σ	349	100%

---

[95] s. *Ostendorf* JGG § 45 Rn.14.
[96] so auch: *Ostendorf* JGG § 45 Rn.13; *Österreicher* in: Wiedergutmachung und Strafrechtspraxis S. 89 (91).

Die Verfahren wurden danach unterteilt, ob der Beschuldigte den Tatvorwurf ausdrücklich bestritten hat oder sich zu der Tat bekannt hat, sei es durch ein Geständnis oder die schweigende Akzeptanz des Tatvorwurfs.

In über 80% der Fälle lag ein Geständnis des Beschuldigten vor oder hat der Beschuldigte die Tat zumindest nicht bestritten.

17% der Beschuldigten haben zwar bestritten, die Tat begangen zu haben, stimmten aber zumeist aufgrund der Probleme, die eine weitere Ermittlung mit sich gebracht hätte, der Durchführung des Täter-Opfer-Ausgleichs trotzdem zu.

Nachfolgend wurde die Auswertung in Hinblick auf die Rückfalluntersuchung in die einzelnen Altersklassen unterteilt.

Tabelle 5: Bestreiten des Tatvorwurfs nach Altersklassen

	Jugendliche		Heranwachsende		Erwachsene	
	Anzahl	Anteil	Anzahl	Anteil	Anzahl	Anteil
Bestreiten	22	= 14%	2	= 4%	36	= 25%
Akzeptanz	135	= 86%	46	= 96%	108	= 75%
Σ	157	= 100%	48	= 100%	144	= 100%

In sämtlichen Altersklassen wurde der Tatvorwurf von dem überwiegenden Anteil der Beschuldigten akzeptiert. Auffällig ist jedoch, dass im Erwachsenenbereich der Anteil der den Tatvorwurf bestreitenden Probanden mit 25% deutlich über den Werten im Jugend- und Heranwachsendenbereich lag.

II. Die Erledigung des Verfahrens

In diesem Abschnitt wurde untersucht, nach welchen Vorschriften die Staatsanwaltschaft das Ermittlungsverfahren eingestellt hat. Die Auswertung soll ergeben, ob die Praxis mit der gesetzlichen Regelung des Täter-Opfer-Ausgleichs vertraut ist.

Für die Einstellung des Verfahrens nach erfolgreich abgeschlossenem Täter-Opfer-Ausgleich im Rahmen staatsanwaltschaftlicher Entscheidungen kamen im Erwachsenenbereich § 153a sowie § 153b StPO und im Jugend- und Heranwachsendenbereich § 45 Absatz 2 JGG in Betracht, sofern das Jugendstrafrecht Anwendung findet. Wie oben erläutert, ist nach Einführung des § 46a StGB der § 153b StPO die allein anwendbare Einstellungsvorschrift für den freiwilligen Täter-Opfer-Ausgleich im allgemeinen Strafrecht. Infolge des Umstandes, dass der § 46a StGB im Jahr 1994 eingeführt wurde und der Untersuchungszeitraum vom 1.11.1991 bis zum 31.10.1994 reichte, war § 153a StPO für die ersten zu untersuchenden Jahre als Einstellungsvorschrift anwendbar.

Die Aktenanalyse zeigt folgende Verteilung.

Tabelle 6: Erledigung des Verfahrens

	Verfahren	
	Anzahl	Anteil
§ 45 II JGG	195	56%
§ 153a StPO	128	37%
§ 153b StPO	5	1%
Sonstige Normen	21	6%
Σ	349	100%

In über 90% der Fälle wurde das Verfahren nach der dafür vorgesehenen Norm eingestellt, in 6% wurde eine sonstige Einstellungsnorm angewendet. Bei der Betrachtung der Einstellungsnormen ist zudem auffällig, dass sämtliche Verfahren aus dem Bereich der Heranwachsenden nach Jugendstrafrecht eingestellt wurden.

Bei den 21 Verfahren, die nach sonstigen Normen eingestellt wurden, handelte es sich ausschließlich um Einstellungen nach § 153 Absatz 1 StPO beziehungsweise § 45 Absatz 1 JGG, also Einstellungen wegen Geringfügigkeit. Diese Fälle wurden nicht von vornherein als geringfügig gewertet, vielmehr wurde das öffentliche Interesse an der Verfolgung erst verneint, nachdem der Beschuldigte eine Wiedergutmachungsleistung im Rahmen des Täter-Opfer-Ausgleichs erbracht hatte.

Die Einstellung nach solchen Normen, die eigentlich nicht für den Täter-Opfer-Ausgleich vorgesehen sind, kam bei Anwendung von Jugendstrafrecht und allgemeinem Strafrecht in fast gleicher Anzahl vor. So wurden 10 Verfahren, bei denen Jugendstrafrecht anwendbar war, sowie 11 Verfahren aus dem allgemeinen Strafrecht nach sonstigen Normen eingestellt.

III. Die Tat
In diesem Abschnitt wurde untersucht, ob die Tat, die den Anlass für einen Täter-Opfer-Ausgleich dargestellt hat, bestimmte Merkmale aufwies. Angaben zur Tat sind insbesondere erforderlich, um später das Rückfallverhalten analysieren zu können.

1. Tatbestände
Insgesamt scheint der Täter-Opfer-Ausgleich nicht auf eine bestimmte Deliktsart festgelegt zu sein. So kamen insgesamt 36 verschiedene Tatbestände zur Anwendung. Dennoch kann aufgrund der Häufigkeitsverteilung der Normen festgestellt werden, dass sich bestimmte Delikte offensichtlich besonders für den Täter-Opfer-Ausgleich eignen.

Tabelle 7: Tatbestände

	Verfahren	
	Anzahl	Anteil
Einfache Körperverletzung	128	= 37%
Gefährliche Körperverletzung	61	= 17%
Einfacher/schwerer Diebstahl	43	= 12%
Sachbeschädigung	37	= 11%
Nötigung	24	= 7%
Beleidigung	23	= 7%
Sonstige	33	= 9%
Σ	349	= 100%

In über der Hälfte der Fälle wurde ein Körperverletzungsdelikt begangen, wobei die einfache Körperverletzung nach § 223 StGB in 128 Fällen und die schwere Körperverletzung nach § 223 a StGB in 61 Fällen Grund der Beschuldigung war.

Als nächst häufigstes Delikt ist der Diebstahl zu nennen, der in 43 Fällen vorlag. Weitere mehrfach vertretene Tatbestände waren die Sachbeschädigung, die Nötigung sowie die Beleidigung.

Die Auswertung der Einlassdeliktsgruppen wurde nun nach Altersklassen differenziert.

Tabelle 8: Einlassdelikte nach Altersgruppen

	Jugendliche		Heranwachsende		Erwachsene	
	Anzahl	Anteil	Anzahl	Anteil	Anzahl	Anteil
Einfache Körperverletzung	50	= 32%	15	= 31%	63	= 44%
Gefährliche Körperverletzung	45	= 29%	8	= 17%	8	= 6%
Sachbeschädigung	23	= 15%	6	= 13%	8	= 6%
Einfacher/ schwerer Diebstahl	23	= 15%	11	= 23%	9	= 6%
Nötigung	7	= 4%	2	= 4%	15	= 10%
Beleidigung	2	= 1%	3	= 6%	18	= 13%
Sonstige	7	= 4%	4	= 6%	23	= 15%
Σ	157	= 100%	48	= 100%	144	= 100%

Bei allen Altersklassen waren die Körperverletzungsdelikte am häufigsten vertreten. Auffällig ist jedoch, dass der Anteil der gefährlichen Körperverletzung mit steigender Altersklasse abnahm, wohingegen der Anteil der einfachen Körperverletzung bei den Erwachsenen deutlich höher war als bei den Jugendlichen und Heranwachsenden. Die älteren Probanden haben folglich vergleichsweise leichtere Körperverletzungsdelikte begangen.

Eine deutliche Diskrepanz zwischen den Deliktsstrukturen der Altersgruppen ist beim Diebstahl zu erkennen. Dieses Delikt war bei den Jugendlichen und Heranwachsenden deutlich häufiger vertreten als bei den Erwachsenen. Dahingegen lag dem Täter-Opfer-Ausgleich im Erwachsenenbereich im Vergleich erheblich öfter eine Beleidigung zugrunde.

2. Beziehungstaten

Der Täter-Opfer-Ausgleich umfasst das Bemühen, den Konflikt durch einen direkten Ausgleich zwischen den Beteiligten grundlegend zu lösen. Daher eignet sich diese Verfahrensweise theoretisch insbesondere für solche Fälle, in denen bereits vor der Tat ein dauerhafter Konflikt zwischen Beschuldigtem und Opfer bestand. Ob diese Fälle auch in der Praxis des Täter-Opfer-Ausgleichs vorherrschen, soll die folgende Auswertung zeigen. Als dauerhafte Konflikte wurden vorliegend Beziehungskonflikte und Nachbarstreitigkeiten eingeordnet, wenn aus den Ermittlungsakten hervorging, dass die Beteiligten schon häufiger in Streitigkeiten verwickelt waren.

Tabelle 9: Beziehungstaten

	Verfahren	
	Anzahl	Anteil
Kein Dauerkonflikt	241	69%
Nachbarstreitigkeit	23	7%
Beziehungskonflikt	85	24%
Σ	349	100%

In den 349 untersuchten Verfahren bestand in mehr als ²/₃ der Fälle vor der Tat kein Dauerkonflikt zwischen Beschuldigtem und Opfer.

In 7% der Verfahren handelte es sich bei der Auseinandersetzung um eine Nachbarstreitigkeit.

Ein Beziehungskonflikt, der die Tatbeteiligten schon vor der Tat dauerhaft zu Streitigkeiten veranlasste, konnte in etwa ¹/₄ der Fälle festgestellt werden.

In der Praxis spielen die Fallkonstellationen, bei denen ein Dauerkonflikt bereits vor der Tat gegeben war, folglich eine eher untergeordnete Rolle.

Die Auswertung wird nun für die einzelnen Altersgruppen getrennt vorgenommen.

Tabelle 10: Beziehungstaten nach Altersgruppen

	Jugendliche		Heranwachsende		Erwachsene	
	Anzahl	Anteil	Anzahl	Anteil	Anzahl	Anteil
Kein Dauerkonflikt	112	= 71%	37	= 77%	92	= 64%
Nachbarstreit	4	= 3%	3	= 6%	16	= 11%
Beziehungskonflikt	41	= 26%	8	= 17%	36	= 25%
Σ	157	= 100%	48	= 100%	144	= 100%

Die Tendenz der Auswertungen der drei Altersklassen ist einheitlich, dass in ungefähr $^2/_3$ der Fälle kein Dauerkonflikt vorlag, in ungefähr einem Viertel der Fälle ein Beziehungskonflikt gegeben war und nur selten eine Nachbarstreitigkeit dem Konflikt zugrunde lag.

3. Bekanntschaftsverhältnis
Auch wenn kein dauerhafter Konflikt zwischen Beschuldigtem und Opfer bestand, ist es für den persönlichen Ausgleich interessant, ob es sich um ein absolut fremdes Opfer handelte oder die beteiligten Parteien zumindest in einem Bekanntschaftsverhältnis standen.

Tabelle 11: Bekanntschaftsverhältnis

	Verfahren	
	Anzahl	Anteil
Bekannt	169	48%
Nicht bekannt	180	52%
Σ	349	100%

In fast der Hälfte der Fälle kannten sich das Opfer und der Beschuldigte vor der Tat zumindest flüchtig.

In 52% der Verfahren bestand vor der Tat keinerlei Bekanntschaftsverhältnis zwischen den beteiligten Parteien.

In Anbetracht der nachfolgenden Rückfallanalyse wird diese Auswertung auch für die jeweiligen Altersgruppen dargestellt.

Tabelle 12: Bekanntschaftsverhältnis nach Altersklassen

	Jugendliche		Heranwachsende		Erwachsene	
	Anzahl	Anteil	Anzahl	Anteil	Anzahl	Anteil
Bekannt	80	= 51%	18	= 38%	71	= 49%
Nicht bekannt	77	= 49%	30	= 62%	73	= 51%
Σ	157	= 100%	48	= 100%	144	= 100%

Bei den Jugendlichen und den Erwachsenen lag der Anteil der Probanden, die sich vor der Tat kannten, bei rund der Hälfte der Verfahren.

Im Bereich der Heranwachsenden kannten fast zwei Drittel der Probanden ihre Opfer nicht.

4. Spontane Aggression

Weiterhin wurde untersucht, in welchem Anteil der Fälle die Tat aus spontaner Aggression resultierte.

Tabelle 13: Spontane Aggression

	Verfahren	
	Anzahl	Anteil
Spontane Aggression	147	42%
Keine spontane Aggression	202	58%
Σ	349	100%

In fast der Hälfte der Fälle handelte es sich um Taten, als deren Antrieb spontane Aggression zu werten war. Insbesondere eine vom Beschuldigten so empfundene Provokation sowie plötzliche Wut über ein Verhalten des späteren Opfers konnten als Ursachen für die spontane Aggression angesehen werden.

Nachfolgend wird die Auswertung in die drei Altersklassen eingeteilt.

Tabelle 14: Spontane Aggression nach Altersklassen

	Jugendliche		Heranwachsende		Erwachsene	
	Anzahl	Anteil	Anzahl	Anteil	Anzahl	Anteil
Spontane Aggression	50	= 32%	19	= 40%	78	= 54%
Keine spontane Aggression	107	= 68%	29	= 60%	66	= 46%
Σ	157	= 100%	48	= 100%	144	= 100%

Aus der Tabelle ergibt sich ein relativ deutlicher Unterschied zwischen den verschiedenen Altersbereichen. Im Jugendbereich betrug der Anteil der Taten aufgrund spontaner Aggression 32%. Bei den Erwachsenen waren die Straftaten mit 54% vergleichsweise häufiger durch spontane Aggression motiviert.

5. Alkoholeinfluss

Als Taten unter Alkoholeinfluss wurden solche gewertet, bei denen der Beschuldigte eine Blutalkoholkonzentration von mindestens 1,0 Promille aufwies oder die Polizei den Beschuldigten ausdrücklich als stark alkoholisiert einstufte.

Tabelle 15: Alkoholeinfluss

	Verfahren	
	Anzahl	Anteil
Mit Alkoholeinfluss	29	8%
Ohne Alkoholeinfluss	320	92%
Σ	349	100%

Fast in sämtlichen Fällen spielte der Konsum von Alkohol keine nachweisbare Rolle bei der Tatbegehung. Bei den Beschuldigten, die die Tat unter Alkoholeinfluss vornahmen, konnte in mehreren Fällen eine Suchtproblematik festgestellt werden. In 6 Fällen erklärten sich die Beschuldigten im Rahmen des Täter-Opfer-Ausgleichs bereit, an einer Suchttherapie teilzunehmen, um zukünftig derartigen suchtbedingten Entgleisungen entgegenzuwirken.

In Hinblick auf die Rückfallanalyse wurde die Auswertung nachfolgend in die verschiedenen Altersgruppen eingeteilt.

Tabelle 16: Alkoholeinfluss nach Altersgruppen

	Jugendliche		**Heranwachsende**		**Erwachsene**	
	Anzahl	Anteil	Anzahl	Anteil	Anzahl	Anteil
Mit Alkoholeinfluss	4	= 3%	6	= 13%	19	= 13%
Ohne Alkoholeinfluss	153	= 97%	42	= 88%	125	= 87%
Σ	157	= 100%	48	= 100%	144	= 100%

In allen Altersklassen war der Anteil der Probanden, die die Tat unter Alkoholeinfluss begangen haben, sehr gering.

6. Stellvertreterkonflikt
Als Stellvertreterkonflikt wird ein Konflikt bezeichnet, bei dem der Einzelne als Vertreter einer Gruppe zum Opfer der Tat geworden ist.

Tabelle 17: Stellvertreterkonflikt

	Verfahren	
	Anzahl	Anteil
Stellvertreterkonflikt	6	2%
Kein Stellvertreterkonflikt	343	98%
Σ	349	100%

Ein Stellvertreterkonflikt konnte in nur 2% der untersuchten Fälle festgestellt werden. So kam es zu einem tätlichen Angriff einer bekennend rechtsradikalen Frau auf Autonome, allein aufgrund der Tatsache, dass ihr deren durch das Auftreten ausgedrückte Einstellung missfiel.

Die Stellvertreterkonflikte spielen im Rahmen der Täter-Opfer-Ausgleichs-Verfahren folglich nur eine marginale Rolle.

7. Kriminalitätsschwere der Anlasstat

Das Verfahren des Täter-Opfer-Ausgleichs ist nach der Rundverfügung des Schleswig-Holsteinischen Generalstaatsanwalts nicht anzuwenden, wenn es sich bei der Tat um eine Bagatelle handelt, für die eine sanktionslose Einstellung angebracht ist.[97] Liegt eine Bagatelle vor, so kommt eine Verweisung auf den Privatklageweg sowie eine Einstellung wegen Geringfügigkeit nach § 153 Absatz 1 Satz 2 StPO beziehungsweise § 45 Absatz 1 JGG in Betracht, nicht jedoch ein Täter-Opfer-Ausgleich.

Die folgende Auswertung soll darlegen, ob diese Vorgabe in der Praxis umgesetzt wird, oder ob der Täter-Opfer-Ausgleich auch als Mittel verwendet wird, die steigende Bagatellkriminalität zu bewältigen.

Die Einordnung der Tat als Bagatelle erfolgte teilweise nach den Kriterien der Rundverfügung des Schleswig-Holsteinischen Generalstaatsanwaltes. So ist das öffentliche Interesse an der Verfolgung grundsätzlich zu verneinen und nur geringe Schuld anzunehmen, wenn die Höhe des Schadens oder der Wert der Sache 100 DM nicht übersteigt.[98] Jedoch handelt es sich bei der Einordnung als Bagatellkriminalität um eine wertende Betrachtung der gesamten Tatumstände, so dass sich die Bestimmung der Bagatelle zwar an feststehenden Kriterien orientiert, sich aber auch aufgrund der besonderen Umstände des Einzelfalls eine andere Bewertung der Tat ergeben kann.

Im Folgenden werden zunächst die Ergebnisse der Auswertungen vorgestellt, die den Sinn hatten, Anhaltspunkte für die Einordnung der Kriminalitätsschwere der Anlassdelikte zu geben. Sodann erfolgt die abschließende Darstellung des Anteils an Bagatellen in der Untersuchungsgruppe.

a) Schadenshöhe bei Vermögensdelikten

Die Bewertung der Kriminalitätsschwere der Vermögensdelikte erfolgte zum Großteil anhand der Schadenshöhe. Der bei den Vermögensdelikten durch die Tat verursachte Schaden differierte von 10 DM bis zu 8700 DM, im Durchschnitt betrug die Schadenshöhe 881 DM. Der Median lag bei 400 DM.

---

[97] s. Rundverfügung des Generalstaatsanwalts vom 26.07.1991 in: Schleswig-Holsteinische Anzeigen 1991 S. 153 ff.; siehe auch Richtlinien zur Förderung der Diversion bei jugendlichen und heranwachsenden Beschuldigten vom 24.06.1998 in: Schleswig-Holsteinische Anzeigen 1998 S. 204 ff.
[98] s. Richtlinien zur Förderung der Diversion bei jugendlichen und heranwachsenden Beschuldigten in: Schleswig-Holsteinische Anzeigen 1990 S. 83 ff. und 1998 S. 204 ff.

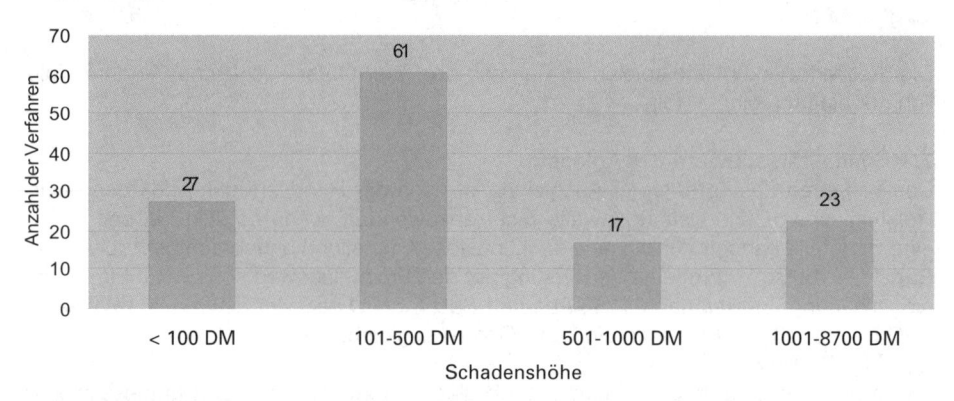

Tabelle 18: Schadenshöhe bei Vermögensdelikten

[Balkendiagramm: Anzahl der Verfahren nach Schadenshöhe]
- < 100 DM: 27
- 101-500 DM: 61
- 501-1000 DM: 17
- 1001-8700 DM: 23

Aus der Tabelle ist zu erkennen, dass die meisten Vermögensdelikte einen mittelschweren Schaden zwischen 100 DM und 500 DM zur Folge hatten. Unter Zugrundelegung der 100-DM-Grenze verdeutlicht die Auswertung, dass es sich bei den Vermögensdelikten, die dem Täter-Opfer-Ausgleich zugrunde lagen, zum Großteil keineswegs um Bagatelldelikte handelte. Vielmehr waren die meisten Taten im Bereich der mittelschweren Kriminalität einzuordnen.

b) Ärztliche Versorgung

Bei den Körperverletzungsdelikten wurde als Anhaltspunkt für die Bewertung der Kriminalitätsschwere die Notwendigkeit der ärztlichen Versorgung und Krankenhausbehandlung des Opfers betrachtet.

Tabelle 19: Ärztliche Versorgung bei Körperverletzung

	Verfahren	
	Anzahl	Anteil
Ärztliche Versorgung/ Krankenhausbehandlung	104	54%
Ohne ärztliche Versorgung	87	46%
Σ	349	100%

Eine ärztliche Versorgung oder Krankenhausbehandlung bei Körperverletzung war immerhin in über der Hälfte der Fälle erforderlich.

Die ärztliche Versorgung könnte als Maßstab für die Schwere der Kriminalität heranzuziehen sein, jedoch ist zu beachten, dass es sich hierbei um ein eher subjektives Kriterium handelt. Denn die Entscheidung, ob ein Arzt aufgesucht wird oder nicht, hängt maßgeblich von dem jeweiligen Opfer ab. So kam es vor, dass ein Opfer, das aufgrund einer Gewalttat eine Platzwunde am Kopf erlitten hatte, auf einen Arztbesuch verzichtete, während ein anderes Opfer, das einen eher leichten Schlag gegen die Schulter erhalten hat, zum Arzt ging und sich ein Hämatom bescheinigen ließ.

Letztendlich eignet sich das Kriterium der ärztlichen Versorgung folglich nicht endgültig zur Feststellung der Kriminalitätsschwere. In den meisten Fällen kann jedoch davon ausgegangen werden, dass der Arztbesuch objektiv nötig war und das Opfer somit in seiner körperlichen Integrität erheblich verletzt wurde, so dass der Bagatellcharakter der Tat auszuschließen ist.

Die Auswertung belegt folglich, dass es sich bei den Körperverletzungsdelikten zumeist nicht um Bagatelldelikte handelte.

c) Bagatelle

Letztlich kann die Kriminalitätsschwere nicht ausschließlich nach bestimmten festgesetzten Kriterien bestimmt werden, sondern erfordert eine Bewertung der Umstände des jeweiligen Einzelfalls. Die oben angeführten Untersuchungsergebnisse bilden hierbei Anhaltspunkte für die Einordnung.

Tabelle 20: Bagatelle

	Verfahren	
	Anzahl	Anteil
Bagatelle	44	13%
Keine Bagatelle	305	87%
Σ	349	100%

In knapp 90% der untersuchten Verfahren war die Anlasstat nicht als Bagatelle einzuordnen. Bei den restlichen Verfahren handelte es sich jedoch um Bagatelldelikte, bei der eine Verweisung auf den Privatklageweg beziehungsweise eine Einstellung wegen Geringfügigkeit angemessener gewesen wäre als die Durchführung eines Täter-Opfer-Ausgleichs.

Die meisten Anlassdelikte waren dem Bereich leichter und mittlerer Kriminalität zuzuordnen.

Die äußerst geringe Anzahl an Bagatellen verdeutlicht, dass der Täter-Opfer-Ausgleich entsprechend den Vorgaben des Generalstaatsanwalts auch in der Praxis regelmäßig nicht bei Bagatelldelikten Anwendung findet.

Aufgrund der nachfolgenden Rückfalluntersuchung wurde eine Einteilung der Auswertung in die verschiedenen Altersgruppen vorgenommen.

Tabelle 21: Bagatelle nach Altersgruppen

	Jugendliche		Heranwachsende		Erwachsene	
	Anzahl	Anteil	Anzahl	Anteil	Anzahl	Anteil
Bagatelle	12	= 8%	2	= 4%	30	= 21%
Keine Bagatelle	145	= 92%	46	= 96%	114	= 79%
Σ	157	= 100%	48	= 100%	144	= 100%

Der Anteil an Bagatellen war in allen Altersklassen gering. Auffällig ist lediglich der im Vergleich erhöhte Anteil der Bagatelldelikte im Erwachsenenbereich.

8. Personales Opfer

Der Täter-Opfer-Ausgleich setzt einen direkten Ausgleich zwischen Beschuldigtem und Opfer voraus, so dass er nicht für die Fälle geeignet ist, in denen kein persönlich geschädigtes Opfer vorhanden ist und folglich ein konfliktbereinigendes Aufeinanderzugehen der Beteiligten nicht möglich ist. Daher wird als ein notwendiges Kriterium für die Durchführung eines Täter-Opfer-Ausgleichs die Voraussetzung angesehen, dass der Geschädigte ein personales Opfer, also eine natürliche Person ist. Die Rundverfügung des Schleswig-Holsteinischen Generalstaatsanwalts dehnt diese enge Betrachtungsweise ein wenig aus, indem sie es zur Durchführung eines Täter-Opfer-Ausgleiches genügen lässt, dass ein personifizierbares Opfer vorliegt.[99] Ein Täter-Opfer-Ausgleich ist danach noch möglich, wenn natürliche Personen stellvertretend für eine geschädigte Organisation oder Körperschaft die Opferinteressen wahrnehmen. In den übrigen Fällen, in denen weder ein persönliches noch ein personifizierbares Opfer vorhanden ist, kommt ein Täter-Opfer-Ausgleich konzeptionsgemäß nicht in Betracht.

Tabelle 22: Personales Opfer

	Verfahren	
	Anzahl	Anteil
Personales Opfer	316	91%
Kein personales Opfer	33	9%
Σ	349	100%

In fast sämtlichen Verfahren war das Opfer eine natürliche Person. Bei den restlichen Verfahren handelte es sich insbesondere um Einbrüche in Geschäfte oder Sachbeschädigung an Schulen und anderen öffentlichen Gebäuden oder Sachen. In diesen Fällen machte die Vertretung der Organisation oder Körperschaft durch eine natürliche Person den Täter-Opfer-Ausgleich trotz Fehlens des personalen Opfers möglich. So fungierte bei einem Einbruch in ein Geschäft der Geschäftsinhaber, bei der Sachbeschädigung an

---

[99] s. Rundverfügung des Generalstaatsanwalts in: Schleswig-Holsteinische Anzeigen 1991 S. 153 ff.

einem Gebäude der Hausmeister als Vertreter. Folglich gab es in diesen Fällen ein personifizierbares Opfer, wodurch die Möglichkeit der Durchführung eines Täter-Opfer-Ausgleichs gegeben war.

IV. Einleitung des Täter-Opfer-Ausgleichs

In diesem Abschnitt wurde untersucht, auf wessen Anregung hin es zu der Einleitung des Täter-Opfer-Ausgleichs kam. Als anregende Person kamen insbesondere die Polizei, der Beschuldigte beziehungsweise dessen Verteidiger, das Opfer sowie die Staatsanwaltschaft in Betracht. Aus den Akten ergab sich nicht immer ein genauer Hinweis, ob bereits die Polizei bei ihren Ermittlungen auf die Möglichkeit eines Täter-Opfer-Ausgleichs hingewiesen hat, oder ob der Beschuldigte aus eigenem Antrieb die Anregung zur Durchführung eines Täter-Opfer-Ausgleichs gegeben hat. Daher ist nicht auszuschließen, dass die Polizei in einer höheren Anzahl von Verfahren, und dafür die Beschuldigten beziehungsweise deren Verteidiger in einer geringeren Anzahl, als nachfolgend angeführt, die Anregung zur Einleitung des Täter-Opfer-Ausgleichs gegeben haben.

Tabelle 23: Einleitung des Täter-Opfer-Ausgleichs

	Verfahren	
	Anzahl	Anteil
Polizei	12	3%
Beschuldigte/Verteidiger	128	37%
Opfer	10	3%
Staatsanwaltschaft	191	55%
Andere Personen	8	2%
Σ	349	100%

Die häufigste Anregung erfolgte erwartungsgemäß durch die Staatsanwaltschaft. Von den Beschuldigten beziehungsweise deren Verteidiger erfolgte in 37% der Fälle die Anregung. Die Polizei initiierte in 3%, die Opfer auch in 3% der Verfahren die Einleitung eines Täter-Opfer-Ausgleichs.

Die Anregung durch die Opfer fand zumeist in den Fällen statt, in denen das Opfer weiterhin erhebliches Interesse an dem weiteren möglichst unbeeinträchtigten Kontakt zu dem Beschuldigten hatte. Insbesondere ging es dabei um familiäre Beziehungen, oder das Opfer war gezwungen, weiterhin persönlichen Umgang mit dem Beschuldigten zu haben, wie zum Beispiel in einem Fall, in dem die beiden Tatbeteiligten die gleiche Berufsschulklasse besuchten.

In 2% der Fälle erfolgte die Anregung zur Durchführung des Täter-Opfer-Ausgleichs durch andere, nicht direkt am Verfahren beteiligte Personen. So hat zum Beispiel eine Heimleiterin, in deren Heim ein Jugendlicher einen Videorekorder gestohlen hat, darauf hingewirkt, die Angelegenheit unter den Beteiligten zu regeln.

Im Großteil der Täter-Opfer-Ausgleichs-Verfahren war jedoch die Staatsanwaltschaft Initiator des konstruktiven Tatfolgenausgleichs.

V. Art der Durchführung

In diesem Abschnitt wurde die Durchführung des Täter-Opfer-Ausgleichs-Verfahrens untersucht.

In 5% der Fälle wurden im Rahmen des Täter-Opfer-Ausgleichs keinerlei Ausgleichsleistungen vereinbart. Dies resultierte insbesondere daraus, dass das Opfer jegliche Mitwirkung ablehnte und auf eine Wiedergutmachungsleistung verzichtete oder die Tatbeteiligten bereits autark den Konflikt beigelegt hatten.

In den verbleibenden 332 Verfahren kam es im Rahmen des Täter-Opfer-Ausgleichs zu verschiedenartigen Ausgleichsleistungen.

Als Argument für den Täter-Opfer-Ausgleich wird hervorgehoben, dass der direkte persönliche Ausgleich zwischen Beschuldigtem und Opfer in der Lage sei, das Tatgeschehen umfassend aufzuarbeiten und so den Konflikt grundlegend zu lösen. Daher wird im Rahmen des Täter-Opfer-Ausgleichs ein Ausgleichsgespräch zwischen den beteiligten Parteien durchgeführt, in dem Beschuldigter und Geschädigter mit Hilfe eines Moderators versuchen, einen beiden Beteiligten gerecht werdenden Ausgleich zu finden. Innerhalb dieses Gesprächs sollen beide Parteien ferner die Möglichkeit haben, die ihrer Ansicht nach bedeutsamen Aspekte der Tat anzuführen und zu besprechen. In der Praxis zeigt sich jedoch, dass ein solches Ausgleichsgespräch nicht in allen Fällen zur Anwendung kommt. So kommt auch eine Ausgleichsvereinbarung auf privater Ebene ohne offiziellen Vermittler in Betracht. Weiterhin ist ein Gespräch zwischen den Tatbeteiligten nicht unbedingt erforderlich, wenn die Parteien sich jeweils stellvertretend an den Vermittler wenden, um ohne unmittelbaren Kontakt zueinander einen Ausgleich zu erzielen. Das formale Ausgleichsgespräch ist folglich nicht zwingende Voraussetzung für einen Täter-Opfer-Ausgleich.

Da jedoch der persönlichen Beziehung zwischen Beschuldigten und Opfer bei dem konstruktiven Tatfolgenausgleich eine große Bedeutung zukommt, wurde bei der Auswertung der Ausgleichsvereinbarungen insbesondere danach unterschieden, ob ein formales Ausgleichsgespräch stattgefunden hat oder nicht.

Tabelle 24: Formales Ausgleichsgespräch

	Verfahren	
	Anzahl	Anteil
Formales Gespräch	220	63%
Kein formales Gespräch	129	37%
Σ	349	100%

Aus der Tabelle geht hervor, dass in fast ²/₃ der Täter-Opfer-Ausgleichs-Verfahren ein formelles Gespräch zwischen Beschuldigtem und Opfer durchgeführt wurde. In 37% der Fälle verlief der Ausgleich ohne gemeinsames Gespräch.

Im Großteil der Verfahren wurde folglich die oben genannte Konzeption des Täter-Opfer-Ausgleichs in die Praxis umgesetzt.

Die Gründe dafür, dass ein formelles Ausgleichsgespräch nicht stattfand, waren unterschiedlich. Einige Geschädigte wollten sich aufgrund der befürchteten psychischen Belastung nicht persönlich mit dem Beschuldigten und der Tat auseinander setzen, waren aber trotzdem an einer Schadenswiedergutmachung oder Vereinbarungen für die Zukunft interessiert, zum Teil, um Ängste vor erneuten Übergriffen abzubauen. Andere Geschädigte empfanden die Tat als so geringfügig, dass sie ein Ausgleichsgespräch nicht für erforderlich hielten, an einer Schadenswiedergutmachung aber interessiert waren.

Nachfolgend wird die Auswertung in Hinblick auf die Rückfallanalyse in die verschiedenen Altersgruppen unterteilt.

Tabelle 25: Gemeinsames Gespräch nach Altersgruppen

	Jugendliche		Heranwachsende		Erwachsene	
	Anzahl	Anteil	Anzahl	Anteil	Anzahl	Anteil
Formales Gespräch	101	= 64%	30	= 62%	87	= 60%
Kein formales Gespräch	56	= 36%	18	= 38%	57	= 40%
Σ	157	= 100%	48	= 100%	144	= 100%

Aus der vorstehenden Tabelle wird deutlich, dass der Anteil der Täter-Opfer-Ausgleiche mit formellem Gespräch bei allen Altersgruppen nahezu gleich groß war. In jeweils knapp über 60% der Verfahren kam im Rahmen des Täter-Opfer-Ausgleichs ein Gespräch mit dem Beschuldigten und dem Opfer unter Mithilfe eines Vermittlers zustande.

Nun soll auf die einzelnen Ausgleichsvereinbarungen eingegangen werden, wobei wiederum die Unterscheidung zwischen der Durchführung des Täter-Opfer-Ausgleichs mit oder ohne gemeinsamem Gespräch vorgenommen wird.

1. Entschuldigung mit Worten
Eine ausdrückliche Entschuldigung des Beschuldigten beim Opfer ist regelmäßig eine Voraussetzung dafür, dass der Rechtsfriede zwischen den beteiligten Parteien wiederhergestellt wird und der Konflikt bereinigt wird.

Eine Entschuldigung mit Worten kann entweder in einem gemeinsamen Ausgleichsgespräch oder mit anderen Kommunikationsmitteln wie Telefonat oder Brief vorgenommen werden.

Tabelle 26: Entschuldigung mit Worten

	Verfahren	
	Anzahl	Anteil
Entschuldigung mit Gespräch	218	62%
Entschuldigung ohne Gespräch	76	22%
Keine Entschuldigung	55	16%
Σ	349	100%

Aus der Tabelle geht hervor, dass sich die meisten Beschuldigten in einem Gespräch bei dem Opfer entschuldigt haben. ¹/₅ der Beschuldigten haben sich ohne ein Gespräch zumeist mittels eines Briefes für ihr Verhalten entschuldigt.

In einigen Fällen kam es nicht zu einer ausdrücklichen Entschuldigung des Beschuldigten. Dies lag zumeist daran, dass das Opfer keinerlei persönlichen Kontakt zu dem Beschuldigten haben wollte und auf eine Entschuldigung verzichtete.

Als Fazit bleibt festzuhalten, dass in einem Großteil der Fälle eine ausdrückliche Entschuldigung erfolgt ist, der Entschuldigung also erwartungsgemäß eine wichtige Rolle im Rahmen des Täter-Opfer-Ausgleichs zukommt.

2. Entschuldigung mit Gesten

Neben der ausdrücklichen Entschuldigung mit Worten ist eine Entschuldigung mit Gesten denkbar. Als Gesten kommen insbesondere die Übergabe von kleinen Geschenken, wie Blumen, Pralinen oder Compact Disks in Betracht.

Tabelle 27: Entschuldigung mit Gesten

	Verfahren	
	Anzahl	Anteil
Gesten mit Gespräch	11	3%
Gesten ohne Gespräch	6	2%
Keine Gesten	332	95%
Σ	349	100%

Eine Entschuldigung mit Gesten fand nur sehr selten statt. In 95% der Fälle kam es nicht zu einer Übergabe kleiner Aufmerksamkeiten seitens des Beschuldigten.

3. Schadenswiedergutmachung und Schmerzensgeld

Dem materiellen Ausgleich zwischen dem Beschuldigten und dem Opfer kommt im Rahmen des Täter-Opfer-Ausgleichs eine zentrale Bedeutung zu.

Dennoch ist die materielle Wiedergutmachungsleistung keine zwingende Voraussetzung eines erfolgreichen Ausgleichs. Ein Täter-Opfer-Ausgleich ist vielmehr auch dann möglich, wenn keinerlei oder nur anteilige Schadenswiedergutmachungs- oder Schmerzensgeldzahlungen geleistet werden, sofern das Bemühen des Beschuldigten um die Wiederherstellung des Rechtsfriedens deutlich wird.

Tabelle 28: Schadenswiedergutmachung und Schmerzensgeld

	Verfahren	
	Anzahl	Anteil
Vollst. Schadenswiedergutmachung mit Gespräch	74	21%
Teilweise Schadenswiedergutmachung mit Gespräch	22	6%
Vollst. Schadenswiedergutmachung ohne Gespräch	40	11%
Teilweise Schadenswiedergutmachung ohne Gespräch	9	3%
Keine Schadenswiedergutmachung	204	58%
Σ	349	100%

Auffallend ist, dass in mehr als der Hälfte der Fälle keinerlei Schadenswiedergutmachungs- oder Schmerzensgeldzahlungen Bestandteil der Ausgleichsvereinbarungen waren. Dies ist insbesondere darauf zurückzuführen, dass sich das Opfer mit einer Entschuldigung zufrieden gab und nicht auf materielle Ausgleichszahlungen bestand. Vor allem im Bereich der Jugendlichen sowie Heranwachsenden wurde oftmals zu verhindern versucht, dass der Beschuldigte durch Geldleistungen finanziell überfordert wird und ließ folglich eine Entschuldigung ausreichen, um den Täter-Opfer-Ausgleich als erfolgreich zu beenden.

Zu einer vollständigen finanziellen Wiedergutmachungsleistung seitens des Beschuldigten kam es in insgesamt 32% der Verfahren. In 9% der Fälle wurde eine teilweise finanzielle Wiedergutmachung vereinbart.

4. Sonstige Wiedergutmachung
Als sonstige Wiedergutmachung werden Arten der Wiederherstellung des ursprünglichen Zustandes verstanden, bei denen keine finanziellen Leistungen erbracht, sondern der Schaden auf andere Weise wiedergutgemacht wird.

Tabelle 29: Sonstige Wiedergutmachung

	Verfahren	
	Anzahl	Anteil
Sonstige Wiedergutmachung mit Gespräch	18	5%
Sonstige Wiedergutmachung ohne Gespräch	17	5%
Keine sonstige Wiedergutmachung	314	90%
Σ	349	100%

In insgesamt 10% der Fälle wurde eine sonstige Wiedergutmachung vorgenommen, wobei in der Hälfte dieser Fälle ein begleitendes Gespräch stattfand und in der anderen Hälfte keines. Dabei handelte es sich in 14 Fällen um Wiedergutmachung in Form des Ableistens von Arbeitsstunden. So wurde im Rahmen des Täter-Opfer-Ausgleichs zwischen zwei jugendlichen Dieben und dem Geschäftsführer des geschädigten Einkaufzentrums die Abmachung getroffen, dass die Beschuldigten anstelle materieller Zahlungen einen Tag lang zuständig dafür waren, die auf dem Parkplatz verstreut herumstehenden Einkaufswagen wieder zusammenzuschieben. In neun Fällen erfolgte die Wiedergutmachung nach einem Diebstahl in der Form, dass der Beschuldigte den gestohlenen Gegenstand an den Geschädigten zurückgab, in drei Fällen wurde nach einer Sachbeschädigung die Sache durch den Beschuldigten selbst repariert.

5. Geld an eine gemeinnützige Einrichtung
Zur Bereinigung des Konfliktes zwischen Beschuldigtem und Opfer kann eine Geldleistung an eine gemeinnützige Einrichtung in Betracht kommen.

Tabelle 30: Geld an gemeinnützige Einrichtung

	Verfahren	
	Anzahl	Anteil
Geld an gemeinnützige Einrichtung mit Gespräch	7	2%
Geld an gemeinnützige Einrichtung ohne Gespräch	9	3%
Kein Geld an gemeinnützige Einrichtung	333	95%
Σ	349	100%

Zu einer Geldleistung an eine gemeinnützige Einrichtung im Rahmen des Täter-Opfer-Ausgleichs kam es in nur 5% der Verfahren. Hierbei wurden insbesondere Zahlungen an die Frauennothilfe vorgenommen. Der Grund für die Zahlung an die gemeinnützige Einrichtung und nicht direkt an das Opfer war zumeist, dass die Opfer auf ein Schmerzensgeld verzichteten, der Gerichtshelfer aber die Zahlung einer Geldleistung für sinnvoll erachtete. Der Verzicht auf einen materiellen Ausgleich resultierte zumeist aus der Tatsache, dass es nach körperlichen Misshandlungen in Beziehungen wieder zu einer Versöhnung kam und die Frau folglich von ihrem Beziehungspartner keine Wiedergutmachungsleistung erhalten wollte.

VI. Dauer des Täter-Opfer-Ausgleichsverfahrens
Bei der Untersuchung der Dauer des Täter-Opfer-Ausgleichsverfahrens wurde zwischen drei Zeitabschnitten unterschieden. Zunächst wurde die Anzahl der Tage ermittelt, die von der Tatzeit bis zur Verfügung der Staatsanwaltschaft zur Durchführung eines Täter-Opfer-Ausgleichs verstrichen waren. Als zweiter Zeitabschnitt wurde die Dauer von der Verfügung der Staatsanwaltschaft zur Durchführung eines Täter-Opfer-Ausgleichs bis zum Abschluss des Täter-Opfer-Ausgleichs festgestellt. Sodann wurde noch untersucht, wie viele Tage zwischen der Verfügung der Staatsanwaltschaft zur Durchführung eines Täter-Opfer-Ausgleichs bis zur endgültigen Einstellung lagen.

Bei der folgenden Darstellung wird zwischen den einzelnen Altersklassen differenziert sowie eine kombinierte Auswertung gegeben.

1. Zeitabschnitt von der Tat bis zur Verfügung der Staatsanwaltschaft zur Durchführung eines Täter-Opfer-Ausgleichs
a) Jugendliche
Die Zeitspanne zwischen der Tat und der Verfügung der Staatsanwaltschaft zur Durchführung eines Täter-Opfer-Ausgleichs betrug im Jugendbereich im Mittel 75 Tage. Der Median lag bei 60 Tagen.

Die folgende Grafik soll die Häufigkeitsverteilung der Zeitspannen verdeutlichen.

Tabelle 31: Tat bis Verfügung bei Jugendlichen

Tage	<50	51-100	101-150	151-200	201-300	301-400	401-600	601-900
Anzahl der Verfahren	64	52	23	10	7	0	0	0

Bei der Häufigkeitsverteilung ist auffällig, dass von den 156 Verfahren im Jugendbereich in ¾ der Fälle die Zeitspanne zwischen Tat und Verfügung der Staatsanwaltschaft weniger als 100 Tage betrug. Insgesamt nahm die Anzahl der registrierten Verfahren mit zunehmender Zeitdauer kontinuierlich ab.

b) Heranwachsende

Im Heranwachsendenbereich betrug die Zeitdauer von der Tat bis zur Verfügung der Staatsanwaltschaft durchschnittlich 99 Tage, der Median lag bei 70 Tagen. Bezogen auf den Mittelwert dauerte es bei den Heranwachsenden folglich 24 Tage länger als bei den Jugendlichen, bis die Verfügung der Staatsanwaltschaft erfolgte.

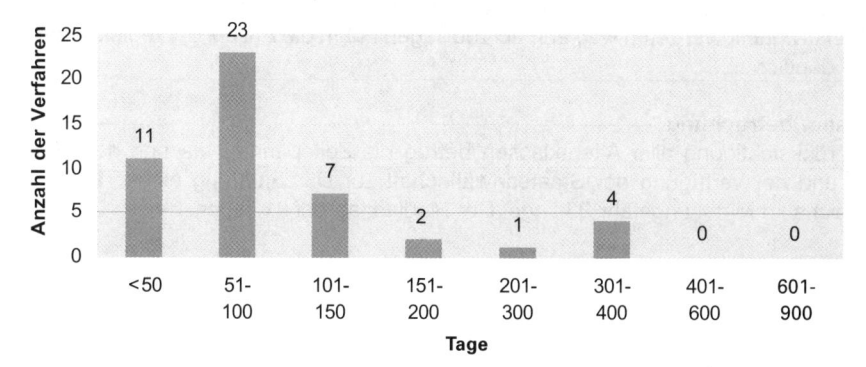

Tabelle 32: Tat bis Verfügung bei Heranwachsenden

Tage	<50	51-100	101-150	151-200	201-300	301-400	401-600	601-900
Anzahl der Verfahren	11	23	7	2	1	4	0	0

Auch bei der Auswertung des Heranwachsendenbereichs fällt auf, dass bei den meisten Verfahren (71%) innerhalb der ersten 100 Tage nach der Straftat die Verfügung der Staatsanwaltschaft zur Durchführung eines Täter-Opfer-Ausgleichs erfolgt ist.

c) Erwachsene

Im Erwachsenenbereich betrug der Zeitraum von der Tat bis zur Verfügung der Staatsanwaltschaft zur Durchführung eines Täter-Opfer-Ausgleichs im Mittel 94 Tage, der Median lag bei 85 Tagen.

Festzustellen ist folglich, dass im Erwachsenenbereich der Zeitabschnitt regelmäßig ungefähr zwei Wochen länger als bei den Jugendlichen war und im Rahmen der Zeitspanne im Heranwachsendenbereich lag.

Tabelle 33: Tat bis Verfügung bei Erwachsenen

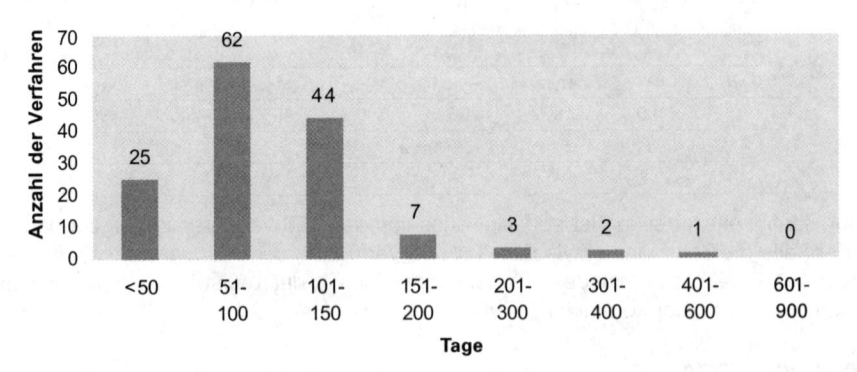

Tage	Anzahl der Verfahren
<50	25
51-100	62
101-150	44
151-200	7
201-300	3
301-400	2
401-600	1
601-900	0

Bei der Häufigkeitsverteilung lässt sich wie im Jugend- und Heranwachsendenbereich erkennen, dass bei einem Großteil der Verfahren nicht mehr als 100 Tage zwischen der Tat und der Verfügung der Staatsanwaltschaft vergingen. In 60% der Verfahren erfolgte die Verfügung der Staatsanwaltschaft in einer Zeitspanne von bis zu 100 Tagen nach der Tatbegehung. Auffallend ist, dass die Verfahren, bei denen die Zeitspanne zwischen 100 und 150 Tagen dauerte, im Vergleich zum Jugend- und Heranwachsendenbereich mit 31% relativ häufig vertreten war, erst ab 150 Tagen nahm die Anzahl der registrierten Verfahren deutlich ab.

d) Gesamtbetrachung

Bei Berücksichtigung aller Altersklassen betrug die Zeitspanne zwischen dem Tatzeitpunkt und der Verfügung der Staatsanwaltschaft zur Durchführung eines Täter-Opfer-Ausgleichs im Mittel ungefähr 93 Tage. Der Median lag bei 81 Tagen.

Tabelle 34: Tat bis Verfügung insgesamt

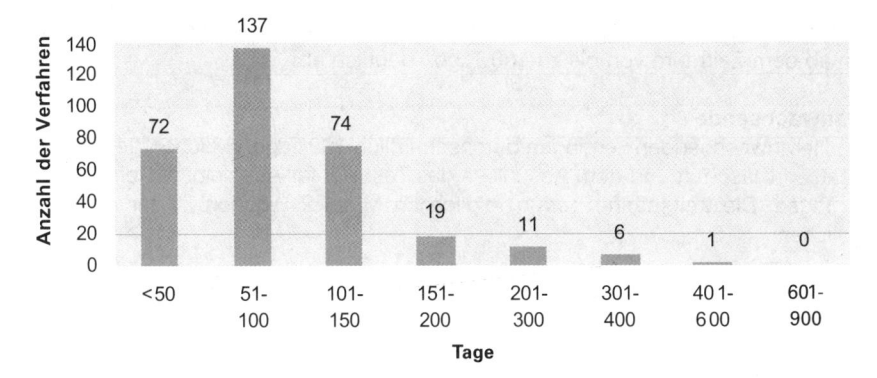

Tage	Anzahl der Verfahren
<50	72
51-100	137
101-150	74
151-200	19
201-300	11
301-400	6
401-600	1
601-900	0

In den meisten Fällen verging zwischen dem Zeitpunkt der Tatbegehung und der Verfügung der Staatsanwaltschaft zur Durchführung eines Täter-Opfer-Ausgleichs eine Dauer von 51 bis 100 Tagen. Die Anzahl der Verfahren mit einer Zeitspanne von 101 bis 150 Tagen lag auch noch relativ hoch. Länger als 151 Tagen dauerte die Zeitspanne nur in wenigen Fällen.

2. Zeitabschnitt von der Verfügung der Staatsanwaltschaft zur Durchführung eines Täter-Opfer-Ausgleichs bis zum Abschluss des Täter-Opfer-Ausgleichs

Des Weiteren wurde die Zeitspanne von der Verfügung der Staatsanwaltschaft bis zum Abschluss des Täter-Opfer-Ausgleich, also dem Abschlussbericht der Vermittlungsperson oder dem sonstigen Ausgleich untersucht.

a) Jugendliche

Im Jugendbereich wurde hier eine durchschnittliche Zeitdauer von 89 Tagen ermittelt, der Median lag bei 69 Tagen.

Tabelle 35: Zeitdifferenz zwischen Verfügung und Abschluss des Täter-Opfer-Ausgleichs bei Jugendlichen

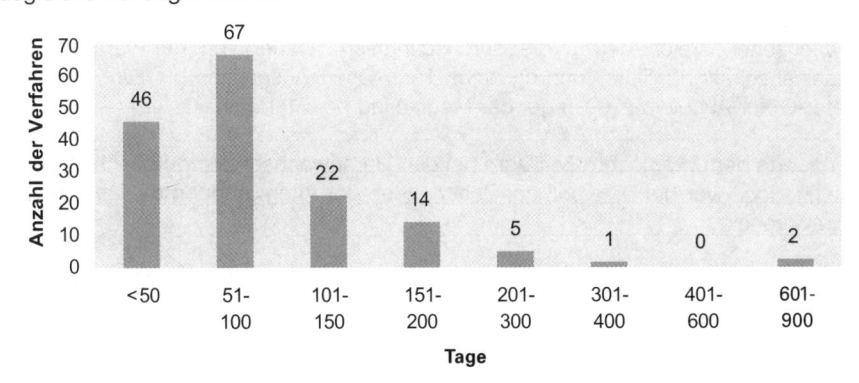

Tage	Anzahl der Verfahren
<50	46
51-100	67
101-150	22
151-200	14
201-300	5
301-400	1
401-600	0
601-900	2

Bei der Häufigkeitsverteilung ist auffällig, dass von den 157 Verfahren in 113 Fällen (72%) die Zeitspanne zwischen der Verfügung der Staatsanwaltschaft und dem Abschluss des Täter-Opfer-Ausgleichs weniger als 100 Tage betrug. Die Anzahl der Verfahren nahm sodann ab dem Zeitraum von bis zu 100 Tagen deutlich ab.

b) Heranwachsende

Bei den Heranwachsenden vergingen durchschnittlich 109 Tage zwischen der Verfügung der Staatsanwaltschaft und dem Abschluss des Täter-Opfer-Ausgleichs. Der Median lag bei 62 Tagen. Die Zeitspanne betrug folglich im Mittel 2 Wochen länger als bei den Jugendlichen.

Tabelle 36: Zeitdifferenz zwischen Verfügung und Abschluss des Täter-Opfer-Ausgleichs bei Heranwachsenden

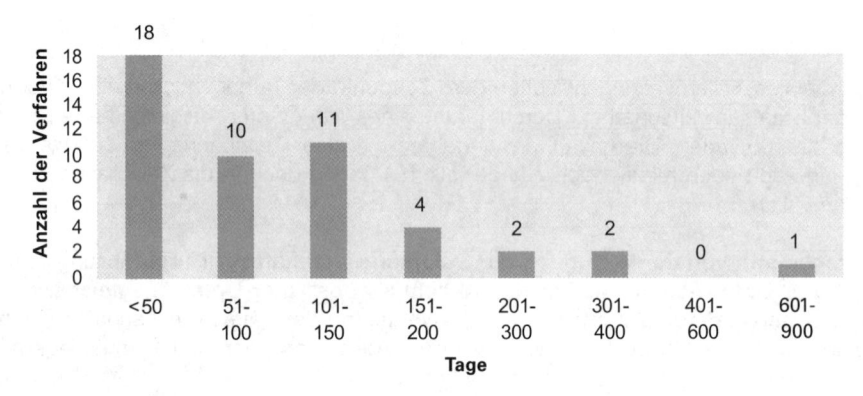

Auch bei den Heranwachsenden wurde der Großteil der Täter-Opfer-Ausgleichs-Verfahren innerhalb von 100 Tagen nach der Verfügung der Staatsanwaltschaft abgeschlossen (58%). Die Zeitspanne dauerte bei immerhin 23% der Verfahren zwischen 101 und 150 Tagen, dann nahm die Anzahl der Verfahren mit steigenden Zeitdauern wiederum deutlich ab.

c) Erwachsene

Im Erwachsenenbereich betrug die durchschnittliche Dauer von der Verfügung der Staatsanwaltschaft zur Durchführung eines Täter-Opfer-Ausgleichs bis zum Abschluss des Täter-Opfer-Ausgleichs 90 Tage, der Median lag bei 71 Tagen.

Damit dauerte der untersuchte Zeitraum bei den Heranwachsenden durchschnittlich am längsten, jedoch war die Differenz der Zeitspannen der Altersgruppen mit zwei Wochen nicht gravierend.

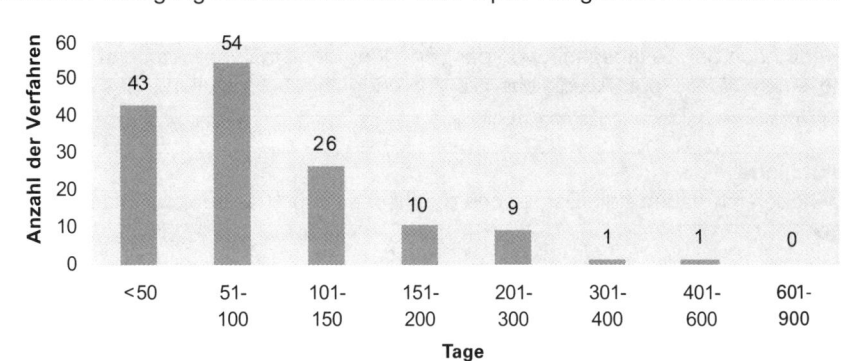

Tabelle 37: Verfügung bis Abschluss des Täter-Opfer-Ausgleichs bei Erwachsenen

Tage	Anzahl der Verfahren
<50	43
51-100	54
101-150	26
151-200	10
201-300	9
301-400	1
401-600	1
601-900	0

Bei der Häufigkeitsverteilung ist festzustellen, dass von den 144 Verfahren im Erwachsenenbereich in 97 Verfahren (67%) zwischen der Verfügung und dem Abschluss des Täter-Opfer-Ausgleichs eine Zeitspanne von weniger als 100 Tagen lag. Auch hier war der Zeitabschnitt von 101 bis 150 Tagen mit 18% der Verfahren noch relativ häufig vertreten, ab dieser Zeitspanne war eine deutliche kontinuierliche Abnahme zu erkennen.

d) Gesamtbetrachtung
Bei gemeinsamer Auswertung aller Altersklassen betrug die durchschnittliche Zeitspanne von der Verfügung bis zum Abschluss des Täter-Opfer-Ausgleichs 100 Tage, der Median lag bei 75 Tagen.

Die nachfolgende Grafik veranschaulicht die Häufigkeitsverteilung.

Tabelle 38: Verfügung bis Abschluss des Täter-Opfer-Ausgleichs insgesamt

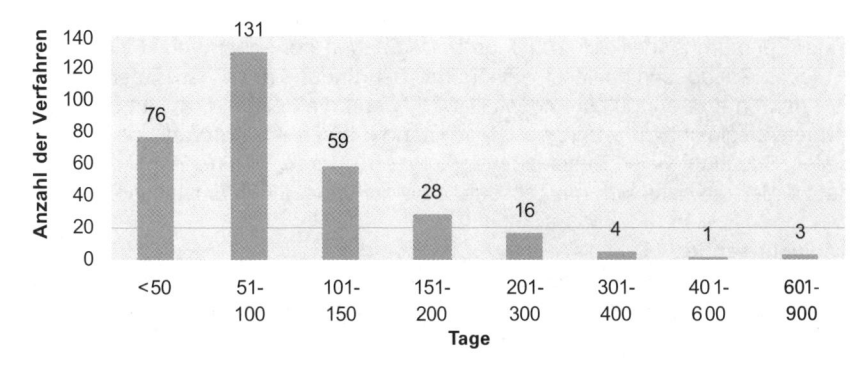

Tage	Anzahl der Verfahren
<50	76
51-100	131
101-150	59
151-200	28
201-300	16
301-400	4
401-600	1
601-900	3

Bei den meisten Verfahren dauerte die Zeitspanne von der Verfügung der Staatsanwaltschaft zur Durchführung eines Täter-Opfer-Ausgleichs bis zum Abschluss des Täter-Opfer-Ausgleichs zwischen 51 und 100 Tagen. Die Verfahren, bei denen die Zeitdauer zwischen 101 und 150 Tagen lag, waren noch relativ zahlreich vertreten. Länger als 151 Tage nahm der Zeitraum nur äußerst selten in Anspruch.

3. Zeitabschnitt von der Verfügung der Staatsanwaltschaft bis zur endgültigen Einstellung

Nun wurde noch der Zeitabschnitt von der Verfügung der Staatsanwaltschaft zur Durchführung eines Täter-Opfer-Ausgleichs bis zur endgültigen Einstellung des Verfahrens analysiert.

a) Jugendliche

Im Jugendbereich dauerte die Zeitspanne durchschnittlich 104 Tage, der Median lag bei 85 Tagen.

Tabelle 39: Zeitdifferenz zwischen Verfügung und Einstellung bei Jugendlichen

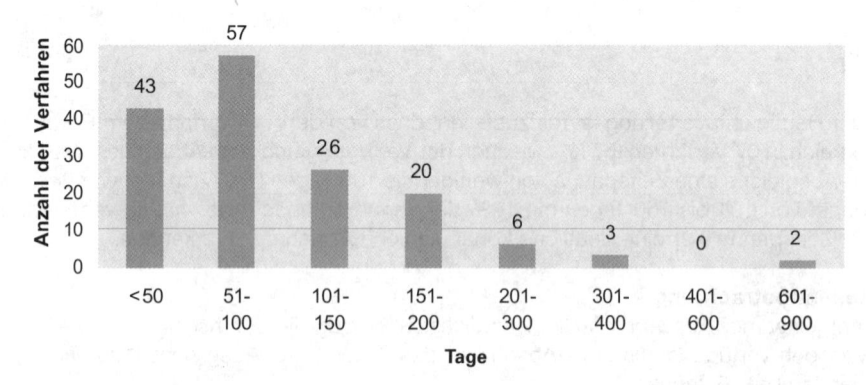

Tage	Anzahl der Verfahren
<50	43
51–100	57
101–150	26
151–200	20
201–300	6
301–400	3
401–600	0
601–900	2

Bei der Häufigkeitsverteilung ist wieder auffällig, dass mit einer Anzahl von 100 ein Großteil der insgesamt 157 Verfahren (64%) in die ersten beiden Zeitgruppen, also bis zu 100 Tagen, zuzuordnen war. Die Verfahren, bei denen die Zeitspanne zwischen 101 und 150 Tagen dauerte, waren mit 26 Verfahren (17%) und Verfahren mit einer Zeitspanne von 150 bis 200 Tagen mit 20 Verfahren (13%) noch ziemlich häufig vertreten. Verfahren, bei denen der Zeitraum länger als 200 Tage betrug, lagen nur selten vor. Die relativ lange Dauer dieses Zeitabschnitts lässt sich damit begründen, dass das Täter-Opfer-Ausgleichsverfahren erst endgültig eingestellt wird, wenn die Leistung, die im Rahmen des Täter-Opfer-Ausgleichs zu erbringen ist, vollständig erfüllt ist. Aufgrund der schlechten finanziellen Situation vieler Beschuldigter konnten oftmals nur geringe Ratenbeiträge geleistet werden, so dass sich die Zeitspanne bis zur endgültigen Einstellung verlängerte.

b) Heranwachsende

Die untersuchte Zeitspanne betrug bei den Heranwachsenden im Mittel 127 Tage, der Median lag bei 82 Tagen. Damit war auch diese Zeitspanne bei den Heranwachsenden ungefähr zwei Wochen länger als bei den Jugendlichen.

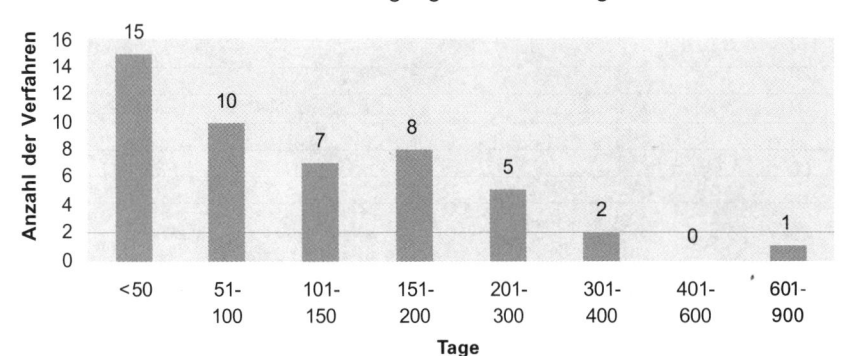

Tabelle 40: Zeitdifferenz zwischen Verfügung und Einstellung bei Heranwachsenden

Tage	Anzahl der Verfahren
<50	15
51-100	10
101-150	7
151-200	8
201-300	5
301-400	2
401-600	0
601-900	1

Aus der Grafik ergibt sich, dass die Anzahl der registrierten Verfahren mit zunehmender Dauer fast kontinuierlich abnahm.

c) Erwachsenenbereich
Im Erwachsenenbereich betrug die durchschnittliche Dauer vom Zeitpunkt der Verfügung der Staatsanwaltschaft bis zur endgültigen Einstellung 112 Tage. Der Median lag bei 88 Tagen.

Die Zeitdauer war folglich bezogen auf den Mittelwert acht Tage länger als bei den Jugendlichen und 15 Tage kürzer als bei den Heranwachsenden.

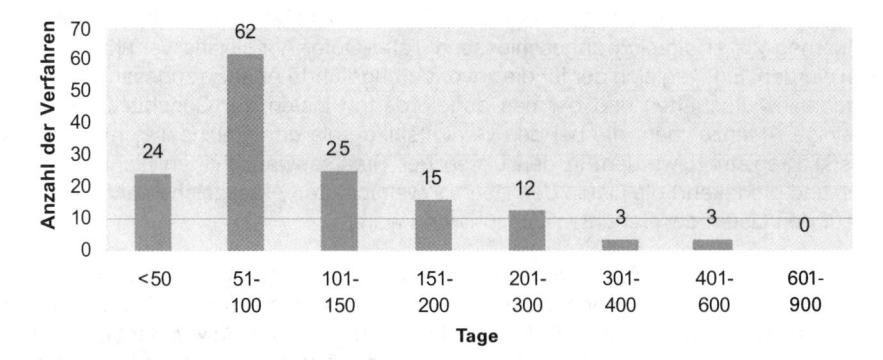

Tabelle 41: Verfügung bis Einstellung bei Erwachsenen

Tage	Anzahl der Verfahren
<50	24
51-100	62
101-150	25
151-200	15
201-300	12
301-400	3
401-600	3
601-900	0

Bei der Häufigkeitsverteilung war wie im Jugendbereich und bei den Heranwachsenden festzustellen, dass die meisten Verfahren in weniger als 100 Tagen eingestellt wurden (60%). Ab dieser Zeitspanne nahm die Anzahl der Verfahren kontinuierlich ab.

d) Gesamtbetrachtung
Eine gemeinsame Betrachtung der Altersklassen ergibt, dass der Mittelwert 120 Tage betrug, und der Median bei 90 Tagen lag.

Die folgende Grafik veranschaulicht die Häufigkeitsverteilung.

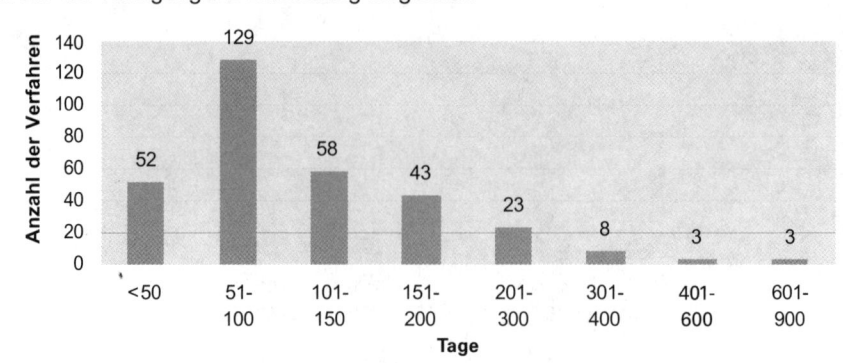

Tabelle 42: Verfügung bis Einstellung insgesamt

Tage	Anzahl der Verfahren
<50	52
51-100	129
101-150	58
151-200	43
201-300	23
301-400	8
401-600	3
601-900	3

Am häufigsten kam es vor, dass der Zeitabschnitt zwischen der Verfügung der Staatsanwaltschaft zur Durchführung eines Täter-Opfer-Ausgleichs und der endgültigen Einstellung zwischen 51 und 100 Tagen betrug. Bis zu einer Zeitspanne von 200 Tagen lag die Anzahl der Verfahren relativ hoch, der untersuchte Zeitabschnitt überschritt selten 201 Tage.

B. Akten der Gerichtshilfe Itzehoe

Um zu überprüfen, ob in der bisherigen Aktenanalyse sämtliche Schleswig-Holsteinischen Verfahren des angegebenen Zeitraumes Berücksichtigung fanden, die die Staatsanwaltschaft nach erfolgreichem Täter-Opfer-Ausgleich eingestellt hat, wurden zur Kontrolle die Gerichtshilfen in Schleswig-Holstein mit der Bitte angeschrieben, eine Liste mit denjenigen Aktenzeichen aus dem fraglichen Zeitraum zu übersenden, die aufgrund der Registrierung als erfolgreich abgeschlossene Täter-Opfer-Ausgleichs-Verfahren ausgewiesen wurden. Ein Vergleich der für die zuvor durchgeführte Analyse zugesandten Listen der Staatsanwaltschaften und der neu angeforderten Listen der Gerichtshilfen ergab, dass einige Aktenzeichen, die bei den Gerichtshilfen als erfolgreiche Täter-Opfer-Ausgleichsfälle registriert wurden, in den Listen der Staatsanwaltschaften nicht angeführt wurden und umgekehrt die Listen der Staatsanwaltschaften Aktenzeichen enthielten, die nicht auf den Listen der Gerichtshilfen zu finden waren.

Der Umstand, dass in den Listen der Staatsanwaltschaften Aktenzeichen angeführt wurden, die in den Listen der Gerichtshilfe nicht erwähnt wurden, lässt sich damit erklären, dass die Durchführung des Täter-Opfer-Ausgleichs nicht notwendig von der Gerichtshilfe übernommen werden muss sondern auch von freien Trägern geleistet wird. Somit ist es möglich, dass eine Einstellung nach Täter-Opfer-Ausgleich im Vorverfahren ergeht, ohne dass die Gerichtshilfe in das Verfahren involviert wurde. Zudem wird die Gerichtshilfe nur bei Verfahren im allgemeinen Strafrecht eingeschaltet, im Jugendstrafrecht nimmt hingegen die Jugendgerichtshilfe diese Funktion wahr.[100] Daher können die Listen der Gerichtshilfen die Verfahren nicht aufführen, bei denen das Jugendstrafrecht angewandt wurde.

---

[100] s. *Schaffstein/Beulke* Jugendstrafrecht S. 215.

Der Umstand, dass in den Listen der Gerichtshilfen Aktenzeichen zu finden sind, die auf den von den Staatsanwaltschaften übersandten Listen fehlen, lässt sich jedoch nicht auf Anhieb begründen. Im Regelfall stellt die Staatsanwaltschaft nach erfolgreich durchgeführtem Täter-Opfer-Ausgleich das Verfahren ein, so dass auf der Liste der Staatsanwaltschaften alle Aktenzeichen enthalten sein müssten, bei denen das Verfahren im Rahmen staatsanwaltschaftlicher Entscheidungen eingestellt wurde. In Betracht kommt lediglich die Annahme, dass es sich bei den von der Gerichtshilfe registrierten Verfahren um solche handelt, bei denen der Täter-Opfer-Ausgleich nicht zu einer Einstellung durch die Staatsanwaltschaft im Vorverfahren führte, sondern entweder zu einem anderen Verfahrenszeitpunkt angeregt wurde oder trotzdem Anklage erhoben wurde. Um eine endgültige Erklärung dafür zu finden, dass es Aktenzeichen auf den Listen der Gerichtshilfen gibt, die bei den Staatsanwaltschaften nicht unter Einstellungen nach Täter-Opfer-Ausgleich geführt werden und um festzustellen, ob dieser Umstand die Repräsentanz der bisherigen Untersuchungsergebnisse für Schleswig-Holstein in Frage stellen könnte, wurde eine Gerichtshilfe ausgewählt und die fraglichen Ermittlungsakten angefordert.

Die Gerichtshilfe in Itzehoe hat aufgrund dessen weitere 117 Akten übersandt. Bei einer ersten Durchsicht dieser Akten wurde festgestellt, dass eine Vielzahl der zugesandten Akten Verfahren enthielten, bei denen der Täter-Opfer-Ausgleich gescheitert war oder das Verfahren nach § 153a Absatz 2 StPO eingestellt wurde. Da der vorherigen Hauptanalyse lediglich Verfahren zugrunde lagen, die im Ermittlungsverfahren durch die Staatsanwaltschaft eingestellt wurden, konnten auch bei der Itzehoer Kontrollgruppe Erledigungen nach § 153a Absatz 2 StPO, der eine Einstellung nach Klagerhebung ermöglicht, nicht berücksichtigt werden. Nachdem 74 Verfahren aus den vorliegenden Gründen irrelevant wurden, bildeten 43 Verfahren die Grundlage für die vergleichende Aktenanalyse.

Diese Verfahren wurden nach dem Analyseschema der Ausgangsuntersuchung ausgewertet, um die Itzehoer Auswertung mit der landesweiten Studie vergleichen zu können. Die Akten der Gerichtshilfe Itzehoe berücksichtigen nur erwachsene Probanden, so dass zum Vergleich mit der Ausgangsuntersuchung allein auf die Untersuchungsgruppe der erwachsenen Probanden abgestellt wird.

I. Angaben zu den Beschuldigten
1. Alter
Das Durchschnittsalter der Beschuldigten lag bei ungefähr 35 Jahren. In der landesweiten Studie betrug das Alter der Beschuldigten durchschnittlich 10 Jahre weniger. Dieser Unterschied lässt sich damit erklären, dass die Gerichtshilfe nur im allgemeinen Strafrecht tätig wird, so dass keine jugendlichen und nach Jugendstrafrecht zu behandelnden heranwachsenden Beschuldigten in den Akten enthalten sein konnten. Bei der landesweiten Studie machten die jugendlichen und heranwachsenden Probanden über 60% der Beschuldigten aus, so dass allein dadurch der Altersschnitt erheblich gesenkt wurde.

2. Vorbelastung der Beschuldigten
Nun wurde der Anteil an Vorbelasteten in den Untersuchungsgruppen verglichen.

Tabelle 43: Vorbelastung der Beschuldigten

	Itzehoer Studie		Landesweite Studie
	Anzahl	Anteil	Anteil
Keine Vorstrafe	32	75%	74%
Geringe Vorstrafe	7	16%	13%
Erhebliche Vorstrafe	4	9%	14%
Σ	43	100%	100%

In sämtlichen Verfahren der Kontrollstudie waren Angaben über eine mögliche Vorbelastung ersichtlich.

Aus der Tabelle geht hervor, dass in beiden Studien ¼ der Beschuldigten vorbelastet war. Die Auswertungen der Untersuchungsgruppen kommen folglich zu nahezu identischen Werten.

Aus diesem Kriterium ist eine Anzweiflung der Repräsentanz der landesweiten Studie nicht möglich.

3. Bestreiten des Tatvorwurfs
Weiterhin wurde untersucht, ob die beiden Studien in Hinblick auf das Verhältnis zwischen geständigen und bestreitenden Beschuldigten Unterschiede aufwiesen.

Tabelle 44: Bestreiten des Tatvorwurfs

	Itzehoer Studie		Landesweite Studie
	Anzahl	Anteil	Anteil
Bestreiten	3	7%	25%
Kein Bestreiten	40	93%	75%
Σ	43	100%	100%

Fast sämtliche Beschuldigte der Itzehoer Kontrollgruppe haben die Tat gestanden oder zumindest nicht bestritten. Bei der landesweiten Studie akzeptierten ¾ der erwachsenen Beschuldigten den Tatvorwurf, der Anteil der bestreitenden Beschuldigten war mit ¼ vergleichsweise hoch. Bei der Auswertung der Itzehoer Akten ist zu beachten, dass die absolute Anzahl an berücksichtigten Verfahren gering war, so dass zufällige Verteilungen nicht ausgeschlossen werden können. Auch wenn die Auswertungen immerhin um 18 Prozentpunkte abweichen, kommen beide Studien dennoch tendenziell zu dem Ergebnis, dass die Probanden im Regelfall den Tatvorwurf akzeptierten. Somit sind an der Repräsentanz der Hauptanalyse auch aus diesem Kriterium keine Zweifel berechtigt.

II. Die Erledigung des Verfahrens
Da es sich vorliegend um Verfahren handelt, bei denen die Gerichtshilfe den Täter-Opfer-Ausgleich durchgeführt hat, sind die Verfahren auf den Erwachsenenbereich beschränkt.

Daher kommen als vorgesehene Einstellungsnormen nur § 153a StPO und § 153b StPO in Betracht.

Die Aktenanalyse ergab folgende Verteilung.

Tabelle 45: Erledigung des Verfahrens

	Itzehoer Studie		Landesweite Studie
	Anzahl	Anteil	Anteil
§ 153a StPO	39	91%	89%
§ 153b StPO	1	2%	3%
Sonstige Normen	3	7%	8%
Σ	43	100%	100%

Aus der Tabelle geht hervor, dass in beiden Studien der Anteil der Einstellungen nach sonstigen Normen sehr gering war.

Die Auswertungsergebnisse beider Studien stimmen fast überein, so dass die Repräsentanz der Hauptstudie von diesem Kriterium her nicht in Frage zu stellen ist.

III. Die Tat
In diesem Abschnitt werden die dem Täter-Opfer-Ausgleich zugrunde liegenden Straftaten näher untersucht.

1. Tatbestände
Zunächst soll ermittelt werden, ob in beiden Studien vergleichbare Tatbestände verwirklicht wurden.

Tabelle 46: Tatbestände

	Itzehoer Studie		Landesweite Studie
	Anzahl	Anteil	Anteil
Einfache Körperverletzung	16	37%	44%
Sachbeschädigung	7	16%	6%
Beleidigung	4	9%	12%
Einfacher/schwerer Diebstahl	4	9%	6%
Gefährliche Körperverletzung	3	7%	6%
Bedrohung	2	5%	10%
Sonstige	7	16%	16%
Σ	43	100%	100%

Die Tabelle ergibt, dass in beiden Untersuchungen die gleichen Deliktsgruppen häufig zur Anwendung gekommen sind.

Das am häufigsten vertretene Delikt war wie in der Ausgangsstudie die Körperverletzung. Weiterhin waren auch hier die Tatbestände Beleidigung, Diebstahl sowie Sachbeschädigung verstärkt vertreten.

2. Beziehungstaten

Ferner wird untersucht, ob in vergleichbarem Umfang ein Dauerkonflikt der Tat vorausging.

Tabelle 47: Beziehungstaten

	Itzehoer Studie		Landesweite Studie
	Anzahl	Anteil	Anteil
Kein Dauerkonflikt	28	65%	64%
Nachbarstreitigkeit	4	9%	11%
Beziehungskonflikt	11	26%	25%
Σ	43	100%	100%

Bei den 43 untersuchten Verfahren der Kontrollgruppe bestand in ²/₃ der Fälle vor der Tat kein Dauerkonflikt zwischen Beschuldigtem und Opfer. In 9% der Verfahren handelte es sich um eine Nachbarstreitigkeit. Ein Beziehungskonflikt bestand in 26% der Fälle. Diese Verteilung gibt fast identisch das Verhältnis der landesweiten Studie aus dem Erwachsenenbereich wieder, so dass die Repräsentanz der Ausgangsanalyse von diesem Kriterium her nicht in Frage gestellt werden kann.

3. Bekanntschaftsverhältnis

Zu prüfen bleibt weiterhin, ob bei der Vergleichsstudie das Verhältnis zwischen fremden und bekannten Tatbeteiligten ähnlich war wie bei der landesweiten Studie.

Tabelle 48: Bekanntschaftsverhältnis

	Itzehoher Studie		Landesweite Studie
	Anzahl	Anteil	Anteil
Bekannt	21	49%	49%
Nicht bekannt	22	51%	51%
Σ	43	100%	100%

Wie in der Ausgangsuntersuchung kannten sich auch hier in fast der Hälfte der Fälle das Opfer und der Beschuldigte vor der Tat zumindest flüchtig. Die ermittelten Prozentwerte der Kontolluntersuchung stimmen exakt mit denen der Ausgangsanalyse überein.

4. Spontane Aggression

Weiterhin ist zu vergleichen, ob bei den vorliegenden Verfahren die Tat in ähnlichem Umfang wie in der Ausgangsuntersuchung aus spontaner Aggression resultierte.

Tabelle 49: Spontane Aggression

	Itzehoer Studie		Landesweite Studie
	Anzahl	Anteil	Anteil
Spontane Aggression	16	37%	54%
Keine spontane Aggression	27	63%	46%
Σ	43	100%	100%

In 37% der Verfahren der Kontrollstudie war spontane Aggression als Antrieb für die Tatbegehung zu nennen, bei 63% der Verfahren resultierte die Tat nicht aus spontaner Aggression. Im Vergleich hierzu war bei der landesweiten Studie im Erwachsenenbereich ermittelt worden, dass in 54% der Verfahren spontane Aggression als ein Auslöser für die Tat angesehen werden konnte. Die geringe absolute Anzahl an Verfahren führt dazu, dass bei der Itzehoer Kontrollgruppe zufällige Verteilungen nicht ausgeschlossen werden können. Somit stellt die Differenz beider Studien in Höhe von 17 Prozentpunkten das Auswertungsergebnis der Ausgangsuntersuchung nicht in Frage. Zudem war der Anteil der aus spontaner Aggression motivierten Taten bei der Ausgangsanalyse auch im Vergleich mit den anderen Altersgruppen relativ hoch, so dass die Abweichung keinen Zweifel an der Repräsentanz der landesweiten Studie begründet.

5. Alkoholeinfluss

Überprüft wurde weiterhin, ob der Alkoholeinfluss bei der Kontrollstudie in ähnlichem Umfang eine Rolle bei der Tat spielte wie bei der landesweiten Studie. Als Taten unter Alkoholeinfluss wurden wiederum solche gewertet, bei denen der Beschuldigte eine Alkoholkonzentration von mindestens 1,0 Promille aufwies oder die Polizei ihn als stark alkoholisiert einstufte.

Tabelle 50: Alkoholeinfluss

	Itzehoer Studie		Landesweite Studie
	Anzahl	Anteil	Anteil
Alkoholeinfluss	7	16%	13%
Ohne Alkoholeinfluss	36	84%	87%
Σ	43	100%	100%

Wie in der Ausgangsuntersuchung war Alkohol als eine mögliche Mitursache für das Verhalten des Beschuldigten in den allermeisten Fällen zumindest nicht nachweisbar. Auch hier ist folglich keine signifikante Diskrepanz zwischen den beiden Auswertungen ersichtlich.

6. Stellvertreterkonflikt

Ferner wurde überprüft, ob der Anteil an Stellvertreterkonflikten in beiden Studien ähnlich war.

Tabelle 51: Stellvertreterkonflikt

	Itzehoher Studie		Landesweite Studie
	Anzahl	Anteil	Anteil
Stellvertreterkonflikt	1	1%	2%
Kein Stellvertreterkonflikt	42	98%	98%
∑	43	100%	100%

Ein Stellvertreterkonflikt konnte, genau wie in der Ausgangsstudie, in nur 2% der untersuchten Fälle festgestellt werden.

7. Kriminalitätsschwere der Anlasstat

In diesem Abschnitt wurde untersucht, ob die Kriminalitätsschwere der Anlassdelikte beider Untersuchungsgruppen vergleichbar war. Als Anhaltspunkte zur Einordnung der Kriminalitätsschwere dienten wiederum zum einen die Schadenshöhe der Vermögensdelikte und zum anderen die Notwendigkeit ärztlicher Versorgung bei Körperverletzungsdelikten.

a) Schadenshöhe

Die Höhe der bei den Vermögensdelikten verursachten Schäden differierte bei der Kontrolluntersuchung von 140 DM bis zu 3000 DM. Im Durchschnitt betrug die Schadenshöhe 968 DM, das sind 87 DM mehr als der Mittelwert der Ausgangsstudie. Der Median lag bei 700 DM, 300 DM über dem Median der vorherigen Analyse.

Die ermittelten Werte der Schadenshöhe lassen sich schwer vergleichen, da die Höhe des Schadens direkt von der einzelnen Tat abhängig ist und die Verteilung bei der Auswertung von über 300 Akten eine bessere Verteilung ergibt, als die Untersuchung von 43 Akten. Somit kann die Differenz der Werte im Bereich der zufälligen Abweichung betrachtet werden.

Die Auswertung ergibt jedenfalls in Übereinstimmung mit der landesweiten Studie, dass die Schadenshöhe darauf schließen lässt, dass der Großteil der Vermögensdelikte nicht dem Bagatellbereich zuzuordnen war.

b) Ärztliche Versorgung

Als Nächstes wird untersucht, in wie vielen Fällen eine ärztliche Versorgung oder Krankenhausbehandlung bei Körperverletzungsdelikten notwendig war.

Tabelle 52: Ärztliche Versorgung bei Körperverletzung

	Itzehoer Studie		Landesweite Studie
	Anzahl	Anteil	Anteil
Ärztliche Versorgung	13	65%	54%
Ohne ärztliche Versorgung	7	35%	46%
Σ	43	100%	100%

Wie in der Ausgangsstudie ergibt auch die Auswertung der Itzehoer Akten, dass in über der Hälfte der Körperverletzungen eine ärztliche Versorgung oder Krankenhausbehandlung des Opfers erforderlich war. Da beide Studien ähnliche Prozentangaben aufweisen, wird durch die Kontrollstudie das Ergebnis der Ausgangsstudie belegt. In beiden Studien deutet die hohe Anzahl an ärztlicher Versorgung darauf hin, dass die begangenen Körperverletzungsdelikte zum Großteil nicht dem Bagatellbereich zuzuordnen waren.

c) Bagatelle
Letztlich entscheidet die Würdigung der Umstände des Einzelfalls über die Einordnung der Kriminalitätsschwere.

Tabelle 53: Bagatelle

	Itzehoer Studie		Landesweite Studie
	Anzahl	Anteil	Anteil
Bagatelle	12	28%	21%
Keine Bagatelle	31	72%	79%
Σ	43	100%	100%

In 72% der untersuchten Verfahren der Kontrollgruppe war die Tat nicht als Bagatelle einzuordnen, bei 28% der Taten handelte es sich jedoch um eine Bagatelle, so dass das Verfahren wegen Geringfügigkeit eingestellt oder auf den Privatklageweg hätte verwiesen werden müssen. Bei der Ausgangsstudie hatten im Erwachsenenbereich 21% der Taten Bagatellcharakter, in 79% der Fälle wurde die Tat nicht als Bagatelle gewertet. Aufgrund der ähnlichen Verhältnisse beider Studien, ist die Kontrollstudie nicht geeignet, die Repräsentanz der Ausgangsstudie in Frage zu stellen.

8. Personales Opfer
Des Weiteren wurde untersucht, ob die Kontrollstudie in vergleichbarem Verhältnis Fallkonstellationen enthielt, bei denen kein personales Opfer an der Tat beteiligt war.

Tabelle 54: Personales Opfer

	Itzehoer Studie		Landesweite Studie
	Anzahl	Anteil	Anteil
Personales Opfer	41	95%	91%
Kein personales Opfer	2	5%	9%
Σ	43	100%	100%

Wie in der Ausgangsstudie war das Opfer auch bei den Verfahren der Kontrollstudie in über 90% der Fälle eine natürliche Person. Bei den verbleibenden zwei Fällen, in denen kein personales Opfer vorlag, fungierten wieder natürliche Personen als Vertretungen der Organisation oder Körperschaft und somit als personifizierbare Opfer, wodurch die Möglichkeit der Durchführung eines Täter-Opfer-Ausgleichs gegeben war. Es handelte sich in beiden Fällen um Einbrüche in ein Geschäft, als personifizierbares Opfer trat der jeweilige Inhaber auf. Die Auswertungen beider Studien kommen folglich zu übereinstimmenden Ergebnissen.

IV. Einleitung des Täter-Opfer-Ausgleichs
Weiterhin wurde ermittelt, auf wessen Anregung hin es zu der Einleitung des Täter-Opfer-Ausgleichs gekommen ist und ob sich die Auswertungen beider Studien ähneln.

Tabelle 55: Einleitung des Täter-Opfer-Ausgleichs

	Itzehoer Studie		Landesweite Studie
	Anzahl	Anteil	Anteil
Polizei	3	7%	3%
Beschuldigter/Verteidiger	9	21%	37%
Opfer	2	5%	3%
Staatsanwaltschaft	29	67%	55%
Andere Personen	0	0%	2%
Σ	43	100%	100%

Die häufigste Anregung erfolgte wie bei der Ausgangsstudie durch die Staatsanwaltschaft. In 67% der Fälle kam es auf ihre Veranlassung hin zur Durchführung eines Täter-Opfer-Ausgleichs, bei der vorherigen Analyse erfolgte in 55% der Verfahren die Anregung durch die Staatsanwaltschaft. Die Beschuldigten beziehungsweise deren Verteidiger initiierten in 21% der Fälle die Einleitung des Täter-Opfer-Ausgleichs, bei der Ausgangsstudie lag dieser Wert bei 37%. Die Polizei und die Opfer regten in ähnlichem Umfang wie bei der Ausgangsanalyse die Durchführung des Täter-Opfer-Ausgleichs an. In der vorliegenden Aktenanalyse erfolgte in keinem der Fälle eine Anregung durch andere Personen, da dieser Wert in der Ausgangsstudie mit 2% äußerst gering war, ist auch hier keine entscheidende Abweichung zwischen den beiden Auswertungen zu erkennen.

V. Art der Durchführung

Nun wurde untersucht, ob bei der Art der Durchführung des Täter-Opfer-Ausgleichs signifikante Unterschiede zur vorherigen Studie erkennbar sind.

Den Verfahren der Kontrollstudie lag kein Fall zugrunde, in dem eine formale Wiedergutmachungsleistung nicht erbracht wurde. Bei der Ausgangsstudie wurde in 5% der Verfahren gänzlich auf eine formale Ausgleichsleistung verzichtet. Die geringe Differenz resultiert sicherlich daraus, dass es sich bei der Kontrollgruppe um die von der Gerichtshilfe registrierten Akten handelte, die Verfahren also in jedem Fall an die Gerichtshilfe übergeben worden sind. Folglich fanden die Fälle keine Berücksichtigung, in denen der Konflikt schon ohne weitere Maßnahmen unmittelbar zwischen dem Beschuldigten und dem Opfer gelöst wurde und die Staatsanwaltschaft folglich bereits auf eine Übergabe des Verfahrens an eine Schlichtungsstelle verzichten konnte.

Bei der Betrachtung der Ausgleichsvereinbarungen wurde wiederum zunächst ermittelt, ob ein formelles Schlichtungsgespräch zwischen Beschuldigtem und Opfer unter Mithilfe eines Vermittlers stattgefunden hat.

Tabelle 56: Formelles Gespräch

	Itzehoer Studie		**Landesweite Studie**
	Anzahl	Anteil	Anteil
Formelles Gespräch	27	63%	60%
Kein formelles Gespräch	16	37%	40%
Σ	43	100%	100%

Die vorliegende Aktenauswertung gibt bis auf drei Prozentpunkte die Werte der Ausgangsstudie im Erwachsenenbereich wieder. Auch hier wurde in ungefähr 60% der Verfahren im Rahmen des Täter-Opfer-Ausgleichs ein formelles Gespräch zwischen Beschuldigtem und Opfer durchgeführt. Beide Studien kommen folglich übereinstimmend zu dem Ergebnis, dass dem kommunikativen Element beim Täter-Opfer-Ausgleich auch in der Praxis eine große Bedeutung zukommt.

Bei der nun folgenden Untersuchung der Ausgleichsvereinbarungen wird wieder danach unterschieden, ob im Rahmen des Täter-Opfer-Ausgleichs ein gemeinsames Gespräch geführt wurde oder nicht.

1. Entschuldigung mit Worten

Zunächst wird untersucht, ob bei beiden Studien in ähnlichem Umfang ausdrückliche Entschuldigungen Inhalt der Ausgleichsvereinbarungen waren.

Tabelle 57: Entschuldigung mit Worten

	Itzehoer Studie		Landesweite Studie
	Anzahl	Anteil	Anteil
Entschuldigung mit Gespräch	28	65%	62%
Entschuldigung ohne Gespräch	6	14%	22%
Keine Entschuldigung	9	21%	16%
Σ	43	100%	100%

In beiden Studien haben sich die Beschuldigten in über 60% der Verfahren im Rahmen eines Gespräches bei dem Opfer entschuldigt. Beide Auswertungen ergeben somit übereinstimmend, dass dem kommunikativen Element eine bedeutende Stellung zukommt.

2. Entschuldigung mit Gesten
Als Geste kam wiederum insbesondere die Übergabe von kleinen Aufmerksamkeiten in Betracht.

Tabelle 58: Entschuldigung mit Gesten

	Itzehoer Studie		Landesweite Studie
	Anzahl	Anteil	Anteil
Gesten mit Gespräch	5	12%	3%
Gesten ohne Gespräch	1	2%	2%
Keine Gesten	37	86%	95%
Σ	43	100%	100%

Eine Entschuldigung mit Gesten fand wie in der Ausgangsstudie nur sehr selten statt. In beiden Studien übergab der Beschuldigte im Rahmen des Ausgleichs nur in Ausnahmefällen eine kleine Aufmerksamkeit an den Geschädigten.

3. Schadenswiedergutmachung und Schmerzensgeld
Untersucht wurde ferner, ob bei beiden Studien in ähnlichem Umfang Schadenswiedergutmachung oder Schmerzensgeld geleistet wurde.

Tabelle 59: Schadenswiedergutmachung und Schmerzensgeld

	Itzehoer Studie		Landesweite Studie
	Anzahl	Anteil	Anteil
Vollständige Schadens-Wiedergutmachung mit Gespräch	13	30%	21%
Teilweise Schadens-Wiedergutmachung mit Gespräch	3	7%	22%
Vollständige . Schadens-Wiedergutmachung ohne Gespräch	12	28%	11%
Teilweise Schadens-Wiedergutmachung ohne Gespräch	0	0%	3%
Keine Schadens-Wiedergutmachung	15	35%	59%
Σ	43	100%	100%

Bei beiden Studien war der Anteil der Verfahren, bei denen keine Schadenswiedergutmachungs- oder Schmerzensgeldzahlung geleistet wurde, relativ hoch. In der Ausgangsstudie wurden in 59% der Verfahren keinerlei Schadenswiedergutmachungs- oder Schmerzensgeldzahlungen vorgenommen. Auch wenn der bei der Kontrollgruppe ermittelte Wert mit 35% nicht unerheblich geringer ist, so kommen beide Auswertungen doch tendenziell zu dem gleichen Ergebnis, nämlich dass in nicht unbeträchtlichem Umfang auf eine materielle Geldleistung verzichtet wurde.

Die Diskrepanz der Werte ist insbesondere darauf zurückzuführen, dass in der Ausgangsstudie auch jugendliche und heranwachsende Beschuldigte einbezogen wurden, bei denen noch in stärkerem Umfang als im Erwachsenenbereich Rücksicht darauf genommen wurde, ob die Gefahr einer finanziellen Überlastung besteht und der Lebensweg des jungen Menschen dadurch unverhältnismäßig erschwert werden würde.

Bei den anderen ermittelten Werten ist auffällig, dass in Itzehoe in 58% der Fälle der Schaden vollständig wiedergutgemacht wurde. Dieser Wert betrug bei der landesweiten Studie lediglich 32%. Eine teilweise Wiedergutmachung erfolgte hingegen in nur 7% der Fälle, im Vergleich hierzu kam es in der Ausgangsstudie in 25% der Fälle zu teilweisen Wiedergutmachungsleistungen. Diese Diskrepanz kann wiederum damit erklärt werden, dass bei jüngeren Beschuldigten verstärkt die aus der Geldleistung potentiell resultierende finanzielle Notlage berücksichtigt und deshalb auf eine Schadenswiedergutmachung in Form von Geld verzichtet wurde oder eine teilweise Leistung ausreichend war.

Die Abweichungen sind aus der Zusammensetzung der Untersuchungsgruppen deutlich zu begründen und sind auch in diesem Merkmal nicht dazu geeignet, die Repräsentanz der Ergebnisse der Ausgangsstudie anzuzweifeln.

4. Sonstige Wiedergutmachung
Des Weiteren wurde überprüft, ob bei beiden Studien die Schäden in vergleichbarem Umfang auf andere Weise als durch finanzielle Leistungen wiedergutgemacht wurde.

Tabelle 60: Sonstige Wiedergutmachung

	Itzehoer Studie		Landesweite Studie
	Anzahl	Anteil	Anteil
Sonstige Wiedergutmachung mit Gespräch	1	2%	5%
Sonstige Wiedergutmachung ohne Gespräch	0	0%	5%
Keine sonstige Wiedergutmachung	42	98%	90%
Σ	43	100%	100%

In beiden Studien erbrachte nur ein sehr geringer Anteil der Beschuldigten eine sonstige Wiedergutmachung. Die Ergebnisse der Auswertungen entsprechen sich folglich.

5. Geld an eine gemeinnützige Einrichtung
Untersucht wurde weiterhin, ob die Beschuldigten bei beiden Studien in vergleichbarem Umfang Geld an gemeinnützige Einrichtungen geleistet haben.

Tabelle 61: Geld an gemeinnützige Einrichtung

	Itzehoer Studie		Landesweite Studie
	Anzahl	Anteil	Anteil
Geld an gemeinnützige Einrichtung mit Gespräch	7	16%	2%
Geld an gemeinnützige Einrichtung ohne Gespräch	2	5%	3%
Kein Geld an gemeinnützige Einrichtung	34	79%	95%
Σ	43	100%	100%

In beiden Studien war der Anteil der Beschuldigten, die Geld an eine gemeinnützige Einrichtung leisten mussten, relativ gering. Der Anteil dieser Beschuldigten lag bei der Kontrollgruppe mit 16% höher als bei der Ausgangsanalyse. Infolge der geringen absoluten Anzahl an Verfahren, die der Studie zugrunde liegen, kann eine zufällige Verteilung bei der Kontollstudie nicht ausgeschlossen werden. Daher ist der Unterschied beider Studien nicht so erheblich, dass Anlass bestehen würde, an der Repräsentanz der Ausgangsstudie zu zweifeln.

VI. Dauer des Täter-Opfer-Ausgleichsverfahrens
In diesem Abschnitt wurde untersucht, ob die beiden Studien in Hinblick auf die Verfahrensdauer differieren.

Die Gerichtshilfe ist lediglich für den Bereich der erwachsenen Beschuldigten zuständig, so dass sich bei der Auswertung der bei der Gerichtshilfe angeforderten Akten eine Differenzierung zwischen den Altersbereichen erübrigte. Nachfolgend wird folglich die zeitliche Dauer der beiden Aktenanalysen im Erwachsenenbereich verglichen.

Für die Auswertung wurde das Verfahren wiederum in drei Zeitabschnitte unterteilt.

1. Zeitspanne zwischen Tat und Verfügung der Staatsanwaltschaft zur Durchführung eines Täter-Opfer-Ausgleichs

Die Zeitspanne zwischen dem Tatzeitpunkt und der Verfügung der Staatsanwaltschaft zur Durchführung eines Täter-Opfer-Ausgleichs betrug bei der Kontrollgruppe durchschnittlich 99 Tage, im Vergleich hierzu dauerte dieser Zeitraum bei der Ausgangsanalyse im Mittel 93 Tage. Der Median lag bei 93 Tagen, das sind 9 Tage mehr als in der vorherigen Untersuchung. Die Abweichungen der Werte beider Studien sind als gering zu werten, so dass sie keine Rückschlüsse auf Unterschiede im Verfahren zulassen.

Im Folgenden wird die Häufigkeitsverteilung ausgewertet.

Tabelle 62: Zeitdifferenz zwischen Tat und Verfügung der Staatsanwaltschaft zur Durchführung eines Täter-Opfer-Ausgleichs

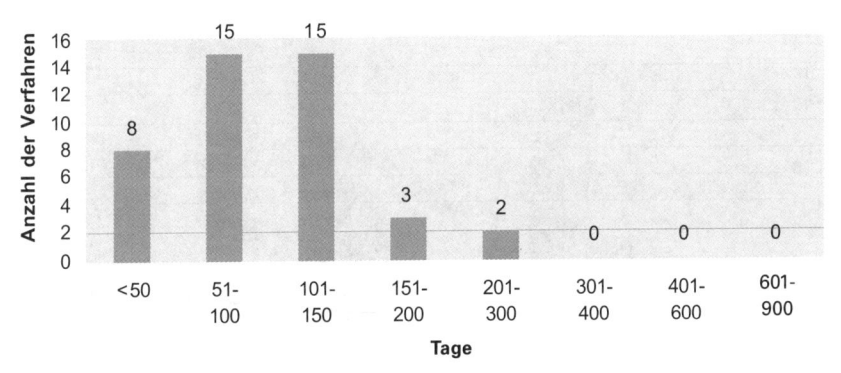

Tage	Anzahl der Verfahren
<50	8
51-100	15
101-150	15
151-200	3
201-300	2
301-400	0
401-600	0
601-900	0

Wie in der Ausgangsstudie verging auch in der vorliegenden Analyse in den meisten Fällen zwischen dem Zeitpunkt der Tatbegehung und der Verfügung der Staatsanwaltschaft zur Durchführung eines Täter-Opfer-Ausgleichs eine Dauer von 51 bis 100 Tagen. Der Anteil der Verfahren mit einer Zeitspanne von 101 bis 150 Tagen lag bei beiden Studien noch ziemlich hoch. Nur selten überstieg der Zeitabschnitt die Dauer von 151 Tagen. Die Vergleichsstudie kommt folglich zu ähnlichen Ergebnissen wie die Ausgangsstudie.

2. Zeitabschnitt von der Verfügung der Staatsanwaltschaft zur Durchführung eines Täter-Opfer-Ausgleichs bis zum Abschluss des Täter-Opfer-Ausgleichs

Des Weiteren wurde die Zeitspanne von der Verfügung der Staatsanwaltschaft bis zum Abschluss des Täter-Opfer-Ausgleichs ermittelt. Dieser Abschnitt dauerte bei der Kontrollstudie durchschnittlich 120 Tage, der Median lag bei 82 Tagen. Damit dauerte das Verfahren im Mittel 32 Tage länger als bei der Ausgangsanalyse, und der Median lag 12 Tage höher.

Die Abweichung von durchschnittlich mehr als einem Monat ist nicht unerheblich. Es ist jedoch zu beachten, dass der Zeitraum zwischen der Verfügung der Staatsanwaltschaft zur Durchführung eines Täter-Opfer-Ausgleichs und dem Abschluss des Täter-Opfer-Ausgleichs von verschiedenen Faktoren stark beeinflusst wird. Der Abschlussbericht der Vermittlungsstelle erfolgt in der Regel, wenn die vereinbarte Wiedergutmachungsleistung abgeschlossen ist. Daher ist diese Zeitspanne davon abhängig, welche Art der Wiedergutmachung vereinbart wurde. Insbesondere wenn eine finanzielle Ausgleichszahlung geleistet werden soll, wirkt sich sowohl die Höhe der Geldsumme als auch die finanzielle Lage des Beschuldigten erheblich auf die Dauer der Zeitspanne aus.

Im Unterschied zur Ausgangsstudie wurde bei der Kontrollstudie vermehrt eine vollständige Schadenswiedergutmachung vereinbart, was dazu geführt haben könnte, dass die Beschuldigten im Durchschnitt höhere finanzielle Ausgaben hatten und sich durch Ratenzahlungen die Zeitdauer bis zum Abschluss des Täter-Opfer-Ausgleichs verlängert hat.

Aufgrund dieser Erwägungen kann die Abweichung der beiden Studien nicht dazu führen, Zweifel an der Repräsentanz der Ausgangsstudie aufkommen zu lassen.

Tabelle 63: Zeitdifferenz zwischen der Verfügung und dem Abschluss des Täter-Opfer-Ausgleichs

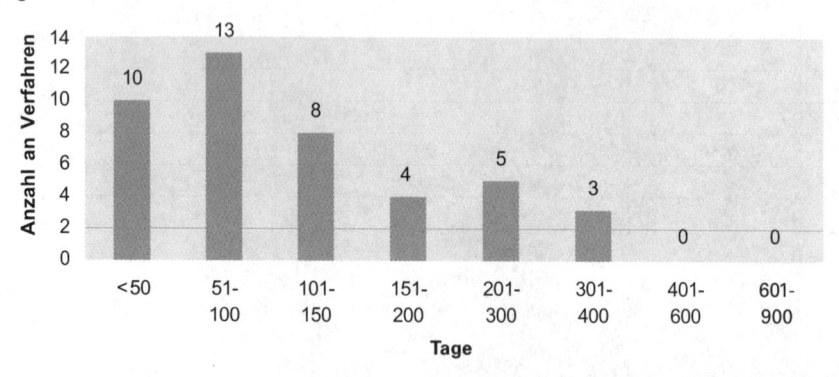

Wie in der Ausgangsstudie dauerte bei den meisten Verfahren die Zeitspanne von der Verfügung der Staatsanwaltschaft zur Durchführung eines Täter-Opfer-Ausgleichs bis zum Abschluss des Täter-Opfer-Ausgleichs zwischen 51 und 100 Tagen. Die Häufigkeitsverteilungen geben genau die Tendenz der Ausgangsanalyse wieder, so waren auch hier die Verfahren, bei denen der Zeitabschnitt zwischen 101 und 150 Tagen dauerte, noch relativ zahlreich vertreten. Ab einer Zeitdauer von 151 Tagen nahm die Anzahl der registrierten Verfahren jedoch deutlich ab.

3. Zeitabschnitt von der Verfügung der Staatsanwaltschaft bis zur endgültigen Einstellung

Zuletzt wurde noch der Zeitabschnitt von der Verfügung der Staatsanwaltschaft zur Durchführung eines Täter-Opfer-Ausgleichs bis zur endgültigen Einstellung des Verfahrens bestimmt. Der Mittelwert war hier mit 165 Tagen um 56 Tage höher als der der Ausgangsstudie, der Median betrug mit 135 Tagen 48 Tage mehr als in der vorherigen Analyse. Diese Abweichungen von ungefähr zwei Monaten sind nicht unerheblich. Jedoch ist die Dauer des Verfahrens, wie oben ausgeführt, grundsätzlich stark von den Gegebenheiten des Einzelfalles abhängig, so dass die Aussagekraft der verschiedenen Zeitdauern zu relativieren ist. Auch der vorliegende Zeitabschnitt wird insbesondere davon bestimmt, wie lange der einzelne Beschuldigte dafür benötigt, die im Rahmen des Täter-Opfer-Ausgleichs geforderten Leistungen endgültig zu erbringen. Denn erst nach vollständiger Erbringung der Leistungen kann das Verfahren eingestellt werden. Die Tatsache, dass in der Kontrollstudie im Gegensatz zur Ausgangsstudie vermehrt eine vollständige Schadenswiedergutmachung vereinbart wurde, könnte dazu geführt haben, dass die Beschuldigten durchschnittlich mehr Geld zahlen mussten und möglicherweise Ratenzahlungen den Zeitpunkt des Abschlusses hinausgeschoben haben.

Aufgrund dieser Erwägungen sind die Abweichungen nicht in der Lage, Zweifel an der Repräsentanz der Ausgangsstudie aufkommen zu lassen.

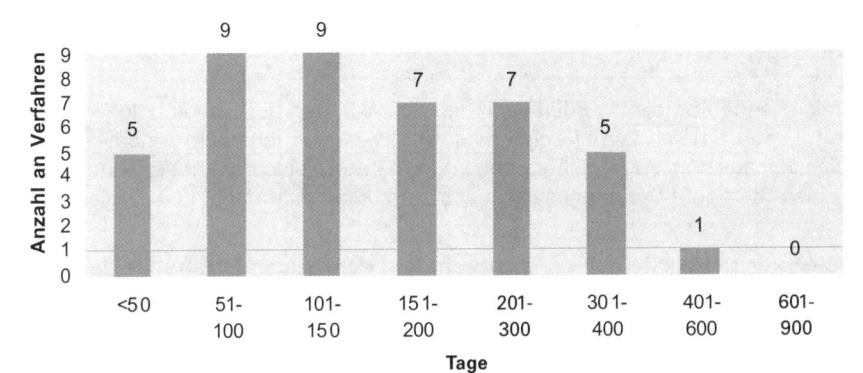

Tabelle 64: Zeitdifferenz zwischen Verfügung und Einstellung des Verfahrens

Auch bei der Häufigkeitsverteilung sind Differenzen zur Ausgangsstudie erkennbar. Zwar kam es auch in der Vergleichsstudie am häufigsten vor, dass der Zeitabschnitt zwischen der Verfügung der Staatsanwaltschaft zur Durchführung des Täter-Opfer-Ausgleichs und der endgültigen Einstellung zwischen 51 und 100 Tagen betrug. Eine gravierende Abnahme der Anzahl der Verfahren war jedoch erst ab einer Zeitdauer von 400 Tagen festzustellen. Bis zu diesem Zeitabschnitt verringerte sich die Häufigkeit der Verfahren zwar, aber eine deutliche Abnahme an registrierten Verfahren nach 150 Tagen, wie sie bei der Ausgangsstudie festgestellt werden konnte, lag nicht vor. Eine geringere Häufigkeit an Verfahren war jedoch auch bei der Kontrollstudie bereits ab 150 Tagen zu bemerken, so dass die Ergebnisse der beiden Studien keinen Anlass bieten, die Repräsentanz der Ausgangsstudie in Zweifel zu ziehen.

VII. Zusammenfassung und Ergebnis

Die Auswertung der Akten, die bei der Staatsanwaltschaft Itzehoe angefordert wurden, um eine Begründung dafür zu finden, dass diese Akten bei der Gerichtshilfe als Täter-Opfer-Ausgleichsfälle registriert wurden und bei der Staatsanwaltschaft nicht, ergab, dass keine wesentlichen Unterschiede im Vergleich zu den Auswertungsergebnissen der Ausgangsstudie feststellbar sind. Die Ergebnisse der Ausgangsstudie werden somit bestätigt. Es ist kein sachlicher Grund ersichtlich, warum diese Akten nicht als Täter-Opfer-Ausgleichsfälle bei der Staatsanwaltschaft Itzehoe registriert waren, so dass es sich nur um eine falsche Registrierung handeln kann.

Da die Auswertung dieser Akten die Ergebnisse der Ausgangsstudie belegt, wurde darauf verzichtet, die fraglichen Akten der anderen Gerichtshilfen anzufordern, um die Repräsentanz der Ausgangsanalyse weiter zu überprüfen. Die Auswertungen der Ausgangsstudie können zumindest für Schleswig-Holstein als repräsentiv gewertet werden.

2. Kapitel: Vergleich mit anderen empirischen Untersuchungen zum Täter-Opfer-Ausgleich

Um die Aussagen der Aktenanalyse einordnen zu können, wurden in diesem Abschnitt die Erkenntnisse der Analyse mit denen anderer Studien verglichen. Nur so ist es möglich zu kontrollieren, ob die Ergebnisse sich mit anderen Erkenntnissen decken, es sich folglich nicht um eine absolute Ausnahmeanalyse handelt und somit gewährleistet werden kann, dass sich die nachfolgende Untersuchung der Effizienz auch auf andere Studien übertragen lässt.

Die vergleichenden Studien wurden nach den Altersklassen der untersuchten Probanden unterteilt. Einige Studien berücksichtigen sowohl Verfahren aus dem allgemeinen Strafrecht als auch aus dem Jugendstrafrecht, andere Studien sind nur auf Verfahren aus dem allgemeinen Strafrecht beziehungsweise aus dem Jugendstrafrecht spezialisiert.

A. Studien aus dem allgemeinen Strafrecht und dem Jugendstrafrecht (zusammen)

I. Bundesweite Täter-Opfer-Ausgleichs-Statistik
Die sogenannte Bundesweite Täter-Opfer-Ausgleichs-Statistik beinhaltet umfangreiche Dokumentationen von Ausgleichsfällen aus verschiedenen, über das Bundesgebiet verteilten Einrichtungen. Den Ausgleichsprojekten wurde ein einheitliches Dokumentationssystem zur Verfügung gestellt, das in einer Zusammenarbeit der kriminologischen Institute und Lehrstühle der Universitäten in Halle, Heidelberg, Konstanz und Tübingen sowie dem Servicebüro für Täter-Opfer-Ausgleich und Konfliktschlichtung entwickelt wurde. Die Dokumentation erfolgte mit Hilfe eines standardisierten Fragebogens und es wurden Merkmale der Einrichtung, der Geschädigten und Beschuldigten sowie des Verlaufs und des Ergebnisses der Fallbearbeitung erhoben.

Den folgenden Studien liegen die Auswertungen der Fälle aus dem Jahrgang 1995 zugrunde. In diesem Jahr hatten sich insgesamt 42 Projekte, die in 1813 Fällen mit der Durchführung eines Täter-Opfer-Ausgleichs beauftragt wurden, an der Bundesweiten Täter-Opfer-Ausgleichs-Statistik beteiligt. An den 1813 einbezogenen Fällen waren aufgrund von Gruppendelikten 2409 Beschuldigte beteiligt.[101]

Die Auswertungen der Bundesweiten Täter-Opfer-Ausgleichs-Statistik werden nachfolgend mit den Ergebnissen der Schleswig-Holsteinischen Aktenanalyse verglichen, soweit dies infolge der unterschiedlichen Ausgestaltung der Fragebögen möglich ist.

---

[101] s. *Hartmann, Arthur/Stroezel* in: Täter-Opfer-Ausgleich in Deutschland S. 149.

1. Anregung zum Täter-Opfer-Ausgleich
Die Bundesweite Täter-Opfer-Ausgleichs-Statistik kommt zu dem Ergebnis, dass in den überwiegenden Fällen der Staatsanwalt die Anregung zum Täter-Opfer-Ausgleichs-Versuch gab.[102] Zu derselben Aussage kommt auch die Auswertung der Schleswig-Holsteinischen Aktenanalyse, dort wurden immerhin 55% der Täter-Opfer-Ausgleichs-Verfahren auf Initiative der Staatsanwaltschaft durchgeführt. Ein genauer Vergleich der Prozentangaben beider Studien ist nicht sinnvoll, da die Bundesweite Täter-Opfer-Ausgleichs-Statistik sämtliche Ausgleichsversuche vom Zeitpunkt des Vorverfahrens bis über das Hauptverfahren hinaus einbezog, wohingegen die Schleswig-Holsteinische Aktenanalyse nur die Einstellung des Verfahrens im Rahmen staatsanwaltschaftlicher Entscheidungen im Vorverfahren berücksichtigte. In der Tendenz kommen beide Studien zum gleichen Ergebnis. Folglich kann die gemeinsame Erkenntnis gezogen werden, dass beim Großteil der Verfahren die Anregung zur Durchführung des Täter-Opfer-Ausgleichs von der Staatsanwaltschaft ausging.

2. Deliktstruktur
Aus der Bundesweiten Täter-Opfer-Ausgleichs-Statistik geht hervor, dass der Täter-Opfer-Ausgleich bei einem breiten Spektrum von Delikten zur Anwendung kommt. Am häufigsten waren Körperverletzungsdelikte vertreten, gefolgt von Sachbeschädigung und Diebstahl.

Damit kommt diese Auswertung genau wie die Schleswig-Holsteinische Aktenanalyse zu dem Ergebnis, dass eine breite Palette von Delikten für den Täter-Opfer-Ausgleich geeignet ist, einige Delikte, wie Körperverletzung und Sachbeschädigung, jedoch häufiger in einen Ausgleichsversuch einbezogen werden.

3. Merkmale der Beschuldigten
Die Bundesweite Täter-Opfer-Ausgleichs-Statistik enthält Angaben zu sozialstatistischen Merkmalen der Beschuldigten und der Opfer. Da in der Schleswig-Holsteinischen Studie nur die Merkmale der Beschuldigten und nicht die der Opfer untersucht wurden, kann im folgenden Vergleich der Analysen lediglich auf die Angaben zu den Beschuldigten eingegangen werden.

a) Personales Opfer
In beiden Studien handelte es sich bei den Geschädigten in über 90% der Fälle um natürliche Personen.[103] Damit lässt sich aus beiden Studien übereinstimmend die Erkenntnis ziehen, dass der direkte konfliktbereinigende Ausgleich zwischen Beschuldigtem und Geschädigtem folglich nicht nur in der Theorie sondern auch in der Praxis des Täter-Opfer-Ausgleichs von großer Bedeutung ist.

b) Altersstufen der Beschuldigten
Aus der Tabelle der Bundesweiten Täter-Opfer-Ausgleichs-Statistik geht hervor, dass über die Hälfte der Beschuldigten Jugendliche im Sinne von § 1 Absatz 2 JGG waren. Die

---

[102] s. *Hartmann, Arthur/Stroezel* in: Täter-Opfer-Ausgleich in Deutschland S. 156.
[103] s. *Hartmann, Arthur/Stroezel* in: Täter-Opfer-Ausgleich in Deutschland S. 167.

Beschuldigten aus dem Heranwachsenden- beziehungsweise Erwachsenenbereich waren mit knapp über 20% fast identisch anteilig vertreten.[104] Die Vergleichsstudien belegen damit, dass der Täter-Opfer-Ausgleich insbesondere bei jungen Beschuldigten unter 21 Jahren Anwendung findet.

c) Vorbelastung der Beschuldigten
Bei der Bundesweiten Täter-Opfer-Ausgleichs-Statistik betrug der Anteil der Ersttäter 69%. Von den 31% der vorbelasteten Beschuldigten waren 24% mit höchstens 2 Vorstrafen belastet.[105]

Dieses Ergebnis stimmt in der Tendenz mit der Auswertung der Schleswig-Holsteinischen Aktenanalyse überein. Auch dort wurde ermittelt, dass es sich zu einem Großteil der Beschuldigten (77%) um Ersttäter handelte, aber auch vorbelastete Beschuldigte in den Täter-Opfer-Ausgleich einbezogen wurden.

d) Bestreiten des Tatvorwurfs
Die Erhebung der Bundesweiten Täter-Opfer-Ausgleichs-Statistik zeigt, dass über 80% der Beschuldigten den Tatvorwurf ganz oder im wesentlichen akzeptierten.[106] Die Werte der beiden Vergleichsstudien stimmen damit fast überein. Beide Studien kommen folglich zu der Erkenntnis, dass der Tatvorwurf in den meisten Fällen vom Beschuldigten akzeptiert wird, aber auch durchaus Täter-Opfer-Ausgleichs-Fälle mit Erfolg abgeschlossen werden, in denen sich der Beschuldigte nicht zu dem Tatvorwurf bekennt.

e) Bekanntschaftsverhältnis
Die Bundesweite Täter-Opfer-Ausgleichs-Statistik kommt zu dem Ergebnis, dass sich in 55% der Fälle Beschuldigter und Opfer bereits vor der Tat kannten.[107] Aus der Schleswig-Holsteinischen Aktenanalyse geht hervor, dass in 48% der Verfahren zwischen Beschuldigten und Opfer schon vor der Tat ein Bekanntschaftsverhältnis bestand.

Nach den Ergebnissen beider Studien ist der Täter-Opfer-Ausgleich insbesondere auch dann geeignet, wenn sich Täter und Opfer bereits vor der Tat kannten.

4. Art und Weise der Durchführung
Des Weiteren wurde ein Vergleich beider Studien in Hinblick auf die Art und Weise der Durchführung des Täter-Opfer-Ausgleichs-Verfahrens vorgenommen.

a) Gemeinsames Gespräch
Die Ermittlungen der Bundesweiten Täter-Opfer-Ausgleichs-Statistik ergaben, dass in 57% der Täter-Opfer-Ausgleichs-Verfahren ein Ausgleichsgespräch im Beisein eines Vermittlers stattgefunden hat.[108] Des Weiteren kam es in 19% der Fälle zu privaten Begegnungen der Tatbeteiligten vor oder während des Täter-Opfer-Ausgleichs. Bei der Schles-

---

[104] s. *Hartmann, Arthur/Stroezel* in: Täter-Opfer-Ausgleich in Deutschland S. 169.
[105] s. *Hartmann, Arthur/Stroezel* in: Täter-Opfer-Ausgleich in Deutschland S. 170.
[106] s. *Hartmann, Arthur/Stroezel* in: Täter-Opfer-Ausgleich in Deutschland S. 172.
[107] s. *Hartmann, Arthur/Stroezel* in: Täter-Opfer-Ausgleich in Deutschland S. 173.
[108] s. *Hartmann, Arthur/Stroezel* in: Täter-Opfer-Ausgleich in Deutschland S. 180.

wig-Holsteinischen Studie konnte die Anzahl der privaten Begegnungen ohne Vermittlungsperson nicht ermittelt werden, da die Daten aus den staatsanwaltschaftlichen Ermittlungsakten erhoben wurden und sich aus diesen nur in Ausnahmefällen Angaben über private Ausgleichsgespräche zwischen Beschuldigten und Opfer ergaben. Der Prozentsatz der formalen Ausgleichsgespräche im Rahmen des Täter-Opfer-Ausgleichs betrug bei der Schleswig-Holsteinischen Analyse 63%. Beide Studien kommen damit zu dem Ergebnis, dass das Ausgleichsgespräch auch in der Praxis des Täter-Opfer-Ausgleichs eine bedeutende Rolle spielt, vielfach aber auf ein formales Gespräch verzichtet wird.

b) Art der vereinbarten Leistungen
Des Weiteren wurde der Inhalt der Ausgleichsvereinbarungen beider Studien verglichen.

Bei der Bundesweiten Täter-Opfer-Ausgleichs-Statistik wurde in 6% der Fälle keine Leistung vereinbart.[109] Die Schleswig-Holsteinische Aktenanalyse ergab, dass in 5% der Verfahren keine Leistungen vereinbart wurde. Damit lassen sich beide Studien übereinstimmend dahingehend auswerten, dass der Täter-Opfer-Ausgleich nicht notwendig eine Leistung des Beschuldigten an das Opfer voraussetzt, sondern dass in Ausnahmefällen von einer Ausgleichsleistung abgesehen werden kann.

Ferner lässt sich feststellen, dass in beiden Studien bei den vereinbarten Ausgleichsleistungen im Rahmen des Täter-Opfer-Ausgleichs neben der Entschuldigung mit jeweils über 70%, die Schadensersatz- und Schmerzensgeldleistung mit jeweils über 40% dominierte. Darüber hinaus wurden in beiden Studien eine breite Palette unterschiedlicher Leistungen vereinbart, wie die Übergabe von Geschenken, die Rückgabe der entwendeten Sache, Arbeitsleistungen sowie gemeinsame Aktivitäten mit dem Opfer. Im Rahmen des Täter-Opfer-Ausgleichs wird folglich eine flexible Gestaltung des Ausgleiches und somit eine individuelle Regelung für jeden Einzelfall vorgenommen.

5. Rechtliche Grundlage der Verfahrenserledigung
Die Bundesweite Täter-Opfer-Ausgleichs-Statistik nahm im Gegensatz zur Schleswig-Holsteinischen Aktenanalyse nicht nur erfolgreich abgeschlossene Täter-Opfer-Ausgleichs-Fälle, sondern sämtliche Täter-Opfer-Ausgleichs-Versuche in die Erhebungen auf. Bei der Untersuchung der rechtlichen Grundlage wurde bei dieser Studie daher zwischen gescheiterten und erfolgreich durchgeführten Täter-Opfer-Ausgleichs-Fällen differenziert. Ein Vergleich beider Studien kann jedoch lediglich in Bezug auf die Auswertungen der erfolgreichen Täter-Opfer-Ausgleichs-Fälle vorgenommen werden. Der Vergleich ist auch deswegen problematisch, da bei der Bundesweiten Täter-Opfer-Ausgleichs-Statistik nicht nur Fälle der Diversion in die Auswertung einbezogen wurden, sondern auch Verfahrenserledigungen im Zwischen- oder Hauptverfahren. Aufgrund dieser Bedenken kann eine vergleichende Betrachtung beider Studien in Hinblick auf die rechtlichen Grundlagen der Verfahrenserledigung nicht angestellt werden.

---

[109] s. *Hartmann, Arthur/Stroezel* in: Täter-Opfer-Ausgleich in Deutschland S. 186.

6. Dauer des Verfahrens

Ferner wurden die beiden Studien in Hinblick auf die Dauer des Verfahrens verglichen. Hierzu wurde das Täter-Opfer-Ausgleichs-Verfahren in drei Zeitabschnitte eingeteilt.

a) Tat bis Eingang beim Projekt

Zunächst wurde der bei der Bundesweiten Täter-Opfer-Ausgleichs-Statistik ermittelte Zeitabschnitt von der Tat bis zum Eingang beim Projekt untersucht. Dieser Untersuchungszeitraum ist mit dem Zeitabschnitt zwischen der Tat und der Verfügung der Staatsanwaltschaft zur Durchführung eines Täter-Opfer-Ausgleichs bei der Schleswig-Holsteinischen Aktenanalyse zu vergleichen, da der Verfügung der Staatsanwaltschaft regelmäßig in kürzerer Zeit die Übermittlung des Falles an eine Ausgleichsstelle folgt.

Die Auswertung der Bundesweiten Täter-Opfer-Ausgleichs-Statistik zeigt, dass im Durchschnitt 144 Tage zwischen Tat und Eingang beim Projekt vergingen.[110] Damit betrug dieser Zeitabschnitt bei der Schleswig-Holsteinischen Analyse durchschnittlich 51 Tage weniger. Grund hierfür könnte zunächst der unterschiedliche Bemessungszeitraum sein. So ist anzunehmen, dass zwischen der Verfügung der Staatsanwaltschaft zur Durchführung eines Täter-Opfer-Ausgleichs und dem Eingang der Akte beim Projekt regelmäßig einige Tage vergangen sind. Weiterhin ist die Dauer zwischen der Tat und dem Beginn des Ausgleiches von individuellen Faktoren des Einzelfalls, wie zum Beispiel der Dauer der Tataufklärung abhängig. Ferner ist zu beachten, dass die Bundesweite Täter-Opfer-Ausgleichs-Statistik im Gegensatz zur Schleswig-Holsteinischen Aktenanalyse nicht nur Fälle der Diversion, sondern auch die Durchführung des Täter-Opfer-Ausgleichs bis nach der Hauptverhandlung einbezog. In diesen Fällen betrug der zeitliche Abstand zwischen Tat und Beginn des Täter-Opfer-Ausgleichs in der Regel länger als in den Fällen der Diversion.

b) Eingang bis Rückgabe

Als nächster Zeitabschnitt wurde die Dauer vom Eingang beim Projekt bis zur Rückgabe ermittelt. Dieser Zeitabschnitt wurde verglichen mit der in Schleswig-Holstein untersuchten Dauer der Verfügung der Staatsanwaltschaft zur Durchführung des Täter-Opfer-Ausgleichs bis zum Abschlussbericht der Vermittlungsperson.

Bei der Bundesweiten Täter-Opfer-Ausgleichs-Statistik wurde für diesen Zeitabschnitt eine durchschnittliche Dauer von 80 Tagen ermittelt.[111] In der Schleswig-Holsteinischen Analyse betrug der Zeitabschnitt durchschnittlich 100 Tage, also 20 Tage länger. Diese Abweichung von 20 Tagen ist damit zu erklären, dass das Täter-Opfer-Ausgleichs-Verfahren von mehreren Faktoren abhängig ist, wie der vereinbarten Wiedergutmachungsleistung und der finanziellen Situation des Beschuldigten. Somit ist eine Abweichung von 20 Tagen als unerheblich anzusehen.

c) Rückgabe bis Verfahrensabschluss

Ferner wurde der Zeitabschnitt von der Rückgabe bis zum Verfahrensabschluss untersucht.

---

[110] s. *Hartmann, Arthur/Stroezel* in: Täter-Opfer-Ausgleich in Deutschland S. 198.
[111] s. *Hartmann, Arthur/Stroezel* in: Täter-Opfer-Ausgleich in Deutschland S. 198.

Dieser betrug bei der Bundesweiten Täter-Opfer-Ausgleichs-Statistik 32 Tage[112], bei der Schleswig-Holsteinischen Aktenanalyse 20 Tage.

Die Abweichung beider Studien in Bezug auf diesen Zeitabschnitt ist mit 12 Tagen im Rahmen der normalen Differenz und folglich mit großer Wahrscheinlichkeit nicht signifikant.

II. Brandenburg

Dieser Auswertung liegen die 98 Ausgleichsfälle zugrunde, die in den Jahren 1994 und 1995 von der Potsdamer Vermittlungsstelle bearbeitet wurden. An diesen Fällen waren 138 Beschuldigte beteiligt. Es wurden sowohl Verfahren aus dem Jugendbereich wie auch aus dem Erwachsenenbereich vermittelt. Die zu untersuchenden Daten wurden den Handakten der Potsdamer Vermittlungsstelle entnommen.[113]

1. Deliktsgruppen

In Potsdam dominierte bei den Deliktsgruppen die Körperverletzung mit 43%, gefolgt von der Sachbeschädigung mit 19% und dem Diebstahl mit 14%.[114] Damit waren die gleichen Delikte von zentraler Bedeutung wie bei der Schleswig-Holsteinischen Studie. Weiterhin lässt sich aus beiden Studien erkennen, dass der Täter-Opfer-Ausgleich in der Praxis neben diesen zentralen Deliktsgruppen bei einer Reihe anderer Delikte zur Anwendung kommt, das Verfahren folglich nicht auf bestimmte Delikte festgelegt zu sein scheint.

2. Alter

Die Auswertung der Potsdamer Akten ergibt, dass mit 71% der Großteil der Beschuldigten bis zu 21 Jahre alt war.[115] In Schleswig-Holstein waren 59% der Beschuldigten Jugendliche oder Heranwachsende. Damit stimmen beide Studien in der Aussage überein, dass der Täter-Opfer-Ausgleich insbesondere im Bereich junger Beschuldigter Anwendung findet.

3. Natürliches Opfer

Sowohl in Potsdam[116] als auch in Schleswig-Holstein handelte es sich bei 91% der Opfer um natürliche Personen. Der persönliche Ausgleich zwischen den Konfliktparteien ist folglich in der Praxis des Täter-Opfer-Ausgleichs von zentraler Bedeutung.

4. Art des Ausgleiches

In Potsdam wurde in der Hälfte der Fälle eine Wiedergutmachung in Form von Geldleistung vereinbart. Daneben wurde der Konflikt in 15% der Fälle durch bloße Entschuldigung, in 10% durch Arbeitsleistung geschlichtet. In den übrigen 25% der Täter-Opfer-Ausgleichs-Fälle ergab sich aus den Akten keine Angabe über die vereinbarte Wiedergutmachungsleistung.[117]

---

[112] s. *Hartmann, Arthur/Stroezel* in: Täter-Opfer-Ausgleich in Deutschland S. 198.
[113] s. *Mau* S. 35 ff.
[114] s. *Mau* S. 39.
[115] s. *Mau* S. 37, 38.
[116] s. *Mau* S. 44.
[117] s. *Mau* S. 40.

Mit der finanziellen Wiedergutmachung, der Entschuldigung und der Arbeitsleistung spielten hier die gleichen Vereinbarungen eine wichtige Rolle für den Ausgleich wie in Schleswig-Holstein. Ob daneben in Potsdam auch andere Wiedergutmachungsleistungen vereinbart wurden, lässt sich nicht nachvollziehen, da ein Viertel der gelungenen Fälle keine Angaben über die Ausgleichsvereinbarungen enthielt.

5. Schaden
Der durch die Tat entstandene materielle Schaden war zu einem Großteil (65%) in einen Bereich von bis zu 500 DM einzuordnen. Folglich handelte es sich hier wie in Schleswig-Holstein regelmäßig um eine Schadenhöhe, die über der Bagatellgrenze von 100 DM lag, deren Wiedergutmachung aber keine schwerwiegende finanzielle Überforderung des Beschuldigten bedeutete.

B. Studien aus dem Jugendstrafrecht

I. München/Landshut
In München und in Landshut wurden im Rahmen eines Modellprojekts Täter-Opfer-Ausgleichs-Verfahren im Jugendbereich mit Jugendlichen und Heranwachsenden durchgeführt. Der Zeitraum des Projekts war von 1987 bis 1989, belief sich also auf 3 Jahre. Die Auswertung erfolgte mit Hilfe der angeforderten staatsanwaltschaftlichen Akten.

1. München
Die Auswertungsgrundlage bildeten 337 Täter-Opfer-Ausgleichs-Fälle.[118]

a) Deliktsgruppe
Bei der Münchener Analyse waren die Körperverletzungsdelikte mit 48% am meisten vertreten, gefolgt von Diebstahl mit 30% sowie Sachbeschädigung mit 10%.[119]

Damit sind die gleichen Deliktsgruppen wie in Schleswig-Holstein häufig vertreten.

b) Schäden
Der Mittelwert der erlittenen Schäden bei Vermögensdelikten lag bei der Münchener Analyse bei 945 DM.[120] In 48% der Fälle war die Schadenshöhe in einem Bereich zwischen 101 DM und 600 DM. Die Auswertung der Schleswig-Holsteinischen Aktenanalyse ergab, dass im Durchschnitt bei Vermögensdelikten ein Schaden in Höhe von 881 DM entstanden ist. Die Hälfte der Schäden war geringer als 400 DM. In beiden Studien spricht folglich die Schadenshöhe dafür, dass es sich bei den Vermögensdelikten zum Großteil nicht um Bagatelldelikte handelte. Jedoch stellt die finanzielle Wiedergutmachung der Schäden aufgrund der regelmäßig nicht allzu hohen Schadenssumme kein unüberwindbares Hindernis für den Beschuldigten dar.

---

[118] s. *Hartmann, Arthur* Schlichten oder Richten S. 189.
[119] s. *Hartmann, Arthur* Schlichten oder Richten S. 195 Tabelle 2.10.
[120] s. *Hartmann, Arthur* Schlichten oder Richten S. 196.

c) Ärztliche Behandlung bei Körperverletzungsdelikten
Beim Münchener Modellprojekt wurde in 78% der Körperverletzungsdelikte eine ärztliche Behandlung vorgenommen.[121] Auch die Schleswig-Holsteinische Studie ergab, dass sich bei dem Großteil der Körperverletzungsverfahren (54%) der Geschädigte ärztlich behandeln lassen musste.

Trotz der oben erläuterten Auswertungsprobleme des vom jeweiligen Opfer abhängigen Kriteriums, kann dieses Ergebnis beider Studien den Eindruck unterstützen, dass dem Täter-Opfer-Ausgleich zum Großteil keine Körperverletzungsdelikte mit Bagatellcharakter zugrunde lagen.

d) Bekanntschaftsverhältnis
Wie die Schleswig-Holsteinische Analyse kommt die Münchener Studie zu dem Ergebnis, dass sich eine bedeutende Anzahl der Konfliktparteien bereits vor der Tat kannten. In Schleswig-Holstein waren vor der Tat im Jugendbereich 51% und bei den Heranwachsenden 38% der Beschuldigten und Geschädigten miteinander bekannt, in München betrug dieser Wert 39%.[122] Der Täter-Opfer-Ausgleich scheint folglich beiden Studien nach gerade für solche Fallkonstellationen geeignet zu sein, bei denen vor der Tat ein Bekanntschaftsverhältnis zwischen Beschuldigtem und Opfer bestand.

e) Vorbelastungen
Bei der Münchener Studie handelte es sich in mehr als zwei Drittel der Fälle (72%) um Ersttäter.[123] Bei der Schleswig-Holsteinischen Studie waren 83% der jugendlichen Beschuldigten und 67% der heranwachsenden Probanden nicht vorbestraft. In beide Studien waren folglich hauptsächlich Ersttäter am Täter-Opfer-Ausgleich beteiligt, die Vorbelastung der Beschuldigten war jedoch nicht grundsätzlich ein Hinderungsgrund für die Durchführung des Täter-Opfer-Ausgleichs.

f) Art der Durchführung
Des Weiteren wurden die Studien in Hinblick auf die Art und Weise der Durchführung verglichen.

(1) Ausgleichsgespräch
Ein formales Ausgleichsgespräch fand bei der Münchener Studie in fast der Hälfte der gelungenen Täter-Opfer-Ausgleichs-Fälle statt.[124] Dieser Wert lag bei der Schleswig-Holsteinischen Analyse mit 64% bei den jugendlichen und 62% bei den heranwachsenden Beschuldigten ein wenig höher. Beide Studien kommen damit übereinstimmend zu dem Ergebnis, dass dem Ausgleichsgespräch eine bedeutende Funktion im Rahmen des Täter-Opfer-Ausgleichs zukommt, in der Praxis jedoch nicht selten auf ein formales Gespräch verzichtet wird.

---

[121] s. *Hartmann, Arthur* Schlichten oder Richten S. 201.
[122] s. *Hartmann, Arthur* Schlichten oder Richten S. 199 Tabelle 2.17.
[123] s. *Hartmann, Arthur* Schlichten oder Richten S. 198.
[124] s. *Hartmann, Arthur* Schlichten oder Richten S. 215.

(2) Ausgleichsvereinbarung
Im Ausgleichsgespräch wurde wie bei der Schleswig-Holsteinischen Analyse auch bei der Münchener Studie mit einem Anteil von 54% relativ häufig die Leistung materiellen Schadensersatzes oder Schmerzensgeldes vereinbart. Nach Ansicht *Hartmanns* enthielt jeder Ausgleich eine Entschuldigung des Beschuldigten an das Opfer, so dass die Anzahl der Entschuldigungen nicht eigens ermittelt wurde.[125]

Beide Studien kommen ferner übereinstimmend zu dem Ergebnis, dass neben der Entschuldigung, dem Schadensersatz und dem Schmerzensgeld eine Palette anderer Leistungen im Rahmen des Täter-Opfer-Ausgleichs vereinbart wurde, wie die Ableistung gemeinnütziger Arbeit, Arbeit für das Opfer, eine gemeinnützige Spende oder die Rückgabe der entwendeten Sache.

g) Dauer des Verfahrens
Den Vergleichsstudien lagen bei der Auswertung der Verfahrensdauer unterschiedliche Untersuchungszeitabschnitte zugrunde, so dass nur die Dauer bestimmter Verfahrensabschnitte verglichen werden kann.

(1) Ausgang bei der Staatsanwaltschaft bis zum Abschlussbericht
Der Zeitraum vom Ausgang bei der Staatsanwaltschaft bis zum Abschlussbericht ist vergleichbar mit dem Zeitabschnitt von der Verfügung der Staatsanwaltschaft zur Durchführung eines Täter-Opfer-Ausgleichs bis zum Abschlussbericht. In München betrug dieser Zeitraum durchschnittlich 84 Tage[126], in Schleswig-Holstein bei den Jugendlichen 89 Tage und bei den Heranwachsenden 109 Tage. Im Jugendbereich stimmen die Zeiträume ungefähr überein, auch die Differenz zum Heranwachsendenbereich ist nicht gravierend.

(2) Abschlussbericht bis Erledigung
Der Zeitabschnitt vom Abschlussbericht bis zur Erledigung des Verfahrens dauerte bei der Münchener Studie mit durchschnittlich 43 Tagen[127] 28 Tage länger als bei den Jugendlichen und 25 Tage länger als bei den Heranwachsenden der Schleswig-Holsteinischen Analyse. Diese Differenz lässt sich dadurch erklären, dass bei der Schleswig-Holsteinischen Analyse nur die Fälle berücksichtigt wurden, bei denen es nach einem erfolgreich abgeschlossenen Täter-Opfer-Ausgleich zu einer staatsanwaltschaftlichen Einstellung im Vorverfahren kam. In die Münchener Studie wurden jedoch auch Fälle einbezogen, bei denen der Täter-Opfer-Ausgleich nicht im Vorverfahren, sondern bis nach der Hauptverhandlung durchgeführt wurde. In diesen Fällen dauert das weitere Verfahren bis zur Erledigung regelmäßig länger. Die Differenz der beiden Studien ist folglich durch die unterschiedliche Ermittlungsgrundlage beider Studien erklärbar.

2. Landshut
Der Landshuter Untersuchung liegen 142 Fälle aus dem Jugend- und Heranwachsendenbereich zugrunde.

---

[125] s. *Hartmann, Arthur* Schlichten oder Richten S. 245.
[126] s. *Hartmann, Arthur* Schlichten oder Richten S. 267 Tabelle 5.1.
[127] s. *Hartmann, Arthur* Schlichten oder Richten S. 267 Tabelle 5.1.

a) Deliktsgruppe

In der Landshuter Studie war der Diebstahl mit 49% als häufigste Deliktsgruppe vertreten, gefolgt von den Körperverletzungsdelikten mit 23%. Verstärkt vertreten war weiterhin der Hausfriedensbruch mit 11%.[128] Ein Vergleich mit der Schleswig-Holsteinischen Analyse ergibt, dass mit den Körperverletzungsdelikten und dem Diebstahl dieselben Deliktsgruppen stark vertreten sind, wenn auch bei der Schleswig-Holsteinischen Studie die Körperverletzung und nicht der Diebstahl das häufigste Delikt war. Dass der Täter-Opfer-Ausgleich jedoch nicht auf bestimmte Delikte festgelegt ist, zeigt unter anderem der relativ hohe Anteil der Hausfriedensbruchfälle in der Landshuter Studie.

b) Schaden

Die Auswertung der Schadenshöhe bei der Landshuter Studie ergab wie bei der Schleswig-Holsteinischen Analyse, dass beim materiellen Schaden Schäden bis zu einer Höhe von 600 DM überwogen.[129] Damit kommen beide Studien zu dem Ergebnis, dass die Schadenshöhe der meisten Vermögensdelikte bei Zugrundelegung der 100-DM-Grenze gegen den Bagatellcharakter der Taten spricht, die materielle Wiedergutmachung den Beschuldigten jedoch regelmäßig nicht vor ein unüberwindbares Hindernis stellt.

c) Ärztliche Behandlung

In beiden Vergleichsstudien nahmen über die Hälfte der Körperverletzungsopfer eine ärztliche Behandlung in Anspruch. In der Landshuter Studie ließen sich sogar 70% der Verletzten körperlich behandeln.[130] Auch wenn die Inanspruchnahme der ärztlichen Behandlung von der Person des Opfers abhängig ist, lässt sich aus der bedeutenden Anzahl der Behandlungsfälle beider Studien übereinstimmend darauf schließen, dass es sich regelmäßig nicht um unwesentliche Körperverletzungen handelte und der Bagatellcharakter der Tat folglich auszuschließen war.

d) Bekanntschaftsverhältnis

In beiden Studien kannten sich bei einer großen Anzahl der Verfahren Beschuldigte und Opfer bereits vor der Tat. In Landshut lag in 40% der Verfahren ein Bekanntschaftsverhältnis zwischen den Beteiligten vor[131], in Schleswig-Holstein betrug dieser Wert bei den Jugendlichen 51% und bei den Heranwachsenden 38%. Beide Studien kommen damit zu dem Ergebnis, dass der Täter-Opfer-Ausgleich gerade für solche Fallkonstellationen geeignet erscheint, bei denen vor der Tat ein Bekanntschaftsverhältnis zwischen Beschuldigtem und Opfer besteht.

e) Natürliche Person

In beiden Studien war das Opfer in über 90% der Fälle eine natürliche Person.[132] Damit wird die Praxis der Konzeption des Täter-Opfer-Ausgleichs als personale Konfliktlösung unmittelbar zwischen den Parteien gerecht, deren Voraussetzung es ist, dass die Beteiligten natürliche Personen sind.

---

[128] s. *Hartmann, Arthur* Schlichten oder Richten S. 195.
[129] s. *Hartmann, Arthur* Schlichten oder Richten S. 196.
[130] s. *Hartmann, Arthur* Schlichten oder Richten S. 201.
[131] s. *Hartmann, Arthur* Schlichten oder Richten S. 199.
[132] s. *Hartmann, Arthur* Schlichten oder Richten S. 199 Tabelle 2.17.

f) Art der Durchführung
Des Weiteren wurden beide Studien in Hinblick auf die Art und Weise der Durchführung des Täter-Opfer-Ausgleichs verglichen.

(1) Ausgleichsgespräch
In Landshut war der Prozentsatz der Verfahren, bei denen im Rahmen des Täter-Opfer-Ausgleichs ein formales Ausgleichsgespräch durchgeführt wurde, mit 80% höher als in Schleswig-Holstein mit 64% im Jugendbereich beziehungsweise 62% im Heranwachsendenbereich.

In beiden Studien kommt dem Ausgleichsgespräch und damit der direkten persönlichen Konfliktlösung zwischen Beschuldigtem und Opfer eine große Bedeutung zu, jedoch wurde jeweils in einigen Fällen auf ein formales Gespräch verzichtet.

(2) Vereinbarungen im Ausgleichsgespräch
Die Entschuldigung wurde in der Landshuter Studie nicht als spezielle Vereinbarung berücksichtigt, da unterstellt wurde, dass sich der Beschuldigte bei jedem Ausgleich in irgendeiner Form beim Opfer entschuldigt. In Landshut wurde wie in Schleswig-Holstein die materielle Schadensersatz- und Schmerzensgeldzahlung in über der Hälfte der Fälle als Ausgleich vereinbart. Ferner ergibt sich aus der Auswertung beider Studien übereinstimmend, dass neben der Entschuldigung und der finanziellen Wiedergutmachungsleistung eine Reihe anderer Wiedergutmachungsleistungen, wie die Arbeit für das Opfer, gemeinnützige Arbeit oder Spenden als geeignete Ausgleichsleistungen im Rahmen des Täter-Opfer-Ausgleichs in Betracht kommen.

g) Dauer des Verfahrens
Der Zeitraum von der Übermittlung des Verfahrens von der Staatsanwaltschaft zur Ausgleichsstelle bis zum Abschlussbericht nahm in Landshut durchschnittlich 55 Tage in Anspruch.[133] In Schleswig-Holstein betrug dieser Zeitabschnitt im Jugendbereich 89 Tage und bei den Heranwachsenden 109 Tage. Wie oben erläutert, hängt dieser Zeitabschnitt maßgeblich von individuellen Faktoren wie dem Umfang der Ausgleichszahlung, der finanziellen Lage des Beschuldigten sowie möglicherweise der Dauer einer Ratenvereinbarung ab. Denn erst nach vollständiger Leistung des vereinbarten Ausgleiches erfolgt der Abschlussbericht der Ausgleichsstelle. Dies erklärt die Differenz der Ergebnisse beider Studien.

Vom Abschlussbericht bis zur Erledigung des Verfahrens vergingen in Landshut mit 59 Tagen[134] durchschnittlich rund 40 Tage mehr als in Schleswig-Holstein. Dies ist wiederum damit zu begründen, dass in Schleswig-Holstein nur die Erledigungsart der staatsanwaltschaftlichen Einstellung im Vorverfahren berücksichtigt wurde, während in Landshut auch Verfahren einbezogen wurden, bei denen der Täter-Opfer-Ausgleich bis nach dem Hauptverfahren durchgeführt wurde. In diesen Fällen dauert das Verfahren bis zur Einstellung regelmäßig länger als in Fällen der staatsanwaltschaftlichen Einstellung im Vorverfahren.

---

[133] s. *Hartmann, Arthur* Schlichten oder Richten S. 267 Tabelle 5.2.
[134] s. *Hartmann, Arthur* Schlichten oder Richten S. 267 Tabelle 5.2.

II. Projekt WAAGE (Köln)
Des Weiteren soll die Schleswig-Holsteinische Studie mit den Auswertungen des Projekts WAAGE, das Untersuchungen zum Täter-Opfer-Ausgleich im Jugendbereich durchgeführt hat, verglichen werden.

Im Rahmen des WAAGE-Projekts Köln wurden vom 15.2.1986 bis zum 31.12.1988 246 Täter-Opfer-Ausgleichs-Fälle bearbeitet. Aufgrund von Gruppendelikten waren insgesamt 354 Beschuldigte an den Verfahren beteiligt. Die Ausgleichsfälle wurden mittels eines standardisierten Fragebogens dokumentiert.[135]

1. Deliktsgruppe
Wie in Schleswig-Holstein lagen auch in Köln den meisten Täter-Opfer-Ausgleichs-Verfahren Körperverletzungsdelikte zugrunde. Weitere häufig vertretene Deliktsgruppe waren Sachbeschädigung, Betrug und Diebstahl. Beide Auswertungen ergeben damit übereinstimmend, dass bestimmte Delikten besonders häufig einen Täter-Opfer-Ausgleich nach sich führen, das Verfahren aber bei einer breiten Palette von Deliktsgruppen Anwendung findet.

2. Schaden
Auffällig ist, dass auch in Köln die Höhe des bei der Tat verursachten Schadens relativ gering war, in zwei Drittel der Fälle überstieg der Wert 600 DM nicht.[136] Damit kommt die Auswertung des Kölner Projektes wie die Schleswig-Holsteinische Analyse zu dem Ergebnis, dass aufgrund der nicht allzu hohen Schadensumme die finanzielle Wiedergutmachung für den Beschuldigten keine unüberwindbare Belastung darstellte, die Taten jedoch nach der 100-DM-Grenze regelmäßig nicht dem Bagatellbereich zuzuordnen waren.

3. Vorbelastungen
Die Kölner Auswertung ergab, dass 55% der Beschuldigten vorbelastet waren. In Schleswig-Holstein lag der Prozentsatz der vorbelasteten Beschuldigten bei lediglich 18% im Jugendbereich und 33% bei den Heranwachsenden. Eine Erklärung der Differenz ist nicht ersichtlich.

Die Kölner Studie unterstreicht mit dem extrem hohen Anteil an vorbelasteten Beschuldigten, dass auch in der Praxis Vorbelastungen der Beschuldigten die Durchführung des Täter-Opfer-Ausgleichs nicht ausschließen.

4. Bekanntschaftsverhältnis
Bei dem Kölner Projekt kannten sich in 41% der Fälle Beschuldigter und Geschädigter bereits vor der Tat.[137] In Schleswig-Holstein betrug dieser Wert 51% bei den Jugendlichen beziehungsweise 38% bei den Heranwachsenden. Der Täter-Opfer-Ausgleich findet beiden Studien nach folglich gerade bei solchen Fallkonstellationen Anwendung, bei denen sich Beschuldigter und Opfer vor der Tat kannten.

---

[135] s. *Schreckling* S. 35.
[136] s. *Schreckling* S. 40.
[137] s. *Schreckling* S. 38.

5. Art der Wiedergutmachung

Die am häufigsten erbrachte Leistung im Rahmen der Ausgleichsverhandlungen war bei dem Kölner Projekt mit 83% die Zahlung einer materiellen Wiedergutmachung, gefolgt von der Entschuldigung mit 29%.[138] Bei der Schleswig-Holsteinischen Studie nahm die materielle Wiedergutmachung mit 41% eine zwar im Vergleich zur Kölner Studie geringere aber dennoch bedeutende Rolle im Rahmen der Ausgleichsvereinbarungen ein. Die Entschuldigung war in Schleswig-Holstein in 84% der Fälle Bestandteil des Ausgleiches.

Auffällig ist, dass im Vergleich zu anderen Studien dem finanziellen Ausgleich in Köln eine große Bedeutung zukam, wohingegen das kommunikative Moment der Entschuldigung vergleichsweise selten vorgenommen wurde. Ein Grund für diesen Unterschied ist nicht ersichtlich.

Wie in Schleswig-Holstein kam es auch in Köln neben diesen typischen Wiedergutmachungsleistungen zu einer Bandbreite weiterer Vereinbarungen, wie Geschenken oder Arbeitsleistungen.

6. Dauer des Verfahrens

In Köln vergingen zwischen Eingang des Falles bei dem Projekt bis zum Abschlussbericht durchschnittlich 135 Tage, also 46 Tage mehr als bei den Jugendlichen und 26 Tage mehr als bei den Heranwachsenden der Schleswig-Holsteinischen Studie. Die Diskrepanz beider Studien könnte sich teilweise daraus begründen, dass in Köln erheblich häufiger eine finanzielle Ausgleichsleistung vereinbart wurde, so dass sich der Abschluss des Verfahrens infolge von Ratenzahlungen verzögert haben könnte.

III. Projekt „Handschlag" (Reutlingen)

Dieser Auswertung liegen 204 Fälle zugrunde, die zwischen dem 1.6.1985 und dem 31.12.1987 vom Projekt „Handschlag" bearbeitet wurden. Untersuchungsgrundlage waren die Akten der Jugendgerichtshilfe.

1. Deliktsgruppen

Besonders häufig waren im Projekt Handschlag Diebstahl (32%), Körperverletzung (29%) sowie Sachbeschädigung (23%) am gesamten Fallspektrum beteiligt.[139] Die zentralen Deliktsgruppen entsprechen also denen der Schleswig-Holsteinischen Studie. Weiterhin ergeben beide Studien, dass neben diesen Deliktsgruppen eine breite Palette anderer Delikte für den Täter-Opfer-Ausgleich geeignet ist, das Verfahren also nicht auf bestimmte Delikte festgelegt ist.

2. Schaden

Bei dem Projekt Handschlag lag der überwiegende Anteil der Schäden bei 500 DM[140], damit war das Projekt wie die Schleswig-Holsteinische Analyse im mittleren Schadensbereich einzuordnen. Die Schadenshöhe stellte folglich auch hier im Fall eines Scha-

---

[138] s. *Schreckling* S. 90.
[139] s. *Kuhn* S. 150.
[140] s. *Kuhn* S. 151.

densersatzes für den Beschuldigten kein unüberwindbares Hindernis dar, verdeutlicht aber, dass es sich bei dem Großteil der Vermögensdelikte nicht um Bagatellen handelte.

3. Vorbelastungen

Dem Projekt Handschlag wurden in 47% der Fälle Ersttäter überwiesen. Bei 15% der Beschuldigten fehlte eine Angabe über die Vorbelastung, 38% hatten bereits Vorerfahrungen mit der Justiz. Unter Vorerfahrungen mit der Justiz wurden Kontakte des Beschuldigten mit der Justiz verstanden, unabhängig davon, ob eine Einstellung oder eine richterliche Sanktion Folge des Kontaktes war.[141] In Schleswig-Holstein betrug der Anteil der vorbelasteten Beschuldigten im Jugendbereich 17% und bei den Heranwachsenden 33%. Der Anteil der Ersttäter war in der Schleswig-Holsteinischen Studie folglich deutlich höher. Die Auswertung des Projekts Handschlag verdeutlicht durch den extrem hohen Anteil an Wiederholungstätern, dass eine Vorbelastung des Beschuldigten auch in der Praxis die Durchführung eines Täter-Opfer-Ausgleichs nicht verhindert.

4. Stellvertreterkonflikt

Der Anteil der Stellvertreterkonflikte war in Reutlingen mit 3,2%[142] wie in Schleswig-Holstein mit 2% zu vernachlässigen.

5. Art der Durchführung

Bei den Auswertungen beider Studien wurde deutlich, dass bei den Ausgleichsvereinbarungen der materiellen Schadensersatz- und Schmerzensgeldleistung eine zentrale Rolle zukommt. Daneben wurde sowohl in Reutlingen als auch in Schleswig-Holstein eine Reihe anderer Wiedergutmachungsleistungen, wie Geschenke, gemeinnützige Arbeit oder Spenden, vereinbart.

C. Studien aus dem allgemeinen Strafrecht

I. WAAGE-Studie (Hannover)

Als weitere Vergleichsstudie zu der Schleswig-Holsteinischen Analyse dient die WAAGE-Studie.

Diese Studie umfasst eine Analyse der Strafverfahren aus dem Erwachsenenbereich, die die Staatsanwaltschaft Hannover im Zeitraum vom 1.7.1992 bis zum 31.3.1995 zur Durchführung eines Schlichtungsversuchs an die WAAGE Hannover e.V. übergeben hat. Der Umfang der Studie lag im Endeffekt bei 509 Fällen, als auszuwertende Datenbasis dienten bei der Staatsanwaltschaft Hannover angeforderte Akten.[143]

1. Personales Opfer

Der WAAGE e.V. wurden ausschließlich Verfahren übergeben, in denen der Geschädigte eine natürliche Person war. Dies geschah nicht aufgrund einer Absprache zwischen der Staatsanwaltschaft und dem Verein, trotzdem wurden Fälle, in denen das Opfer eine juristische Person war, nicht an die Ausgleichsstelle übergeben.[144]

---

[141] s. *Kuhn* S. 154.
[142] s. *Kuhn* S. 176.
[143] s. *Hartmann, Ute* in: Täter-Opfer-Ausgleich im Allgemeinen Strafrecht S. 174.
[144] s. *Hartmann, Ute* in: Täter-Opfer-Ausgleich im Allgemeinen Strafrecht S. 174.

Die Auswertung der Schleswig-Holsteinischen Akten ergab, dass in über 90% der Fälle das Opfer eine natürliche Person war, bei den restlichen Fällen handelte es sich um ein personifiziertes Opfer. In beiden Studien waren folglich sämtliche Geschädigte natürliche Personen oder jedenfalls personifizierbare Opfer.

2. Geständnis

Bei dem WAAGE-Projekt wurde absprachegemäß erwartet, dass ausschließlich geständige und schweigende Beschuldigte an das Modellprojekt überwiesen werden. Dennoch ergab die Überprüfung der Fallkonstellationen, dass diesem Kriterium lediglich 49% der Fälle entsprachen. In 51% der Fälle handelte es sich wegen Bestreitens oder fehlender Vernehmung der Beschuldigten um Verfahren, die nach den Vorgaben nicht hätten überwiesen werden dürfen.[145]

Aus den Akten der Schleswig-Holsteinischen Staatsanwaltschaften ging hervor, dass 25% der erwachsenen Beschuldigten die Tat bestritten haben, wohingegen bei 75% ein Geständnis vorlag oder der Beschuldigte zumindest geschwiegen hat.

Ein Vergleich der Untersuchungsergebnisse ist deshalb schwierig, da die WAAGE-Studie auch solche Fälle berücksichtigt, bei denen der Täter-Opfer-Ausgleich nicht erfolgreich abgeschlossen wurde. In wie vielen Fällen die Tat bestritten und trotzdem ein Täter-Opfer-Ausgleich erfolgreich durchgeführt wurde, konnte nicht ermittelt werden. Immerhin macht die WAAGE-Studie deutlich, dass sowohl die Staatsanwaltschaft als auch der Verein WAAGE e.V. einige Fallkonstellationen als taugliche Täter-Opfer-Ausgleichsfälle einordnete, obgleich der Beschuldigte die Tatbegehung bestritten hat. Weitere Erkenntnisse lassen sich aus den soeben ausgeführten Gründen bei einem Vergleich der beiden Studien nicht ziehen.

3. Delikte

Bei den am häufigsten vertretenen Delikten lassen sich Parallelen zwischen den Vergleichsstudien erkennen. Sowohl bei der WAAGE-Studie[146] als auch bei der Schleswig-Holsteinischen Studie lag den meisten Täter-Opfer-Ausgleichs-Fällen ein Körperverletzungsdelikt zugrunde. Weitere Deliktsgruppen, die besonders zahlreich von der Staatsanwaltschaft Hannover an das WAAGE-Projekt übergeben wurden, waren Nötigung und Bedrohung, Beleidigungsdelikte sowie Sachbeschädigung. Diese Delikte waren auch bei der Schleswig-Holsteinischen Studie häufig vertreten.

4. Vorbelastungen

Die Erhebung der WAAGE-Studie ergibt, dass 69% der Beschuldigten keinerlei Vorbelastung aufwiesen. 31% der Beschuldigten waren hingegen vorbestraft, wobei der Anteil der Beschuldigten mit mehr als 10 Vorstrafen bei 6% lag.[147]

Die Auswertung der Schleswig-Holsteinischen Akten zeigt, dass knapp ¾ der erwachsenen Beschuldigten nicht vorbelastet waren, in 26% der Verfahren lag zumindest eine Vor-

---

[145] s. *Hartmann, Ute* in: Täter-Opfer-Ausgleich im Allgemeinen Strafrecht S. 175.
[146] s. *Hartmann, Ute* in: Täter-Opfer-Ausgleich im Allgemeinen Strafrecht S. 177.
[147] s. *Hartmann, Ute* in: Täter-Opfer-Ausgleich im Allgemeinen Strafrecht S. 178.

strafe vor. In beiden Studien ist der Anteil der Vorbelasteten folglich in einem ähnlichen Bereich.

5. Bagatellen
Bei der WAAGE-Studie wurde der Bagatellcharakter der Tat anhand der staatsanwaltschaftlichen Erledigungsart festgestellt. So galt die Einstellung nach § 153 StPO sowie die Verweisung auf den Privatklageweg gemäß § 376 StPO als gesichertes Indiz für das Vorliegen einer Bagatelltat. Diese Methode macht eine zweifelsfreie Identifizierung von Bagatelltaten jedoch nicht möglich, da nicht geklärt werden kann, ob das Schlichtungsgespräch sich auf die Einstellungsart beeinflussend ausgewirkt haben könnte. Bei positivem Verlauf des Täter-Opfer-Ausgleichs könnte eine Einstellung nach §§ 153 beziehungsweise 376 StPO eine unmittelbare Reaktion auf die durchgeführte Schlichtung gewesen sein, wobei es sich bei der zugrunde liegenden Tat gerade nicht um eine Bagatelle gehandelt haben dürfte, da ein Täter-Opfer-Ausgleich bei Taten mit Bagatellcharakter nicht vorgenommen werden soll. Damit könnte die Einstellung nach §§ 153 beziehungsweise 376 StPO indizieren, dass die Abschlussverfügung aufgrund des Täter-Opfer-Ausgleichs um mindestens eine Stufe reduziert wurde. Jedoch könnte auch angenommen werden, dass einige Verfahren, die von der Staatsanwaltschaft Hannover an das WAAGE-Modell überwiesen wurden, entgegen der Vereinbarung Bagatellcharakter hatten, so dass es unabhängig von einem Schlichtungsgespräch zu einer Einstellung nach §§ 153, 376 StPO gekommen ist. Da diese Möglichkeit nicht ausgeschlossen werden kann, ist zumindest in den Verfahren, in denen ein positives Vermittlungsgespräch gelaufen ist, eine Feststellung des Bagatellcharakters anhand der staatsanwaltschaftlichen Erledigungsart nicht möglich.

In der Analyse der Schleswig-Holsteinischen Akten wurden hingegen nur Verfahren berücksichtigt, bei denen der Täter-Opfer-Ausgleich erfolgreich abgeschlossen wurde. Ermittelt wurde der Bagatellcharakter hier nicht anhand der Einstellungsnormen, sondern anhand der Tatumstände, die sich aus den Akten ergaben. Es folgte also eine eigene Bewertung des Tatcharakters, der sodann mit dem Ergebnis der Einordnung der Staatsanwaltschaft verglichen wurde. So war es möglich zu erfahren, in wie vielen Fällen das Verfahren nach Durchführung eines Täter-Opfer-Ausgleichs eingestellt wurde, obgleich von vornherein ein Bagatelldelikt vorlag.

Aufgrund der verschiedenen Ansätze beider Studien ist ein Vergleich in Hinblick auf den Bagatellcharakter der Tat nicht möglich.

II. Tübingen
Das Tübinger Gerichtshilfeprojekt untersuchte Täter-Opfer-Ausgleichs-Fälle im allgemeinen Strafrecht. Die Grundlage der Analyse bilden 183 Fälle aus dem Zeitraum von 1984 bis 1989.[148]

1. Deliktsart
Wie in Schleswig-Holstein dominierte in Tübingen die Körperverletzung mit 33% der Fälle. Ferner waren in beiden Studien Diebstahl, Sachbeschädigung und Beleidigung

---

[148] s. *Rössner* Wiedergutmachung S. 109.

auffallend häufig vertreten.[149] Neben diesen zentralen Deliktsgruppen lagen den Täter-Opfer-Ausgleichs-Verfahren eine Reihe anderer Delikte zugrunde, so dass der Täter-Opfer-Ausgleich nach beiden Studien nicht auf bestimmte Delikte beschränkt zu sein scheint.

2. Schaden
Die Schadenshöhe bewegte sich in 72% der Fälle in einem Bereich von bis zu 500 DM. Wie in Schleswig-Holstein stellt die materielle Wiedergutmachung des Schadens in den meisten Fällen keine allzu schwerwiegenden Anforderungen an den Beschuldigten. Andererseits verdeutlicht die Schadenshöhe jedoch, dass es sich bei den meisten Vermögensdelikten nicht um Bagatellen handelte.

3. Vorverurteilungen
In Tübingen wies der überwiegende Teil der Beschuldigten (61%) keine Vorverurteilungen auf.[150] Diese Auswertung stimmt tendenziell mit der Schleswig-Holsteinischen Analyse überein, bei der ¾ der erwachsenen Beschuldigten Ersttäter waren. Beide Studien kommen folglich zu dem Ergebnis, dass der Täter-Opfer-Ausgleich zwar in den meisten Fällen bei Ersttätern Anwendung findet, aber auch bei vorbelasteten Beschuldigten angewendet wird.

4. Bekanntschaftsverhältnis
In Tübingen kannten sich in über der Hälfte der Fälle (57%) Beschuldigter und Geschädigter bereits vor der Tat. In Schleswig-Holstein standen 49% der Beschuldigten aus dem Erwachsenenbereich mit den Geschädigten vor der Tat in einem Bekanntschaftsverhältnis. Aus beiden Studien lässt sich folglich erkennen, dass der Täter-Opfer-Ausgleich besonders für Fälle geeignet erscheint, in denen sich Beschuldigter und Opfer vor der Tat kannten.

5. Art des Ausgleiches
In Tübingen fand ein formales Ausgleichsgespräch zwischen Beschuldigtem und Opfer mit Beteiligung des Gerichtshelfers in 14% der Fälle statt, ein Gespräch ohne Gerichtshelfer führten 20% der Beteiligten.[151] In Schleswig-Holstein wurde bei 60% der Verfahren aus dem Erwachsenenbereich ein formales Ausgleichsgespräch durchgeführt, der Anteil der informalen Gespräche ließ sich aus den staatsanwaltschaftlichen Akten nicht abschließend bestimmen. Auffallend ist der im Vergleich zu anderen Studien erheblich geringere Anteil an formalen Ausgleichsgesprächen in Tübingen. Ein Grund für diese Abweichung zu den anderen Vergleichsstudien ist aus dem Datenmaterial nicht ersichtlich.

Bei den vereinbarten Wiedergutmachungsleistungen dominierte in Tübingen wie in Schleswig-Holstein die nicht materielle Wiedergutmachung mit etwa 75%, gefolgt von Schadensersatz und Schmerzensgeld.[152] Daneben kam es in beiden Studien zu weiteren

---

[149] s. *Rössner* Wiedergutmachung S. 110.
[150] s. *Rössner* Wiedergutmachung S. 114.
[151] s. *Rössner* Wiedergutmachung S. 122 Schaubild 4.
[152] s. *Rössner* Wiedergutmachung S. 123.

Ausgleichsleistungen, wie Arbeitsleistungen oder Geschenken. Im Rahmen des Täter-Opfer-Ausgleichs ist folglich eine individuelle Ausgleichsregelung möglich, es handelt sich nicht zwingend um die Zahlung einer Wiedergutmachungssumme.

6. Schäden
Die Schadenshöhe betrug in Tübingen in der überwiegenden Anzahl der Fälle unter 500 DM. Der Median in Schleswig-Holstein lag bei 400 DM. Beide Studien haben folglich ähnliche Schadenshöhen.

III. Nürnberg/Fürth
Bei der Nürnberger Studie von *Dölling/Hartmann* bilden 189 Fälle aus den Jahren 1990 und 1991 die Grundlage der Untersuchung. Als Untersuchungsmethode diente ein standardisierter Fragebogen, der von einem Sachbearbeiter bei den Staatsanwaltschaften und den Gerichtshelfern ausgefüllt wurde. Das Nürnberger Projekt umfasst Täter-Opfer-Ausgleichs-Versuche aus dem Erwachsenenbereich.[153]

1. Deliktsgruppen
Bei den Nürnberger Verfahren war wie in Schleswig-Holstein die Deliktsgruppe der Körperverletzungsdelikte mit 54% dominierend. Weiterhin lagen den Täter-Opfer-Ausgleichs-Verfahren häufig Beleidigungen sowie Eigentums- und Vermögensdelikte zugrunde.[154] Ferner bestätigt das Nürnberger Projekt die Erkenntnis der Schleswig-Holsteinischen Studie, dass der Täter-Opfer-Ausgleich nicht auf diese typischen Deliktsgruppen festgelegt ist, sondern bei einer breiten Palette von Delikten angewendet werden kann.

2. Ärztliche Behandlung
In Nürnberg war bei 40% der körperlich verletzten Opfer eine ärztliche Versorgung notwendig.[155] In Schleswig-Holstein ließen sich 54% der Opfer ärztlich behandeln. Die Anzahl der Opfer, die aufgrund der Schwere der körperlichen Verletzung einen Arzt aufsuchten, war folglich in beiden Studien erheblich. Dies ist ein Indiz dafür, dass in beiden Studien die meisten Körperverletzungsdelikte keine Bagatellen waren.

3. Schadenshöhe
In Nürnberg waren 60% der materiellen Schäden in einem Bereich bis zu 500 DM einzuordnen.[156] Der Median der Schleswig-Holsteinischen Analyse lag bei 400 DM, also in vergleichbarer Schadenshöhe.

4. Vorbelastungen
Die meisten Beschuldigten (60%), die in Nürnberg an einem Ausgleichsversuch teilgenommen haben, waren nicht vorbelastet.[157] In Schleswig-Holstein betrug der Anteil der erwachsenen Ersttäter sogar 74%. Beide Studien kommen folglich übereinstimmend zu dem Ergebnis, dass Vorbelastungen der Beschuldigten auch in der praktischen Umset-

---

[153] s. *Dölling/Hartmann*, Arthur in: TOA S. 295 ff.
[154] s. *Dölling/Hartmann*, Arthur in: TOA S. 296.
[155] s. *Dölling/Hartmann*, Arthur in: TOA S. 297.
[156] s. *Dölling/Hartmann*, Arthur in: TOA S. 297.
[157] s. *Dölling/Hartmann*, Arthur in: TOA S. 297.

zung die Durchführung eines Täter-Opfer-Ausgleichs nicht ausschließen, in der Mehrzahl aber Ersttäter an den Verfahren teilnehmen.

5. Natürliches Opfer
In beiden Studien war das Opfer konzeptionsgemäß in über 90% der Fälle eine natürliche Person.

6. Art der Durchführung
In Nürnberg fand ein formales Ausgleichsgespräch in 36% der Verfahren, bei dem Beschuldigter und Geschädigter dem Täter-Opfer-Ausgleich zustimmten, statt.[158] In Schleswig-Holstein wurde in 60% der erfolgreich abgeschlossenen Täter-Opfer-Ausgleichs-Fälle aus dem Erwachsenenbereich ein Gespräch zwischen Beschuldigtem und Opfer im Beisein einer Vermittlungsperson durchgeführt. Ein Grund für die auch im Vergleich zu den anderen empirischen Untersuchungen geringe Anzahl an formalen Ausgleichsgesprächen in Nürnberg ist nicht ersichtlich.

In den Ausgleichsgesprächen wurden in Nürnberg wie in Schleswig-Holstein am häufigsten Entschuldigungen vereinbart, gefolgt von Geldleistungen.[159] Daneben kam es in beiden Studien zu anderen Ausgleichsvereinbarungen, wie Besuchen bei dem Opfer oder Übergabe von Geschenken.

7. Dauer des Verfahrens
Die Dauer des Ausgleichsversuchs bei der Gerichtshilfe in Nürnberg lag bei durchschnittlich 97 Tagen. Der Zeitraum von der Rückgabe des Falles an die Staatsanwaltschaft bis zu der Erledigung betrug im Mittel etwa 48 Tage.

In Schleswig-Holstein dauerte der Zeitabschnitt von der Verfügung der Staatsanwaltschaft zur Durchführung eines Täter-Opfer-Ausgleichs bis zum Abschlussbericht der Ausgleichsstelle durchschnittlich 90 Tage, folglich unerheblich kürzer als in Nürnberg. Der Zeitraum bis zur Einstellung des Verfahrens nahm sodann im Mittel weitere 22 Tage in Anspruch. Die doppelt so lange Dauer bis zur Erledigung des Verfahrens in Nürnberg ist damit zu erklären, dass dort im Gegensatz zur Schleswig-Holsteinischen Studie nicht nur Fälle der staatsanwaltschaftlichen Einstellung im Vorverfahren berücksichtigt wurden, sondern Täter-Opfer-Ausgleichs-Verfahren bis nach der Hauptverhandlung. Die Einstellung des Verfahrens vor Anklageerhebung nimmt weniger Zeit in Anspruch als die Erledigung eines Verfahrens, bei dem der Täter-Opfer-Ausgleich im Hauptverfahren durchgeführt wurde.

D. Zusammenfassung und Ergebnis

Ein Vergleich der bisherigen Täter-Opfer-Ausgleichs-Untersuchungen mit der Schleswig-Holsteinischen Täter-Opfer-Ausgleichs-Studie lässt keine signifikanten Differenzen erkennen. Das rechtfertigt die These, dass die Ergebnisse der Schleswig-Holsteinischen Studie die Praxis des Täter-Opfer-Ausgleichs in der Bundesrepublik widerspiegelt.

---

[158] s. *Dölling/Hartmann, Arthur* in: TOA S. 299.
[159] s. *Dölling/Hartmann, Arthur* in: TOA S. 300.

3. Kapitel: Rückfalluntersuchung

In diesem Abschnitt wurde die Rückfälligkeit der Beschuldigten untersucht, die die Grundgesamtheit in der Schleswig-Holsteinischen Täter-Opfer-Ausgleichs-Analyse bildeten. Es wurde also ermittelt, wie die Legalbewährung der Beschuldigten ist, bei denen zwischen dem 1.11.1991 und dem 31.10.1995 das Ermittlungsverfahren nach erfolgreich abgeschlossenem Täter-Opfer-Ausgleich im Rahmen staatsanwaltschaftlicher Entscheidungen in Schleswig-Holstein eingestellt wurde. Die Rückfälligkeit wurde mit Hilfe der Auszüge aus dem Bundeszentral- beziehungsweise Erziehungsregister ermittelt.

Der Beobachtungszeitraum wurde auf 3 Jahre festgesetzt. Dieser Zeitraum zwischen der strafrechtlichen Maßnahme und der Untersuchung des Rückfalls lässt genügend Zeit, die Auffälligkeiten zu erfassen, die noch einen zeitlichen und sachlichen Zusammenhang zu der Maßnahme und der Ausgangstat haben. Zudem wird gewährleistet, dass die neuen Einträge vollständig erfaßt werden können, da die Mindesttilgungsfristen nach § 46 BZRG noch nicht erreicht sind.

Im Weiteren werden sodann die Rückfallergebnisse mit denen anderer Sanktionen verglichen, um so eine vergleichende Beurteilung anstellen zu können.

Zunächst soll jedoch auf die Probleme, die eine Messung der Effizienz einer Sanktion an der Rückfälligkeit der Probanden mit sich bringt, hingewiesen werden.

A. Probleme der Rückfallauswertung

Gegen die Bewertung der Effizienz einer Sanktion anhand des Rückfalls lassen sich folgende Einwände erheben.

I. Methode: Auszüge aus Bundeszentralregister
Der erste Einwand setzt bereits bei der Methode der Rückfallermittlung an.

Die Ermittlung des Rückfallverhaltens mit Hilfe der Angaben aus dem Bundeszentralregister kann nur diejenigen strafrechtlichen Auffälligkeiten erfassen, die überhaupt einen Eintrag in das Bundeszentralregister zur Folge haben, sowie nur die, die bekannt und aufgeklärt werden und nicht bloß im Dunkelfeld bleiben. Eine Aussage über sämtliche strafrechtlich relevanten Auffälligkeiten ist nur durch eine Befragung der Probanden möglich. Aber auch diese Untersuchungsmethode ist nicht weniger problematisch. Die Befragung müsste in anonymer Form geschehen, damit die Probanden die Wahrheit angeben und nicht aus Angst vor der Verfolgung der bisher unbekannten Straftaten falsche Aussagen machen. Selbst wenn die Befragten tatsächlich anonym bleiben, ist es nicht möglich, den Probanden die Sicherheit zu vermitteln, dass die wahrheitsgemäßen Angaben keine Folgen nach sich ziehen. Die Angaben wären folglich in jedem Fall unzuverlässig.[160]

Ferner kam eine solche persönliche Kontaktaufnahme mit den knapp 400 Beschuldigten allein aufgrund des Aufwandes nicht in Betracht. Bereits das Herausfinden des derzeiti-

---

[160] s. auch *Böhm* in: Kriminalprävention und Strafjustiz S. 282.

gen Wohnortes der Beschuldigten wäre ein nicht unerhebliches Problem geworden. Zudem werden Rückfallanalysen regelmäßig mit Hilfe der Auszüge aus dem Bundeszentralregister durchgeführt, so dass bei abweichender Methode ein Vergleich mit anderen Studien nur schwer möglich gewesen wäre.

Aufgrunddessen wurde die Ermittlung der Rückfälligkeit trotz der Bedenken allein aufgrund der Auszüge aus dem Bundeszentral- beziehungsweise Erziehungsregister vorgenommen.

II. Rückfall als Effizienzkriterium

Die Effizienz einer strafrechtlichen Reaktion allein mit der Rückfälligkeit der Probanden zu bewerten, erscheint zu einfach. Der Erfolg der Sanktion würde sich dann lediglich an täterfixierten Gesichtspunkten orientieren. Dabei würde außer Acht gelassen, dass es andere Faktoren gibt, die für den Erfolg einer Sanktion sprechen.

So ist speziell beim Täter-Opfer-Ausgleich die Befriedigungswirkung des Opfers bei der Bewertung des positiven Effektes der Maßnahme zu beachten. Empfindet das Opfer die Sanktion als angemessen, da speziell auf seine Interessen eingegangen wurde, so ist dies als Erfolg der Sanktion zu werten.

Des Weiteren kann die Wirkung der Maßnahme auf die Gesellschaft die Bewertung der Effizienz beeinflussen. Bewirkt die durchgeführte Sanktion, dass das Vertrauen in die Rechtsordnung gestärkt wird und der Beunruhigung über den Normbruch entgegengewirkt wird, so kann unter anderem das durch die Straftat ausgelöste Gefühl der Gefährdung der eigenen Person als potentielles Opfer genommen werden. Auch dies ist als Erfolg der Sanktionsart zu werten.

Trotz dieser kritischen Anmerkungen hinsichtlich der alleinigen Bewertung der Effizienz einer strafrechtlichen Maßnahme anhand der Rückfälligkeit, ist eine Rückfalluntersuchung sinnvoll. Anhand der Rückfallquote allein lässt sich eine abschließende Bewertung nicht vornehmen, in Zusammenhang mit anderen Bewertungsmitteln kann dieses Kriterium jedoch zu einer Beurteilung der Maßnahme beitragen. Die Rückfalluntersuchung ist folglich geeignet, unter Berücksichtigung anderer Faktoren Auskunft über die Wirkungen einer Strafsanktion zu geben.

III. Rückfall ist nicht gleich Rückfall

Strafrechtliche Reaktionen sollen im Idealfall die Legalbewährung des Probanden bewirken. Jedoch ist nicht jeder erneute Eintrag im Bundeszentralregister automatisch ein Grund, an der Effizienz einer strafrechtlichen Maßnahme zu zweifeln. So kann die neue Tat nicht im Zusammenhang zur Ausgangstat stehen. Ferner kann ein an der Ausgangsdeliktsschwere gemessen leichteres Delikt verwirklicht worden sein. In diesen Fällen liegt zwar eine neue Tat vor, da diese jedoch im Vergleich zur vorherigen Tat eine geringere Deliktsschwere aufweist, kann die strafrechtliche Reaktion nicht allein deshalb als ineffizient eingestuft werden. Vielmehr kann der Rückschritt in der Deliktsschwere als Erfolg der Maßnahme gewertet werden.[161]

---

[161] vgl. *Dölling* in: Jugendkriminalrecht S. 150; *Schneider* Kriminologie S. 846.

Diesem Einwand wurde entsprochen, indem bei der Rückfalluntersuchung die erneute Tat in Zusammenhang zu der Ausgangstat gesetzt wurde und der Rückfall unter Beachtung der geschilderten Kriterien ausgewertet wurde.

IV. Kausalität zwischen Sanktion und Rückfallverhalten

Eine weitere Kritik an der Bewertung der Effizienz einer Maßnahme an der Rückfälligkeit der Probanden lässt sich generell damit begründen, dass sich schwerlich beweisen lässt, inwieweit die strafrechtliche Maßnahme das weitere strafrechtlich relevante Verhalten des Probanden beeinflusst. So können eine Vielzahl von Faktoren Auswirkungen auf die Rückfälligkeit des Probanden haben. In Betracht kommen hierbei insbesondere soziobiographische Merkmale, wie das Alter, die Persönlichkeitsstruktur, der berufliche Werdegang und Status sowie die familiäre Situation. Diese Merkmale sind in der Lage, das soziale Verhalten und die soziale Eingliederung zu beeinflussen[162], so dass auch diese Variablen Einfluss auf das Legalbewährungsverhalten haben oder zumindest auf die Auswirkungen der Strafsanktion einwirken. Der Zusammenhang zwischen der strafrechtlichen Maßnahme und der Rückfälligkeit ist aufgrund der Vielzahl an möglichen Belastungs- und Begünstigungsfaktoren folglich schwer zu beweisen.[163] Eine Untersuchung, die den Beweis für die positive Auswirkung einer bestimmten Sanktion auf die weitere strafrechtliche Karriere erbringt, konnte bisher nicht durchgeführt werden. Dieser Untersuchung müssten Kontrollgruppen zugrunde liegen, die in sämtlichen rückfallbeeinflussenden Merkmalen homogen sind und sich nur bezüglich der Sanktionsart unterscheiden. Die Bildung derartiger Gruppen erscheint aufgrund der Komplexität allein der soziobiografischen Merkmale kaum möglich.[164]

Einen eindeutigen Beweis dafür, dass das Rückfallverhalten der Probanden von den Wirkungen des Täter-Opfer-Ausgleichs abhängig war, wird die vorliegende Rückfallstudie nicht erbringen können. In einem Vergleich mit Rückfalluntersuchungen nach anderen Sanktionen wird zu klären sein, ob ein Unterschied im Rückfallverhalten der Probanden verschiedener Untersuchungsgruppen festzustellen ist. In Anbetracht der vorstehenden Bedenken werden bei diesem Vergleich die rückfallbeeinflussenden Faktoren der Untersuchungsgruppen berücksichtigt. Ansonsten bestünde die Gefahr, dass die Rückfallquoten allein aufgrund der unterschiedlich angelegten Merkmale der Untersuchungsgruppen differieren und nicht infolge der Wirkungen der Sanktion.

B. Rückfallanalyse

In diesem Abschnitt werden die Ergebnisse der Rückfalluntersuchung vorgestellt.

Zur Bestimmung der Rückfälligkeit wurden vom Bundeszentralregister in Berlin die Registerauszüge aller Probanden angefordert, die die Untersuchungsgrundlage der Ausgangsstudie bildeten. Zugesandt wurden sodann insgesamt 391 Auszüge, wobei 349 den Probanden der Hauptstudie und 52 den Probanden der Itzehoer Vergleichsstudie zuzuordnen waren. Das Rückfallverhalten wurde mit einem eigens für diesen Zweck ent-

---

[162] s. *Kerner* u. a. Jugendstrafvollzug S. 144.
[163] vgl. *Dölling* in: Jugendkriminalrecht S. 150.
[164] vgl. *Kury* Bewährungshilfe 1980, 278 (283); *Göppinger* Kriminologie S. 159 ff.

worfenen Analyseschemas ausgewertet.[165] Im Folgenden wird zunächst die Rückfallauswertung der Schleswig-Holsteinischen Hauptanalyse dargestellt und sodann mit den Rückfälligkeitswerten der Itzehoer Studie verglichen.

I. Schleswig-Holsteinische Studie

Die Untersuchung wurde in drei Schritte unterteilt. Zuerst wurde das Rückfallverhalten der Grundgesamtheit untersucht, sodann wurde eine differenzierte Auswertung der Altersgruppen vorgenommen. In einem dritten Schritt wurde versucht, Zusammenhänge zwischen einzelnen Merkmalen des Täter-Opfer-Ausgleichs-Verfahrens und der Legalbewährung nachzuweisen.

1. Rückfall der Grundgesamtheit

Grundlage der Schleswig-Holsteinischen Rückfallanalyse bilden die 349 oben ausgewerteten Täter-Opfer-Ausgleichs-Fälle. Als Rückfall wurde in dieser Studie jede erneute Eintragung im Bundeszentral- beziehungsweise Erziehungsregister gewertet. Zunächst wurde untersucht, wie viele der Probanden rückfällig geworden sind, also erneute Eintragungen im Bundeszentral- beziehungsweise Erziehungsregister aufzuweisen haben.

Dann wurde der Rückfall differenziert betrachtet. Es wurde festgestellt, wie hoch der Anteil der einschlägigen Rückfälle war, die Schwere der Rückfalldelikte wurde ermittelt und die Zeitspanne zwischen Täter-Opfer-Ausgleich und Rückfall gemessen. Nachfolgend wird ein besonderes Augenmerk auf die Verfahren gelegt, in denen wiederholt Rückfalltaten begangen wurden.

a) Rückfallquote

Um einen für alle Probanden gleichen Zeitraum auswerten zu können, wurde bei den folgenden Auswertungen Daten für einen Zeitabschnitt von 3 Jahren nach der Einstellung des Verfahrens untersucht.

Tabelle 65: Rückfälle

	Verfahren	
	Anzahl	Anteil
Rückfallhäufigkeit	92	26%
Legalbewährung	257	74%
Σ	349	100%

Aus der Tabelle geht hervor, dass in dem Beobachtungszeitraum 92 Beschuldigte (26%) eine erneute Eintragung in das Bundeszentralregister erhielten.

Drei Viertel der Probanden, bei denen ein Täter-Opfer-Ausgleich erfolgreich abgeschlossen wurde, sind demnach nicht erneut straffällig geworden.

---

[165] s. Anlage II.

b) Einschlägiger Rückfall

Des Weiteren wurde ermittelt, welcher Anteil der Probanden einschlägig rückfällig wurde.

Diese Untersuchung ist deshalb von Bedeutung, da der Rückfall in Hinblick auf die Effizienzbestimmung einer strafrechtlichen Maßnahme eine andere Bewertung erhält, wenn die Wiederverurteilung aufgrund eines mit der Ausgangstat nicht vergleichbaren Deliktes erfolgt. Ziel der Sanktion ist es, die Allgemeinheit vor weiteren Straftaten des Täters zu schützen.[166] Der Täter soll sich mit der von ihm begangenen Tat auseinander setzen und infolgedessen von weiteren derartigen Taten ablassen. Begeht der Täter zunächst eine Körperverletzung und sodann einen Diebstahl, so ist dies zwar ein Rückfall in die Kriminalität, aber kein Rückfall in die ursprüngliche Deliktsart. Die neue Tat steht mit der Ausgangstat in keinem Zusammenhang. Somit konnte die Auseinandersetzung mit der Grundtat keinen Einfluss auf die erneute Straffälligkeit haben. Daher muss bei der Bewertung der Effizienz einer Strafmaßnahme die Vergleichbarkeit der Taten berücksichtigt werden. Je geringer die Quote der einschlägigen Rückfälle ist, um so effizienter ist die strafrechtliche Maßnahme.

Zunächst wird dargestellt, unter welchen Bedingungen der Rückfall in der vorliegenden Studie als einschlägig eingeordnet wurde.

Einschlägig ist ein Rückfall, wenn die Wiederverurteilung wegen vergleichbarer Delikte erfolgt.[167] Zur Bestimmung der Deliktseinordnung eignet sich zunächst das verletzte Rechtsgut. So sind Delikte als vergleichbar anzusehen, wenn ein gleichwertiges Rechtsgut verletzt wurde. Grundsätzlich sind folglich Vermögensdelikte dann einschlägig, wenn die Ausgangstat auch ein Vermögensdelikt war. Ferner sind Straftaten gegen Persönlichkeitswerte als einschlägig einzuordnen, sofern auch in der Ausgangstat dieses Rechtsgut beeinträchtigt wurde. Daher wurde ein Rückfall als einschlägig eingestuft, bei dem einer Beleidigung als Ausgangstat eine Körperverletzung folgte. Bei beiden Delikten handelt es sich um Straftaten gegen Persönlichkeitswerte.

Ein Rückfall sollte auch dann als einschlägig angesehen werden, wenn in der Ausgangs- und in der Folgetat jeweils eine Straftat gegen Gemeinschaftswerte vorliegt. Diese Konstellation war jedoch vorliegend nicht vertreten, da die Ausgangstat einen Täter-Opfer-Ausgleich zur Folge hatte, der regelmäßig ein persönliches Opfer erfordert.

In den Konstellationen, in denen die Einordnung nicht allein anhand des verletzten Rechtsgutes durchgeführt werden konnte, fiel die eindeutige Abgrenzung schwer. So kann die Bewertung eines Rückfalls als einschlägig darauf beruhen, dass die besonderen Eigenarten der Delikte unter Berücksichtigung einer ähnlichen Tätermotivation auf ein vergleichbares Delikt schließen lassen.

Daher wurde ein Rückfall als einschlägig eingestuft, bei dem die Ausgangstat eine Sachbeschädigung war und die Wiederverurteilung aufgrund Fahrens ohne Fahrerlaubnis

---

[166] s. *Heinz* in: Entwicklungstendenzen S. 56; *Dölling* in: Jugendkriminalrecht S. 145.
[167] s. *Kerner* u. a. Jugendstrafvollzug S. 12.

erfolgte. Der Sachbeschädigung als Vermögensdelikt sowie dem Fahren ohne Fahrerlaubnis als Straftat gegen Gemeinschaftswerte ist gemeinsam, dass der Täter eine Gefahr zumindest für das Eigentum anderer Menschen begründet. In beiden Fällen wurden also Vermögenswerte anderer Menschen gefährdet, daher wurden die Delikte als vergleichbar und der Rückfall als einschlägig eingeordnet. Aus denselben Gründen wurde der Rückfall als einschlägig gewertet, wenn die Ausgangstat eine Sachbeschädigung und die Wiederverurteilung aufgrund einer Trunkenheitsfahrt erfolgte.

Unter Beachtung der vorstehenden Kriterien wurde nun untersucht, welcher Anteil der Probanden einschlägig rückfällig wurde.

Tabelle 66: Einschlägige Rückfälle

	Verfahren	
	Anzahl	Anteil
Einschlägig rückfällig	41	12%
Nicht einschlägig oder gar nicht rückfällig	308	88%
Σ	349	100%

Aus der Tabelle geht hervor, dass sich die Rückfallquote deutlich verringert, wenn nur die einschlägigen Rückfälle gewertet wurden. Nicht einmal die Hälfte der Rückfälligen (45%) wurde einschlägig rückfällig.

Bezogen auf die Grundgesamtheit bedeutet dies, dass lediglich 12% der Probanden einen einschlägigen Rückfall begangen haben. In fast 90% der Fälle erfolgte nach einem Täter-Opfer-Ausgleich keine Wiederverurteilung der Probanden aufgrund eines vergleichbaren Delikts.

c) Schwere der Rückfalldelikte
Ferner wurde die Deliktsschwere der Rückfälle ermittelt.

Die Deliktsschwere der erneuten Taten konnte lediglich anhand der Auszüge aus dem Bundeszentral- beziehungsweise Erziehungsregister bestimmt werden. Ausschlaggebend war daher der verwirklichte Tatbestand in Kombination mit der verhängten Sanktion.

Die Straftaten wurden in die drei Kategorien *leicht*, *mittelschwer* und *schwer* eingeteilt. Die Einstufung als leicht wurde regelmäßig vorgenommen, wenn eine Straftat vorlag, die nach § 374 Absatz 1 StPO im Wege der Privatklage verfolgt werden kann. Jedoch wurden die Körperverletzung nach § 223 StGB sowie die Bedrohung nach § 241 StGB von dieser Regel ausgenommen, da eine grundsätzliche Einordnung als leichtes Delikt diesen Straftaten aufgrund der durch die Gewalt ausgedrückten gesteigerten kriminellen Energie nicht gerecht wird.

Als schwer wurde eine Tat eingeordnet, wenn der Täter einen Tatbestand mit besonderer krimineller Energie verwirklicht hat. Dies wurde vorliegend in den Fällen angenommen, in denen der Täter einen schweren Raub oder eine schwere räuberische Erpressung begangen hatte, sowie wenn das Delikt in Kombination mit der verhängten Sanktion auf die Annahme eines besonders schweren Delikts schließen ließ.

Auf die mittlere Schwere wurde zurückgegriffen, sofern das Delikt weder als leicht noch als schwer einzuordnen war.

Die Untersuchung der Rückfälle in Hinblick auf die Deliktsschwere kommt zu folgendem Ergebnis.

Tabelle 67: Deliktsschwere der Rückfälle

	Rückfallverfahren	
	Anzahl	Anteil
Leichter Rückfall	26	7%
Mittelschwerer Rückfall	57	16%
Schwerer Rückfall	9	3%
Kein Rückfall	257	74%
Σ	349	100%

In den überwiegenden Fällen handelte es sich bei den Rückfällen um mittelschwere Straftaten. Fast jede dritte erneute Straftat hatte Bagatellcharakter, nur jede zehnte Rückfalltat war als schwer zu bezeichnen.

Bezogen auf die Grundgesamtheit bedeutet dies, dass nur 3% der Probanden eine schwere Rückfalltat begingen. Zur Bewertung des Rückfallverhaltens nach Täter-Opfer-Ausgleich bleibt damit festzuhalten, dass der Anteil der Probanden, die ein schweres Rückfalldelikt begangen haben, zu vernachlässigen ist.

d) Schwere des Rückfalls
Die Schwere der Rückfalldelikte ist für die Bewertung der Effizienz des Täter-Opfer-Ausgleichs insbesondere in Hinblick darauf von Bedeutung, ob eine Erleichterung oder eine Verschärfung der Deliktsschwere im Vergleich zu der Ausgangstat vorlag.

So spricht es tendenziell gegen die Effizienz einer Strafmaßnahme, wenn der Täter beim Rückfalldelikt ein schwerwiegenderes Delikt als in der Ausgangstat verwirklicht. Sodann hat die kriminelle Entwicklung des Täters einen negativen Verlauf genommen. Ist hingegen das Rückfalldelikt als leichteres Delikt einzustufen als die Ausgangstat, so hat der Proband die strafrechtliche Karriere zwar nicht abgebrochen aber zumindest abgemildert.[168] In einigen Fällen konnte vorliegend insbesondere aufgrund der Auswertungsmethode weder eine Verschärfung noch eine Abmilderung des Rückfalls festgestellt werden. In den Fällen, in denen bei beiden Straftaten die gleichen Schweregrade anzunehmen waren, wurde die kriminelle Karriere zwar nicht verschärft, jedoch auch nicht

---

[168] s. *Dölling* in: Jugendkriminalrecht S. 150.

abgemildert oder abgebrochen. Positiv zu bewerten ist dann, dass der Verlauf der kriminellen Karriere nicht verschlimmert wurde. Negativ anzumerken ist jedoch, dass keine Verbesserung der kriminellen Entwicklung des Täters festzustellen ist. Daher ist die gleichbleibende Deliktsschwere in Hinblick auf die Effizienz der Sanktion als neutraler Faktor zu werten.

Die Rückfälle wurden nun auf die Schwere des Rückfalls hin untersucht.

Tabelle 68: Schwere des Rückfalls

	Rückfallverfahren	
	Anzahl	Anteil
Milderer Rückfall	42	12%
Schwererer Rückfall	24	7%
Gleichschwerer Rückfall	26	7%
Kein Rückfall	257	74%
Σ	349	100%

In mehr als ²/₃ der Rückfälle (72%) war die erneute Tat von milderer Deliktsschwere als die Ausgangstat oder gleich schwer.

Bezogen auf die Grundgesamtheit bedeutet dies, dass in nur 7% der gesamten Verfahren das Rückfalldelikt im Vergleich zu der Ausgangstat als schwerer anzusehen ist. Nach Täter-Opfer-Ausgleich hat sich demnach in mehr als 90% der Fälle die kriminelle Entwicklung der Probanden zumindest nicht verschärft. Sofern die Beschuldigten überhaupt eine erneute Straftat begangen haben, war diese im Vergleich zu der Ausgangstat zumindest von gleicher oder geringerer Kriminalitätsschwere.

e) Rückfalldelikte

Des Weiteren wurde untersucht, welche Delikte den erneuten Eintragungen zugrunde lagen.

Tabelle 69: Deliktsgruppen der Rückfalltaten

	Rückfallverfahren	
	Anzahl	Anteil
Einfache Körperverletzung	23	25%
Gefährliche Körperverletzung	24	26%
Einfacher/schwerer Diebstahl	22	24%
Nötigung	4	4%
Sachbeschädigung	13	14%
Beleidigung	3	3%
Sonstige	3	3%
Σ	92	100%

Bei den Rückfalldelikten wurden am häufigsten Körperverletzungsdelikte, Diebstahlsdelikte und Sachbeschädigung begangen. Damit entsprechen die Deliktsgruppen der Rückfalltaten denen, die auch bei der Anlasstat am meisten verwirklicht wurden.

f) Rückfallsanktion
Die Sanktion ist einerseits geeignet, einen Anhaltspunkt zur Bewertung der Schwere der begangenen Straftat zu liefern, sowie andererseits in der Lage, mittelbar eine Aussage über die kriminelle Entwicklung des Probanden zu ermöglichen.

Die Grundlage für die Auswahl und Bemessung der Strafe ist gemäß § 46 Absatz 1 Satz 1 StGB die Schuld des Täters. Damit soll bewirkt werden, dass sich die Sanktion auf die begangene Tat bezieht und nicht eine umfassende Würdigung der Persönlichkeit des Täters vorgenommen wird. Eine umfassende Würdigung der Täterpersönlichkeit könnte nämlich dazu führen, dass bezüglich der Schuldprüfung moralisiert wird und die Vergangenheit des Betroffenen als schulderhöhend angesehen wird.[169]

Aus § 46 Absatz 2 StGB ergeben sich einige Merkmale, die auf die Strafzumessung Einfluss haben. Berücksichtigung findet danach ausdrücklich das Vorleben des Täters. Hierunter werden insbesondere etwaige Vorstrafen verstanden.[170] Das bedeutet, dass der Verlauf der kriminellen Karriere bei der Strafzumessung berücksichtigt wird. So wie sich die bisherige Straflosigkeit mildernd auswirken kann, können Vorstrafen eine Strafverschärfung zur Folge haben.[171] Daher kann die Sanktion auch Aufschluss über die kriminelle Entwicklung des Probanden geben. Eine schwere Sanktion lässt oftmals den Rückschluss auf Vorstrafen und die erhöhte Gefahr einer schweren kriminellen Karriere des Täters zu. Dahingegen kann eine leichte Sanktionierung implizieren, dass die kriminelle Persönlichkeit nicht dergestalt ist, dass die Strafe infolge des Vorlebens erhöht werden musste, der Täter folglich nicht als generell rücksichtslos gegenüber den Strafvorschriften eingeordnet werden muss.

Leichtere Sanktionen lassen folglich darauf schließen, dass sich die kriminelle Entwicklung des Probanden nicht gravierend verschlechtert hat.

Aufgrund der Bedeutung der Sanktionen wurden die Rückfälle auf ihre Sanktionen hin untersucht.

Zunächst ist darauf hinzuweisen, dass aufgrund der Auswertungsmethode nicht sämtliche strafrechtlichen Reaktionen erfasst werden konnten. Die Analyse erfolgte anhand der Auszüge aus dem Bundeszentral- beziehungsweise Erziehungsregister. In diese Register werden nicht alle strafrechtlichen Reaktionen aufgenommen. So wird zum Beispiel die staatsanwaltschaftliche Einstellung im Vorverfahren nach §§ 153, 153a StPO im Erwachsenenbereich nicht im Bundeszentralregister vermerkt, §§ 3, 4 BZRG.

---

[169] s. *Eisenberg* Kriminologie S. 382.
[170] s. *Schönke/Schröder-Stree* § 46 Rn.31.
[171] s. *Schönke/Schröder-Stree* § 46 Rn.30, 31.

Die Häufigkeit der mit der vorliegenden Methode erfassbaren Sanktionen wird in der nachstehenden Tabelle angeführt.

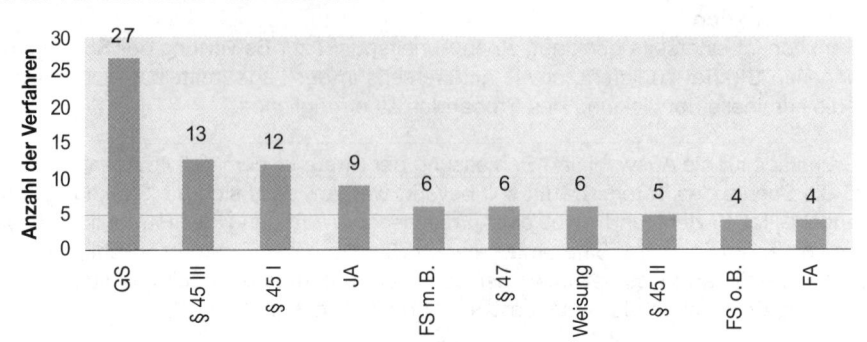

Tabelle 70: Sanktionen der Rückfälle

Sanktion	Anzahl der Verfahren
GS	27
§ 45 III	13
§ 45 I	12
JA	9
FS m. B.	6
§ 47	6
Weisung	6
§ 45 II	5
FS o. B.	4
FA	4

Aus der Grafik ist ersichtlich, dass die Rückfalltaten zumeist mit Geldstrafe sanktioniert wurden. Als nächst häufigste Reaktion waren staatsanwaltschaftliche Einstellungen nach §§ 45 Absatz 3 JGG und 45 Absatz 1 JGG zu nennen.

Freiheitsentziehende Sanktionen wurden bei 16 der 92 Rückfälligen verhängt. In neun dieser Fälle handelte es sich um einen Jugendarrest, viermal wurde eine Freiheitsstrafe ohne Bewährung ausgesprochen, in drei Fällen wurden Wochenendarreste angeordnet. Der Jugendarrest und die Freiheitsstrafe ohne Bewährung sind derart schwere Strafen, dass allein die Betrachtung der Sanktionierung darauf hindeutet, dass die kriminelle Entwicklung der 13 Probanden einen negativen Verlauf genommen hat. Bei der Bewertung der kriminellen Karriere dieser 13 Probanden sollte jedoch die Dauer der verhängten Sanktion nicht außer Acht gelassen werden. Die längste freiheitsentziehende Maßnahme erstreckte sich über einen Zeitraum von zwei Jahren und acht Monaten. Des Weiteren wurden Freiheitsstrafen von einem Jahr, von sechs Monaten sowie von drei Monaten erlassen. Die übrigen Freiheitsentziehungen unterschritten eine Dauer von vier Wochen, wobei in fünf Verfahren ein einwöchiger Jugendarrest angeordnet wurde. Bis auf Ausnahmefälle sind die Zeiträume der freiheitsentziehenden Maßnahmen daher als relativ gering anzusehen. Somit lassen nur die Ausnahmefälle bei alleiniger Berücksichtigung der Sanktion auf eine schwerwiegende kriminelle Karriere der Probanden schließen.

Für die Bewertung des Legalbewährungsverhaltens der Probanden nach Täter-Opfer-Ausgleich bleibt weiterhin positiv zu vermerken, dass in den übrigen 79 Rückfallverfahren keine freiheitsentziehende Sanktion verhängt wurde. In diesen Fällen hat sich weder die Rückfalltat noch die kriminelle Persönlichkeit des Täters so straferhöhend ausgewirkt, dass eine schwere Sanktion verhängt wurde.

Insgesamt betrachtet wurden nur 13 der 349 in die Untersuchung einbezogenen Probanden infolge der Rückfalltat mit einer schwerwiegenden freiheitsentziehenden Sanktion bestraft. Bei den übrigen 336 Probanden lag folglich nach Durchführung des Täter-Opfer-Ausgleichs kein derart negativer Verlauf der kriminellen Karriere vor, dass eine freiheitsentziehende Maßnahme als nötig erachtet wurde.

g) Zeitdifferenz
Als Zeitdifferenz zwischen der Ausgangstat und dem Rückfall wurde die Zeitspanne zwischen der Einstellungsverfügung der Staatsanwaltschaft nach dem Täter-Opfer-Ausgleich und der erneuten Tat ermittelt. Der Zeitpunkt der erneuten Straftat wurde den Angaben des Bundeszentralregisters entnommen.

Im Mittel betrug die Zeitspanne 470 Tage, der Median lag bei 455 Tagen. Durchschnittlich vergingen folglich mehr als 15 Monate, bis der Proband erneut straffällig wurde.

h) Anzahl der Eintragungen
Des Weiteren wurde untersucht, wie häufig die einzelnen Probanden rückfällig wurden.

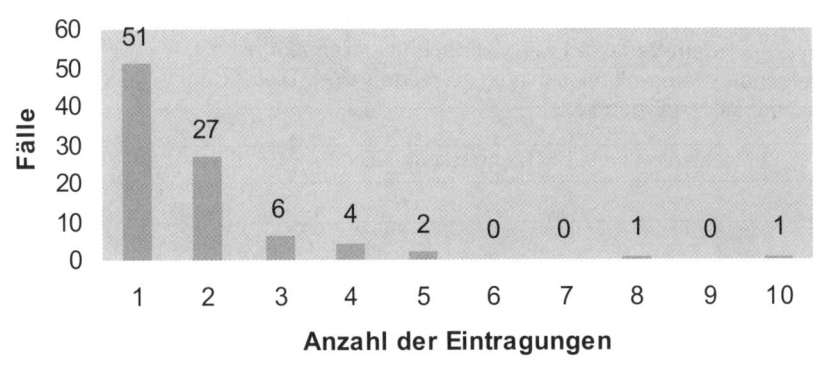

Tabelle 71: Anzahl der Eintragungen

Anzahl der Eintragungen	Fälle
1	51
2	27
3	6
4	4
5	2
6	0
7	0
8	1
9	0
10	1

In mehr als der Hälfte der Rückfälle (51 von 92) wurden die Probanden einmal erneut straffällig. Zu einem zweifachen Rückfall kam es immerhin in knapp einem Drittel der Fälle. Die Probanden, die mehr als zweimal straffällig wurden, waren lediglich in geringer Anzahl vertreten. Von den insgesamt 349 Beschuldigten wurden nur 14 Probanden häufiger als zweimal rückfällig.

Der geringe Anteil an mehrfachen Eintragungen ist zum Teil sicherlich mit der Dauer des Untersuchungszeitraumes zu erklären. Dennoch kann es auch in einem Zeitraum von drei Jahren bei intensiven kriminellen Karrieren zu mehrfachen Straftaten kommen. Bei der Bewertung der Auswertungsergebnisse ist weiterhin zu bedenken, dass der aufgrund der erneuten Straftat verhängte Freiheitsentzug für die Dauer der Strafverbüßung eine weitere Straftat unmöglich macht. Die Anzahl der mit Freiheitsentzug sanktionierten Probanden ist jedoch sehr gering, so dass dieses Kriterium für das Auswertungsergebnis unerheblich ist.

Somit lässt der geringe Anteil an Mehrfachrückfälligen bei Zugrundelegung einer rein quantitativen Betrachtungsweise die Auswertung zu, dass sich nur in diesen Fällen nach dem Täter-Opfer-Ausgleich eine intensive kriminelle Karriere abzeichnete.

i) Einschlägige Fälle bei Mehrfachrückfälligen
Im Folgenden werden die Mehrfachrückfallverfahren genauer betrachtet.

Zunächst wurde untersucht, wie groß die Anzahl der einschlägigen Rückfälle bei den Mehrfachrückfallverfahren war.

Für die Bewertung des Rückfallverhaltens ist es ein Unterschied, ob trotz wiederholter Rückfälligkeit keine oder nur eine Tat einschlägig ist, oder ob eine Reihe vergleichbarer Straftaten vorliegt. Sofern kein einschlägiger Rückfall vorlag, wurde der Proband zwar mehrfach straffällig, aber es bestand kein nachweisbarer Zusammenhang mit der Ausgangstat. Das Rückfallverhalten des Probanden war folglich trotz wiederholter Rückfälligkeit insoweit positiv zu bewerten, als keine vergleichbaren Straftaten begangen wurden. Sind hingegen vielfach mehrere einschlägige Straftaten nacheinander begangen worden, so wirkt sich dies negativ auf die Einstufung des Rückfallverhaltens des Probanden aus.

Zur Bewertung der Effizienz des Täter-Opfer-Ausgleichs wird im Folgenden daher untersucht, wie häufig mehrere einschlägige Rückfalltaten nacheinander begangen wurden. Dazu wird bei jedem Verfahren mit Mehrfachrückfällen festgestellt, wie viele der aufeinander folgenden Taten als einschlägig zu werten sind. Diese Untersuchung kommt zu dem nachstehenden Ergebnis.

Tabelle 72: Einschlägige Fälle bei Mehrfachrückfälligen

Anzahl der einschlägigen Rückfälle in einem Verfahren

Die Auswertung ergibt, dass in lediglich 14 der 349 in die Untersuchung einbezogenen Verfahren mehrere einschlägige Rückfallstraftaten nacheinander begangen wurden. Die Mehrfachrückfälle enthielten folglich zum Großteil keine oder nur einmalig einschlägige Rückfälle. Nach erfolgreich abgeschlossenem Täter-Opfer-Ausgleich wurde folglich selten eine Mehrzahl vergleichbarer Straftaten nacheinander begangen.

j) Rückfallschwere bei Mehrfachrückfälligen
Weiterhin wurden die Mehrfachrückfallverfahren daraufhin untersucht, wie die Schwere der einzelnen Rückfalltaten im Vergleich zur Ausgangstat zu bewerten war.

Für die Auswertung wurde jedes Mehrfachrückfallverfahren daraufhin untersucht, wie hoch die Anzahl an verschärften, abgemilderten oder gleichschweren Rückfällen in dem jeweiligen Verfahren war.

Tabelle 73: Anzahl der jeweiligen Rückfallschwere in einem Verfahren

	Rückfallschwere in einem Verfahren							
	1	2	3	4	5	6	7	8
Abgemilderte Rückfälle	8	15	7					1
Gleichschwere Rückfälle	10	5	1	1	1			
Verschärfte Rückfälle	10	2	1					

Diese Untersuchung ist für die Bewertung des Rückfallverhaltens insbesondere von Bedeutung, da die Entwicklung der kriminellen Karriere nicht allein an der Quantität der Rückfälle gemessen werden kann. Begeht der Proband mehrere verschärfte Rückfälle, so lässt dies aufgrund der Quantität und der Qualität der Rückfalltaten die Deutung auf eine intensive kriminelle Karriere zu.

Die Annahme, dass eine hohe Anzahl von Rückfalldelikten auf eine schwere kriminelle Karriere schließen lässt, ist jedoch insoweit zu relativieren, als es sich bei den Rückfällen durchweg um mildere Taten im Vergleich zur Ausgangstat handelt. In diesem Fall hat sich die kriminelle Entwicklung des Probanden zwar quantitativ gesteigert, ist aber in Hinblick auf die Schwere des begangenen Unrechts zurückgegangen.

Dies wurde insbesondere in einem Verfahren relevant, in dem der Beschuldigte 8 Rückfalltaten begangen hat. Sämtliche dieser Rückfalltaten waren als abgemildert im Vergleich zu der Ausgangstat zu bewerten.

In zwei Fällen haben die Probanden jeweils fünf erneute Straftaten begangen, von denen jeweils drei Taten leichter als die Ausgangstat und zwei Taten gleichschwer waren, jedoch keine als verschärfter Rückfall einzustufen war.

In diesen Fällen haben die Probanden nach dem Täter-Opfer-Ausgleich immerhin nicht wiederholt verschärfte Taten begangen. Trotz der quantitativen Intensität des Rückfalls spricht die abgemilderte beziehungsweise gleichbleibende Deliktsschwere gegen eine schwerwiegende Intensivierung der kriminellen Karrieren der Probanden.

Aus der vorstehenden Tabelle geht hervor, dass die Anzahl der Probanden, die nach einem Täter-Opfer-Ausgleich wiederholt verschärfte Rückfälle begangen haben, gering war. Lediglich in einem Verfahren beging ein Proband drei verschärfte Rückfälle nacheinander, in zwei Verfahren konnte jeweils in zwei Fällen ein verschärfter Rückfall festgestellt werden.

Für die Bewertung des Rückfallverhaltens ist folglich positiv zu vermerken, dass fast kein Proband nach einem Täter-Opfer-Ausgleich mehrfach nacheinander schwerwiegendere Straftaten als die Ausgangstat verübte.

Die geringe Anzahl der aufeinander folgenden verschärften Rückfälle könnte zum Teil darin begründet sein, dass die Probanden im Fall eines verschärften Rückfalls mit einer freiheitsentziehenden Sanktion bestraft wurden und daher rein faktisch keine Straftaten mehr begehen konnten. Zur Bewertung der Relevanz dieses Kriteriums wurden die Mehrfachrückfallverfahren, bei denen zumindest eine Rückfalltat im Vergleich zur Ausgangstat als verschärft anzusehen war, in Hinblick auf die erfolgten freiheitsentziehenden Sanktionen überprüft. Insgesamt gab es 13 Verfahren, bei denen unter den Mehrfachrückfällen auch verschärfte Rückfälle vorhanden waren. In lediglich drei dieser Verfahren wurde eine freiheitsentziehende Maßnahme verhängt, so dass nur in den Fällen die Möglichkeit in Betracht kam, dass die Probanden infolge der Strafverbüßung keine weiteren Straftaten begehen konnten. Die längste festgesetzte Freiheitsstrafe betrug zwei Jahre und acht Monate und erfolgte in einem Verfahren, in dem der Proband zehn erneute Eintragungen im Bundeszentralregister aufzuweisen hatte. Die Freiheitsstrafe wurde erst infolge der letzten Tat am Ende des dreijährigen Beobachtungszeitraumes erlassen, so dass der Freiheitsentzug auf die Quantität der Rückfalltaten in der vorliegende Untersuchung keinen Einfluss hatte.

Des Weiteren wurden zwei Probanden zu einem Freiheitsentzug von einem Jahr beziehungsweise einer Freiheitsstrafe von sechs Monaten verurteilt. In diesen beiden Verfahren war es den Tätern während der Vollstreckung dieser Strafe nicht möglich, weitere Straftaten zu begehen, so dass die Anzahl der erneuten Eintragungen im Bundeszentralregister dadurch beeinflusst worden sein könnte. Jedoch umfasste die Dauer des Freiheitsentzuges nur einen Teil des dreijährigen Beobachtungszeitraumes, so dass in der übrigen Zeit die reale Möglichkeit zur Begehung weiterer Straftaten bestand. In einem weiteren Verfahren wurde ein Jugendarrest für die Dauer von einer Woche verhängt, der aufgrund der kurzen Dauer keinen Einfluss auf die Anzahl der verübten Straftaten haben konnte.

Trotz der freiheitsentziehenden Sanktionen bestanden folglich genügend reale Möglichkeiten zur Begehung weiterer Delikte.

k) Deliktsschwere der Mehrfachrückfälle

Weiterhin wurde die Schwere der Delikte bei Mehrfachrückfallverfahren untersucht. Dabei wurde unterschieden zwischen Bagatelldelikten, mittelschweren und schweren Delikten. Die Einordnung erfolgte nach den oben erläuterten Kriterien.

Tabelle 74: Schwere der Delikte bei Mehrfachrückfällen in einem Verfahren

	Deliktsschwere in einem Verfahren					
	1	2	3	4	5	6
Bagatelldelikte	19	9	2		1	
Mittelschwere Delikte	13	10	4	1	1	1
Schwere Delikte	4	2				

Die Tabelle lässt erkennen, dass unter sämtlichen Mehrfachrückfallverfahren lediglich ein Verfahren ermittelt wurde, in dem ein Proband mehr als eine schwere Rückfalltat begangen hat.

Insgesamt ist festzustellen, dass die Bagatelldelikte mit einer Anzahl von 31 am häufigsten vertreten waren.

Auch die Anzahl der mittelschweren Delikte bei Mehrfachrückfällen war mit 30 relativ hoch.

In Übereinstimmung mit dem Auswertungsergebnis der Rückfallschwere bei Mehrfachrückfällen lässt sich aus der geringen Anzahl an schweren Delikten in einem Verfahren auch hier darauf schließen, dass die Probanden nach einem Täter-Opfer-Ausgleich selten eine schwerwiegende kriminelle Karriere einschlugen, also mehrere schwere Straftaten nacheinander verübten.

2. Differenzierung der Untersuchung nach Altersklassen

In diesem Abschnitt wurde die Rückfallauswertung in die Altersklassen unterteilt. Diese Untersuchung soll belegen, inwieweit das Rückfallverhalten davon abhängig war, ob die Probanden zur Zeit des Täter-Opfer-Ausgleichs Jugendliche, Heranwachsende oder Erwachsene waren.

Ferner ist nur durch eine Aufsplittung in die verschiedenen Altersklassen ein Vergleich mit den Rückfalldaten der Itzehoer Kontrollstudie sinnvoll, da bei dieser Studie lediglich Verfahren aus dem Erwachsenenbereich berücksichtigt werden konnten. Insgesamt beschränken sich Rückfallanalysen oftmals auf eine Altersklasse, so dass die Differenzierung der Schleswig-Holsteinischen Studie in die einzelnen Altersbereiche zudem erforderlich ist, um den Vergleich mit anderen Rückfalluntersuchungen zu ermöglichen.

a) Rückfallquoten nach Altersklassen

Zunächst werden die Rückfallquoten der einzelnen Altersgruppen verglichen. Als Rückfälle wurden auch hier erneute Eintragungen im Zentral- beziehungsweise Erziehungsregister definiert. Der Beobachtungszeitraum betrug wiederum drei Jahre.

Tabelle 75: Rückfallquoten nach Altersklassen

	Jugendliche		Heranwachsende		Erwachsene	
	Anzahl	Anteil	Anzahl	Anteil	Anzahl	Anteil
Rückfallhäufigkeit	66	= 42%	13	= 27%	13	= 9%
Legalbewährung	91	= 58%	35	= 73%	131	= 91%
Σ	157	= 100%	48	= 100%	144	= 100%

Der Anteil der Rückfälle in den einzelnen Altersklassen differiert stark. So steht einer Rückfallquote von 9% bei den Erwachsenen ein Anteil von 42% Rückfälligen bei den Jugendlichen gegenüber. Die Rückfallquote der Heranwachsenden liegt mit 27% zwischen den der beiden anderen Altersbereiche.

Die geringe Rückfallquote im Erwachsenenbereich könnte teilweise aus der Methode der Rückfallbestimmung resultieren. In das Bundeszentralregister werden nach §§ 3 ff. BZRG keine Einstellungen des Verfahrens durch die Staatsanwaltschaft gemäß §§ 153 ff. StPO aufgenommen. Die Einstellungen der Staatsanwaltschaft im Jugendrecht nach §§ 45 ff. JGG werden hingegen gemäß § 60 Absatz 1 Nr. 7 BZRG in das Erziehungsregister eingetragen. Im Jugendbereich wurden die Einstellungen des Vorverfahrens folglich als Rückfall gewertet, wohingegen die Einstellungen des Verfahrens durch die Staatsanwaltschaft im Erwachsenenbereich infolge des mangelnden Eintrags im Register nicht berücksichtigt werden konnten. Diese Überlegung ist insbesondere plausibel, sofern die Auswertung der Rückfallsanktionen ergibt, dass im Jugendbereich zum Großteil Einstellungen nach §§ 45 ff. JGG Folge der Tat waren. Darauf wird bei der späteren Darstellung der Rückfallsanktionen einzugehen sein.

Unabhängig von diesem Einwand überrascht ein Unterschied der Rückfallquoten jedenfalls nicht, da auch aus der PKS zu entnehmen ist, dass Jugendliche und Heranwachsende gegenüber Erwachsenen mehr als dreimal so häufig als Tatverdächtige registriert werden.[172] Diese überdurchschnittliche Häufigkeit der Verdächtigungen muss sich auch bei den Rückfalltaten widerspiegeln.

Die geringere Rückfallquote der Erwachsenen im Vergleich zu den Jugendlichen beziehungsweise Heranwachsenden war zudem zu erwarten, wenn die generelle Rückfallquote nach Freiheitsstrafe und Jugendstrafe betrachtet wird. Die Rückfallstatistik des Jahres 1990 ergab, dass die Rückfallquote nach Freiheitsstrafe mit 48% deutlich geringer war als die Rückfallquote nach Jugendstrafe mit 79%.[173]

Jugendliche und Heranwachsende werden folglich generell häufiger straffällig als Erwachsene, so dass die höheren Rückfallquoten in diesen Altersgruppen im Rahmen der Kriminalstatistik liegen.

Durch Vergleichsanalysen wird zu prüfen sein, wie die Rückfallquoten im Vergleich zu anderen Rückfallstudien einzuordnen sind. Weiterhin ist zu klären, ob die Differenz der Altersklassen im Bereich anderer Rückfalluntersuchungen liegt oder Ansätze für die Annahme liefert, dass der Täter-Opfer-Ausgleich im Erwachsenenbereich effizienter den Rückfall verhindern kann.

b) Einschlägige Rückfälle nach Altersklassen

Des Weiteren wurde untersucht, welcher Anteil an Probanden in den jeweiligen Altersklassen einschlägig rückfällig wurde.

Die Einordnung als einschlägiger Rückfall erfolgte nach den oben ausgeführten Kriterien.

Tabelle 76: Einschlägiger Rückfall nach Altersklassen

	Jugendliche		Heranwachsende		Erwachsene	
	Anzahl	Anteil	Anzahl	Anteil	Anzahl	Anteil
Einschlägiger Rückfall	37	= 24%	6	= 13%	8	= 6%
Kein einschlägiger Rückfall	120	= 76%	42	= 87%	136	= 94%
Σ	157	= 100%	48	= 100%	144	= 100%

---

[172] s. Polizeiliche Kriminalstatistik 1996 S. 82.
[173] s. *Ostendorf* in: Informationen zur politischen Bildung S. 48.

Wurde der Rückfall nur dann gewertet, wenn ein einschlägiges Delikt vorlag, so sank die Quote der Rückfälle erheblich. Nur knapp ¼ der Jugendlichen wurde erneut wegen eines vergleichbaren Deliktes straffällig. Bei den Heranwachsenden betrug der Anteil der einschlägig Rückfälligen nur knapp über 10%. Bei den Erwachsenen lag die Quote der einschlägig Rückfälligen sogar lediglich bei 6%.

In allen Altersklassen haben die Probanden nach einem Täter-Opfer-Ausgleich folglich im Großteil der Fälle nicht erneut eine mit dem Ausgangsdelikt vergleichbare Straftat begangen.

c) Deliktsschwere der Rückfälle nach Altersklassen

Die Betrachtung der Deliktsschwere der Rückfalltaten nach den einzelnen Alterklassen gibt folgendes Bild, wobei die Delikte wiederum nach den oben genannten Kriterien in die Kategorien Bagatelldelikte, mittelschwere und schwere Delikte eingeteilt wurden.

Tabelle 77: Deliktsschwere der Rückfälle nach Altersklassen

	Jugendliche	Heranwachsende	Erwachsene
Bagatelldelikte	13%	6%	1%
Mittelschwere Delikte	24%	19%	8%
Schwere Delikte	5%	2%	0%
Σ	42%	27%	9%

Aus der Tabelle lässt sich entnehmen, dass in allen drei Altersklassen eine ähnliche Verteilung der Deliktsschwere vorliegt.

Sowohl im Jugendbereich wie auch bei den Heranwachsenden und den Erwachsenen waren die Rückfalltaten zum Großteil im mittelschweren Bereich einzuordnen. Einige Rückfalltaten waren dem Bagatellbereich zuzuordnen und nur wenige Rückfälle waren als schwer einzustufen.

So hat jeder vierte jugendliche Proband ein mittelschweres Rückfalldelikt begangen. Dieser Prozentsatz lag im Heranwachsendenbereich bei 19% und im Erwachsenenbereich bei 8%.

Es ist folglich festzuhalten, dass nach einem Täter-Opfer-Ausgleich der Anteil der schweren Rückfalldelikte in sämtlichen Altersgruppen vergleichsweise gering war. Die höchste Quote wurde erwartungsgemäß im Jugendbereich ermittelt. Dort konnte in 5% der Verfahren das Rückfalldelikt als schwer eingeordnet werden. Im Bereich der Heranwachsenden und Erwachsenen war der Anteil der schweren Rückfalldelikte mit 2% beziehungsweise 0% zu vernachlässigen. Im Großteil der Fälle haben die Probanden nach einer Einstellung infolge Täter-Opfer-Ausgleichs keine schweren Rückfalldelikte verübt.

d) Rückfallschwere nach Altersklassen

Ferner wurde untersucht, ob bei den Altersklassen Unterschiede in der Rückfallschwere festzustellen sind.

Tabelle 78: Rückfallschwere nach Altersklassen

	Jugendliche	Heranwachsende	Erwachsene
Abgemilderter Rückfall	20%	13%	3%
Gleichschwerer Rückfall	11%	8%	3%
Verschärfter Rückfall	11%	6%	3%
Σ	42%	27%	9%

Die Auswertung ergibt, dass in allen Altersklassen der Anteil der verschärften Rückfälle vergleichsweise gering war. Ein Vergleich zwischen den Altersklassen macht deutlich, dass der Anteil derjenigen, die aufgrund einer schwereren Tat als der Ausgangstat erneut straffällig wurden, im Jugendbereich mit 11% am höchsten ist. Positiv zu vermerken bleibt somit, dass selbst im Jugendbereich in neun von zehn Verfahren ein verschärfter Rückfall verhindert werden konnte.

Im Erwachsenen- und Heranwachsendenbereich war der Anteil der verschärften Rückfälle mit 3% beziehungsweise 6% äußerst gering. Der Gruppe der verschärft Rückfälligen kam folglich nach einer Einstellung infolge Täter-Opfer-Ausgleichs Ausnahmecharakter zu.

Zusammenfassend lässt sich festhalten, dass sich die kriminelle Karriere der Probanden nach einem Täter-Opfer-Ausgleich in allen Altersklassen regelmäßig nicht drastisch verschlechterte, da die Kriminalitätsschwere der erneuten Taten nur selten die Schwere der Anlassdelikte überstieg.

e) Rückfalldelikte
Des Weiteren wurden die Deliktsgruppen der Rückfalltaten nach Altersgruppen unterteilt.

Tabelle 79: Deliktsgruppen der Rückfalltaten nach Altersklassen

	Jugendliche		Heranwachsende		Erwachsene	
	Anzahl	Anteil	Anzahl	Anteil	Anzahl	Anteil
§ 223	16	= 24%	3	= 23%	4	= 31%
§ 223a	21	= 32%	2	= 15%	1	= 8%
§§ 242/243	13	= 20%	5	= 38%	4	= 31%
§§ 240/241	3	= 5%	0	= 0%	1	= 8%
§§ 303/304	11	= 17%	1	= 8%	1	= 8%
§ 185	1	= 2%	1	= 8%	1	= 8%
Sonstige	1	= 2%	1	= 8%	1	= 8%
Σ	66	= 100%	13	= 100%	13	= 100%

Aus der Tabelle geht hervor, dass in allen Altersklassen am häufigsten Körperverletzungsdelikte und Diebstahlsdelikte begangen wurden. Ein signifikanter Unterschied zwischen den Altersgruppen ist nicht ersichtlich.

f) Anzahl der Eintragungen nach Altersklassen

Des Weiteren wurde untersucht, ob die Untersuchungsgruppen der einzelnen Altersklassen in Hinblick auf den Anteil an Mehrfachrückfälligen differieren.

Tabelle 80: Anzahl der erneuten Eintragungen nach Altersklassen

	Jugendliche		Heranwachsende		Erwachsene	
	Anzahl	Anteil	Anzahl	Anteil	Anzahl	Anteil
1 Eintragung	37	= 56%	6	= 46%	8	= 62%
2 Eintragungen	20	= 30%	4	= 31%	3	= 23%
3 Eintragungen	2	= 3%	2	= 15%	2	= 15%
4 Eintragungen	4	= 6%				
5 Eintragungen	2	= 3%				
6 Eintragungen						
7 Eintragungen						
8 Eintragungen			1	= 8%		
9 Eintragungen						
10 Eintragungen	1	= 2%				
Σ	66	= 100%	13	= 100%	13	= 100%

Aus der vorstehenden Tabelle wird ersichtlich, dass in allen Altersgruppen die meisten Rückfälligen eine erneute Straftat begangen haben. Auch die Anzahl der Verfahren, in denen zwei Rückfalltaten verübt wurden, war verhältnismäßig hoch. Mehr als zwei neue Eintragungen in einem Verfahren konnten nur äußerst selten festgestellt werden. Lediglich in insgesamt vierzehn Verfahren wurden Probanden häufiger als zweimal rückfällig. Im Vergleich zwischen den drei Altersklassen handelte es sich in neun Fällen – und damit bei den meisten dieser mehrfach Rückfälligen – um Probanden, die zur Zeit der Begehung der Ausgangstat dem Jugendbereich zuzuordnen waren. In drei Fällen waren diese wiederholt Rückfälligen bei der Ausgangstat heranwachsend und zwei Probanden kamen aus dem Erwachsenenbereich.

In der Tendenz verhielten sich folglich die Probanden aller drei Altersklassen gleich. In den meisten Rückfallverfahren kam es sowohl bei den im Zeitpunkt der Ausgangstat Jugendlichen sowie bei den Heranwachsenden oder Erwachsenen zu einer erneuten Eintragung. Je mehr Eintragungen in einem Verfahren überprüft wurden, umso mehr nahm die Anzahl der Verfahren ab. Mehr als zwei Rückfalltaten wurden in allen Altersklassen nur selten begangen.

Die Auswertung ergibt folglich, dass nach Einstellungen infolge Täter-Opfer-Ausgleichs bei den Untersuchungsgruppen sämtlicher Altersklassen die Quantität der Rückfälle in den einzelnen Verfahren gering war. Wird die Anzahl der erneuten Taten als ein Kriterium zur Bestimmung der Entwicklung der kriminellen Karrieren angesehen, so kann aus der vorliegenden Auswertung nur in Ausnahmefällen auf eine schwere kriminelle Entwicklung der Probanden geschlossen werden.

g) Rückfallsanktionen nach Altersklassen

Die Untersuchung der Rückfallsanktionen soll insbesondere klären, ob die unterschiedlichen Rückfallquoten der Altersklassen zum Teil darin begründet sind, dass die staatsanwaltschaftliche Einstellung im Jugendstrafrecht eine Eintragung im Erziehungsregister zufolge hat und im allgemeinen Strafrecht keine Registereintragung nach sich führt. Dadurch wurde im Jugendstrafrecht die Einstellung im Vorverfahren als Rückfall gewertet, im allgemeinen Strafrecht hingegen nicht.

Tabelle 81: Rückfallsanktionen nach Altersklassen

	Jugendliche		Heranwachsende		Erwachsene	
	Anzahl	Anteil	Anzahl	Anteil	Anzahl	Anteil
Freiheitsstrafe o. B.	2	= 3%			1	= 8%
Freiheitsstrafe m. B.	5	= 8%	2	= 15%		
Jugendarrest	10	= 15%				
Freizeitarrest	3	= 5%				
Geldstrafe	6	= 9%	9	= 69%	12	= 92%
Weisung	6	= 9%				
§ 45 I JGG	10	= 15%	2	= 15%		
§ 45 II JGG	5	= 8%				
§ 45 III JGG	13	= 20%				
§ 47 JGG	6	= 9%				
Σ	66	= 100%	13	= 100%	13	= 100%

Die Auswertung ergibt, dass über die Hälfte der Rückfallverfahren im Jugendbereich nach §§ 45 ff. JGG eingestellt wurden. Wurden die Einstellungen im Vorverfahren bei der Berechnung der Rückfallquote nicht berücksichtigt, sank die Rückfallquote im Jugendbereich von 42% auf 20%. Im Heranwachsendenbereich wurden nur 2 Verfahren nach § 45 JGG eingestellt. Wurden diese Verfahren nicht in die Untersuchung einbezogen, sank die Rückfallquote hier von 27% auf 23%. Die Differenz der Rückfallquoten wurde folglich erheblich davon beeinflusst, dass diese Verfahren im Jugendstrafrecht als Rückfall gewertet wurden und im Erwachsenenbereich aufgrund der fehlenden Eintragung nicht in die Untersuchung einbezogen werden konnten.

Festzustellen ist aber auch, dass trotz Nichtberücksichtigung der Einstellungen im Vorverfahren nach §§ 45 ff. JGG ein Unterschied in den Rückfallquoten der Altersklassen bestehen bleibt. Die schlechtere Legalbewährung der jungen Probanden war aufgrund der Polizeilichen Kriminalstatistik und der Rückfallstatistik des Jahres 1990 zu erwarten. Mit Hilfe von Vergleichsstudien wird zu klären sein, ob die Abweichung der Rückfallquoten denen anderer Rückfalluntersuchungen entspricht, oder ob die unterschiedlichen Rückfallquoten für die bessere spezialpräventive Wirkung des Täter-Opfer-Ausgleichs bei Erwachsenen sprechen.

3. Abhängigkeiten der Rückfälle von einzelnen Merkmalen des Täter-Opfer-Ausgleichs-Verfahrens

In diesem Abschnitt soll untersucht werden, inwiefern das Rückfallverhalten der Probanden von einzelnen Merkmalen des Täter-Opfer-Ausgleich-Verfahrens beeinflusst wurde. Zu diesem Zweck wurde auf die Auswertungsergebnisse der Ausgangsuntersuchung zurückgegriffen. So wird ermittelt, ob etwaige Vorstrafen, die Beziehung zwischen den an der Ausgangstat Beteiligten und ähnliche Faktoren, die bei der Ausgangsstudie untersucht wurden, signifikanten Einfluss auf die Rückfälligkeit haben. Das folgende Kapitel stellt damit eine Verbindung zwischen der Ausgangsstudie und der Rückfalluntersuchung her.

Da in den drei Altersgruppen sehr unterschiedliche Rückfallquoten ermittelt wurden, wird in der nachfolgenden Untersuchung wiederum eine Unterteilung in die Altersklassen vorgenommen.

a) Zusammenhang zwischen Täter-Opfer-Beziehung und Rückfall

Zunächst soll untersucht werden, ob ein Zusammenhang zwischen der Täter-Opfer-Beziehung während der Ausgangstat und dem späteren Rückfall festgestellt werden kann. Diese Untersuchung soll eine Auswertung darüber ermöglichen, ob der Täter-Opfer-Ausgleich zum Beispiel bei Taten, denen ein Dauerkonflikt zugrunde liegt eine besonders effektive Sanktionsform darstellt oder aber kein Zusammenhang zwischen der Täter-Opfer-Beziehung und der Effektivität des Täter-Opfer-Ausgleichs in Hinblick auf die Legalbewährung nachgewiesen werden kann.

Zur Bestimmung der Beziehung zwischen dem Beschuldigten und dem Opfer während der Ausgangstat wurde auf die Werte der Schleswig-Holsteinischen Täter-Opfer-Ausgleichs-Studie zurückgegriffen. Die Einteilung erfolgte in die Kategorien Beziehungskonflikt, Nachbarstreit und kein Dauerkonflikt.

Um einen Zusammenhang zwischen der Täter-Opfer-Beziehung und dem Rückfall zu überprüfen, wurde ermittelt, inwieweit die Rückfallquoten der Untersuchungsgruppen der einzelnen Beziehungsmöglichkeiten voneinander abweichen.

Tabelle 82: Zusammenhang zwischen Täter-Opfer-Beziehung und Rückfall

	Rückfallhäufigkeit					
	Jugendliche		**Heranwachsende**		**Erwachsene**	
	Anzahl	Anteil	Anzahl	Anteil	Anzahl	Anteil
Kein Dauerkonflikt	52 von 112	= 46%	10 von 37	= 27%	10 von 92	= 11%
Nachbarstreit	1 von 4	= 25%	1 von 3	= 33%		
Beziehungskonflikt	13 von 41	= 32%	2 von 8	= 25%	3 von 36	= 8%

Aus der Tabelle geht hervor, dass das Rückfallverhalten der Heranwachsenden keinen signifikanten Unterschied zwischen den verschiedenen untersuchten Beziehungskonstellationen erkennen lässt.

Im Jugend- sowie Erwachsenenbereich war die Legalbewährung der Probanden ohne dauerhaften Konflikt jedoch deutlich schlechter als die Legalbewährung der Beschuldigten, deren Ausgangstat ein Beziehungskonflikt oder eine Nachbarstreitigkeit vorausging.

Die Auswertung deutet folglich darauf hin, dass der Täter-Opfer-Ausgleich aufgrund seiner Konzeption insbesondere geeignet ist, Dauerkonflikte zu entschärfen.

Die Differenz der generellen Rückfallquoten der Altersklassen könnte daher zum Teil durch den unterschiedlichen Anteil an Dauerkonflikten in den Ausgangsuntersuchungsgruppen erklärt werden. Die Ausgangsuntersuchung ergab, dass der Anteil an Straftaten, bei denen ein Dauerkonflikt zwischen den Beteiligten vorlag, bei den Erwachsenen am geringsten war. Die Rückfallauswertung legt nahe, dass der Täter-Opfer-Ausgleich seine spezialpräventive Wirkung insbesondere bei Dauerkonflikten entfalten kann. Demnach wäre eine vergleichsweise höhere Rückfallquote im Erwachsenenbereich zu erwarten gewesen. Die Untersuchungsgruppe der erwachsenen Probanden weist demgegenüber die geringste Rückfallquote auf, so dass der unterschiedliche Anteil an Dauerkonflikten keine Erklärung für die unterschiedliche Legalbewährung in den Altersklassen darstellt.

b) Zusammenhang zwischen Täter-Opfer-Bekanntschaft und Rückfall
Nun wurde ermittelt, ob die Rückfallquote davon beeinflusst wird, ob sich der Täter und das Opfer bei der Ausgangstat kannten.

Tabelle 83: Zusammenhang zwischen Täter-Opfer-Bekanntschaft und Rückfall

	Rückfallhäufigkeit					
	Jugendliche		Heranwachsende		Erwachsene	
	Anzahl	Anteil	Anzahl	Anteil	Anzahl	Anteil
Bekannt	33 von 80	= 41%	5 von 18	= 28%	6 von 71	= 8%
Nicht bekannt	33 von 77	= 43%	8 von 30	= 27%	7 von 73	= 10%

Aus der Tabelle geht hervor, dass in allen Altersklassen die Rückfallquoten der Probanden, die das Opfer der Ausgangstat kannten, fast mit den Rückfallquoten der Probanden übereinstimmen, die ein fremdes Opfer geschädigt haben.

Aus dieser Auswertung lässt sich folglich nicht darauf schließen, dass der Täter-Opfer-Ausgleich in Hinblick auf die Rückfallvermeidung bei einander bekannten Tatbeteiligten effizienter ist als bei gänzlich unbekannten.

In Zusammenhang mit der oben festgestellten besseren Legalbewährung der Probanden, deren Einlasstat ein Dauerkonflikt zugrunde lag, lässt die vorliegende Auswertung vermuten, dass nicht die flüchtige Bekanntschaft der Tatbeteiligten Auswirkungen auf die spezialpräventive Wirkung des Täter-Opfer-Ausgleichs hat, sondern diese Sanktionsart insbesondere geeignet ist, Dauerkonflikte grundlegend zu entschärfen.

c) Zusammenhang zwischen spontaner Aggression und Rückfall
Es wurde untersucht, ob die Tatsache, dass eine Ursache der Ausgangstat die spontane Aggression bildete, Einfluss auf den spezialpräventiven Erfolg des Täter-Opfer-Ausgleichs hat.

Tabelle 84: Zusammenhang zwischen spontaner Aggression und Rückfall

	Rückfallhäufigkeit					
	Jugendliche		Heranwachsende		Erwachsene	
	Anzahl	Anteil	Anzahl	Anteil	Anzahl	Anteil
Spontane Aggression	23 von 50	= 46%	4 von 19	= 21%	5 von 78	= 6%
Keine spontane Aggression	43 von 107	= 40%	9 von 29	= 31%	8 von 66	= 12%

Die Ergebnisse zeigen, dass die Rückfallquoten der Probanden, die die Ausgangstat aufgrund spontaner Aggression begangen haben, in allen Altersgruppen nicht wesentlich von den Rückfallquoten der Probanden abweichen, deren Tat nicht durch spontane Aggression motiviert wurde.

Bei den Heranwachsenden und Erwachsenen war die Legalbewährung der spontan aggressiv motivierten Probanden um 10 beziehungsweise 6 Prozentpunkte besser. Aufgrund der geringen absoluten Anzahl an Rückfallverfahren und damit der geringen Grundgesamtheit kann davon ausgegangen werden, dass die Differenz nicht signifikant ist.

Im Jugendbereich wurden die durch spontane Aggression zur Tat motivierten Probanden um 6% häufiger rückfällig.

Aufgrund der geringen Abweichungen und der nicht übereinstimmenden Tendenzen bei den Altersgruppen lässt sich durch die Auswertung kein Zusammenhang zwischen der Rückfälligkeit und der spontanen Aggressivität als Motivationsgrund der Ausgangstat erkennen.

d) Zusammenhang zwischen Alkoholkonsum und Rückfall

Im Folgenden wird untersucht, ob der Einfluss von Alkohol bei der Anlasstat Auswirkungen auf die Rückfälligkeit nach Täter-Opfer-Ausgleich hat.

Tabelle 85: Zusammenhang zwischen Alkoholkonsum und Rückfall

	Rückfallhäufigkeit					
	Jugendliche		Heranwachsende		Erwachsene	
	Anzahl	Anteil	Anzahl	Anteil	Anzahl	Anteil
Alkoholkonsum	2 von 4	= 50%	1 von 6	= 17%	4 von 19	= 21%
Kein Alkoholkonsum	64 von 153	= 42%	12 von 42	= 29%	9 von 125	= 7%

Bei den Heranwachsenden haben die Beschuldigten, bei denen Alkohol eine Rolle bei der Tatbegehung spielte, eine niedrigere Rückfallquote als die Beschuldigten, die bei der Tat keinen Alkohol konsumiert hatten.

Im Jugendbereich sind die Rückfallquoten der Probanden, die die Ausgangstat unter Alkoholeinfluss begangen hatten, und denen, die keinen Alkohol konsumiert hatten, vergleichbar, jedoch war die Legalbewährung bei den Alkoholkonsumenten ein wenig schlechter.

Bei den Erwachsenen war die Legalbewährung der Alkoholkonsumenten deutlich schlechter als die Legalbewährung der Beschuldigten, die zur Tatzeit nicht alkoholisiert waren.

Eine Erklärung für die vergleichsweise höheren Rückfallquoten der alkoholbedingten Straftäter könnte darin liegen, dass die Probanden weiterhin ein Alkoholproblem hatten und folglich wiederum zu suchtbedingten Entgleisungen durch Herabsetzung der Hemmschwelle neigen.

Die vergleichsweise umgekehrte Rückfallverteilung bei den Heranwachsenden könnte darin begründet sein, dass Probanden in dieser Altersgruppe am ehesten in der Lage sind, eine Therapie erfolgreich zu beenden und somit derartige alkoholbedingte Auffälligkeiten zu vermeiden.

Es kann jedoch nicht ausgeschlossen werden, dass die Rückfallquoten der Alkoholkonsumenten bei den Jugendlichen und Heranwachsenden ein Zufallswert ist, da die absolute Anzahl der alkoholbedingten Tatbegehungen mit 4 beziehungsweise 6 Probanden sehr gering war.

e) Zusammenhang zwischen Kriminalitätsschwere der Ausgangstat und Rückfall

Hier wird untersucht, ob ein Zusammenhang zwischen der Kriminalitätsschwere der Ausgangstat einerseits und dem Rückfallverhalten andererseits ermittelt werden kann.

Tabelle 86: Zusammenhang zwischen Kriminalitätsschwere der Ausgangstat und Rückfall

	Rückfallhäufigkeit		
	Jugendliche	**Heranwachsende**	**Erwachsene**
	Anzahl Anteil	Anzahl Anteil	Anzahl Anteil
Bagatelle	1 von 12 = 8%	0 von 2 = 0%	2 von 30 = 7%
Keine Bagatelle	65 von 145 = 45%	13 von 46 = 28%	11 von 114 = 10%

Aus der Tabelle geht hervor, dass in sämtlichen Altersklassen die Rückfallquoten der Probanden, deren Ausgangstat dem Bagatellbereich zuzuordnen war, deutlich geringer sind, als die Rückfallquote der Probanden, die ein Ausgangsdelikt von schwererer Kriminalität begangen haben.

Dies könnte ein Indiz dafür sein, dass sich der Täter-Opfer-Ausgleich in spezialpräventiver Hinsicht insbesondere für Bagatelldelikte eignet. Jedoch kann das Verhältnis der Rückfallquoten auch darin begründet sein, dass nach Bagatelldelikten regelmäßig ein besseres Legalbewährungsverhalten feststellbar ist. Dies wird im folgenden Abschnitt anhand vergleichender Rückfalluntersuchungen geklärt.

Das Auswertungsergebnis legt die Vermutung nahe, dass die unterschiedlichen generellen Rückfallquoten der einzelnen Altersklassen eine Folge der unterschiedlichen Deliktsschwere der Anlasstaten sein könnten. Die Ausgangsstudie ergab, dass der Anteil an Bagatelldelikten im Erwachsenenbereich deutlich höher war als bei den Jugendlichen oder Heranwachsenden. Da die Rückfallauswertung zu dem Ergebnis kommt, dass die Legalbewährung nach Bagatelldelikten signifikant besser ist als nach schwereren Delikten, war eine vergleichsweise niedrigere Rückfallquote im Erwachsenenbereich zu erwarten. Der unterschiedliche Anteil an Bagatellen kann folglich als eine Erklärung für die Differenz der Rückfallquoten der Altersklassen herangezogen werden.

f) Zusammenhang zwischen Rückfall und Deliktsgruppen

Es wurde geprüft, ob ein Zusammenhang zwischen der Deliktsgruppe der Anlasstat und dem Rückfallverhalten festgestellt werden kann.

Tabelle 87: Rückfallquoten nach einzelnen Delikten

	Rückfallhäufigkeit		
	Jugendliche	Heranwachsende	Erwachsene
Einfache Körperverletzung	32%	20%	6%
Gefährliche Körperverletzung	47%	25%	13%
Sachbeschädigung	48%	17%	13%
Diebstahl	57%	45%	44%

Aus der Tabelle geht hervor, dass die Rückfallquoten in allen Altersklassen jeweils nach Diebstahlsdelikten besonders hoch waren. Nach einfacher Körperverletzung war die Rückfallquote hingegen durchgehend im Vergleich zu den anderen Deliktsgruppen relativ gering. Die Legalbewährung nach gefährlicher Körperverletzung war zudem in allen Altersgruppen schlechter als nach einfacher Körperverletzung.

Folglich ist ein Zusammenhang zwischen der Deliktsgruppe der Anlasstat und dem Rückfallverhalten anzunehmen.

In einem Vergleich mit anderen Rückfalluntersuchungen wird zu klären sein, ob die einzelnen Deliktsgruppen generell ein unterschiedliches Rückfallverhalten zu Folge haben oder ob die Auswertung die Annahme stützt, dass der Täter-Opfer-Ausgleich für einige Delikte besser geeignet ist.

Die unterschiedlichen generellen Rückfallquoten der Altersklassen könnten eine Folge der unterschiedlichen Deliktsstrukturen der Untersuchungsgruppen sein. Die Ausgangsstudie ergab, dass der Anteil an besonders rückfallgefährdeten Diebstahlsdelikten im Erwachsenenbereich deutlich geringer war als bei den anderen Altersklassen. Ferner war der Anteil an einfacher Körperverletzung bei den Erwachsenen vergleichsweise hoch. Diese Deliktsgruppen lassen folglich eine geringere Rückfallquote im Erwachsenenbereich vermuten. Der vergleichsweise geringere Anteil an besonders rückfallgefährdeten Deliktsgruppen ist damit eine Erklärung für die deutlich niedrigere Rückfallquote im Erwachsenenbereich.

g) Zusammenhang zwischen Bestreiten des Tatvorwurfs der Ausgangstat und Rückfall

Es soll ermittelt werden, ob ein Zusammenhang zwischen dem Bestreiten beziehungsweise Akzeptieren des Tatvorwurfs der Anlasstat und dem Legalbewährungsverhalten der Probanden besteht.

Tabelle 88: Zusammenhang zwischen Bestreiten des Tatvorwurfs der Ausgangstat und Rückfall

	Rückfallhäufigkeit					
	Jugendliche		Heranwachsende		Erwachsene	
	Anzahl	Anteil	Anzahl	Anteil	Anzahl	Anteil
Bestreiten des Tatvorwurfs	6 von 22	= 27%	1 von 2	= 50%	4 von 36	= 11%
Akzeptanz des Tatvorwurfs	60 von 135	= 44%	12 von 46	= 26%	9 von 108	= 8%

Aus der Tabelle geht hervor, dass die einzelnen Altersgruppen unterschiedliche Zusammenhänge zwischen der Einstellung zum Tatvorwurf und dem Rückfall ausweisen.

Im Jugendbereich war die Rückfallquote bei den Probanden, die den Tatvorwurf der Ausgangstat bestritten hatten geringer als bei denen, die die Tat gestanden oder zumindest geschwiegen haben.

Bei den Erwachsenen spricht die Auswertung nicht für einen Zusammenhang zwischen dem Eingeständnis der Tat und der Rückfälligkeit.

Das Ergebnis der Heranwachsenden kommt zu einer besseren Legalbewährung der den Tatvorwurf akzeptierenden Probanden. Die Aussagekraft dieses Ergebnisses ist jedoch zu relativieren, da die Untersuchungsgruppe lediglich 2 Fälle beinhaltete, bei denen der Beschuldigte den Tatvorwurf bestritten hat, so dass ein Zufallsergebnis nicht ausgeschlossen werden kann. Somit ist dieses Auswertungsergebnis nicht übertragbar.

Die Auswertung des Jugendbereichs kommt folglich als einzige zu dem Ergebnis, dass die spezialpräventive Wirkung des Täter-Opfer-Ausgleichs bei Beschuldigten, die den Tatvorwurf bestritten haben, besser ist als bei Geständigen. Aufgrund der mit 22 relativ geringen Anzahl an jugendlichen Probanden, die den Tatvorwurf bestritten haben, kann insbesondere bei Berücksichtigung der Ergebnisse der beiden anderen Altersgruppen ein eindeutiger Hinweis auf einen Zusammenhang zwischen der Einstellung zum Tatvorwurf und der spezialpräventiven Wirkung des Täter-Opfer-Ausgleichs nicht erbracht werden.

h) Zusammenhang zwischen Vorbelastung und Rückfall

Hier wurde untersucht, ob ein Zusammenhang zwischen der Vorbelastung der Probanden und dem späteren Rückfallverhalten festgestellt werden kann.

Tabelle 89: Zusammenhang zwischen Vorbelastung und Rückfall

	Rückfallhäufigkeit		
	Jugendliche	Heranwachsende	Erwachsene
	Anzahl Anteil	Anzahl Anteil	Anzahl Anteil
Keine Vorbelastungen	52 von 130 = 40%	7 von 32 = 22%	6 von 106 = 6%
Geringe Vorbelastungen	12 von 23 = 52%	5 von 14 = 36%	4 von 18 = 22%
Erhebliche Vorbelastungen	2 von 4 = 50%	1 von 2 = 50%	3 von 20 = 15%

Aus der Tabelle geht hervor, dass die nicht Vorbelasteten in allen Altersklassen eine niedrigere Rückfallquote aufweisen als die Vorbelasteten. Im Erwachsenenbereich war die Rückfallquote der Vorbelasteten mit 18% (7 von 38) sogar dreimal höher als die Rückfallquote der nicht Vorbelasteten mit 6%. Die Rückfallquote im Heranwachsendenbereich differiert von 22% bei den nicht Vorbelasteten bis zu 38% (6 von 16) bei den Vorbelasteten. Im Jugendbereich betrug die Rückfallquote 40% bei den nicht Vorbelasteten und 52% (14 von 27) bei den vorbelasteten Probanden.

Ein kontinuierlicher Anstieg der Rückfallquote mit steigender Vorstrafenbelastung konnte jedoch nur im Heranwachsendenbereich festgestellt werden. Die Differenzierung zwischen gering und erheblich Vorbelasteten ist insgesamt aufgrund der geringen absoluten Anzahlen insbesondere an erheblich Vorbelasteten in den Untersuchungsgruppen wenig aussagekräftig.

Zusammenfassend ist festzuhalten, dass in allen drei Altersklassen das Legalbewährungsverhalten bei den nicht vorbelasteten Probanden deutlich besser war als bei den Vorbelasteten. Jedoch ist zweifelhaft, ob dies ein Beweis dafür ist, dass der Täter-Opfer-Ausgleich aufgrund seiner Konzeption die Rückfälligkeit besser bei Unvorbelasteten vermeiden kann oder ob der Unterschied daraus resultiert, dass vorbelastete Probanden regelmäßig häufiger zu erneuter Straffälligkeit neigen. Diese Fragestellung wird anhand vergleichender Rückfallanalysen im folgenden Abschnitt zu untersuchen sein.

Der ermittelte Zusammenhang zwischen Vorbelastungen und Rückfälligkeit begründet die Vermutung, dass die unterschiedlichen generellen Rückfallquoten der Altersklassen zum Teil mit dem unterschiedlichen Anteil an Vorbelasteten in den Untersuchungsgruppen erklärt werden können.

Die Ausgangsuntersuchung ergab, dass der Anteil an vorbelasteten Probanden bei den Heranwachsenden am höchsten war, gefolgt von den Erwachsenen. Der geringste Anteil an Vorbelasteten wurde bei den Jugendlichen festgestellt.

Diese Auswertung vermag zwar die höhere Rückfallquote der Heranwachsenden im Vergleich zu den Erwachsenen zu erklären, entgegen der Erwartungen war der Anteil an Vorbelasteten jedoch bei den Jugendlichen niedriger als bei den Erwachsenen. Der Unterschied dieser Rückfallquoten kann folglich nicht mit der Verteilung der Vorbelasteten begründet werden.

i) Zusammenhang zwischen formalem Ausgleichsgespräch und Rückfall
Nun wurde untersucht, ob das Merkmal des formalen Gesprächs bei der Durchführung des Täter-Opfer-Ausgleichs mit dem Rückfallverhalten korreliert.

Tabelle 90: Zusammenhang zwischen formalem Ausgleichsgespräch und Rückfall

	Rückfallhäufigkeit		
	Jugendliche	Heranwachsende	Erwachsene
	Anzahl Anteil	Anzahl Anteil	Anzahl Anteil
Formales Gespräch	37 von 101 = 37%	7 von 30 = 23%	7 von 87 = 8%
Kein formales Gepräch	29 von 56 = 52%	6 von 18 = 33%	6 von 57 = 11%

Die Auswertung zeigt, dass in allen drei Altersklassen die Rückfallquoten bei den Probanden, die im Rahmen des Täter-Opfer-Ausgleichs ein formales Gespräch mit dem Geschädigten geführt hatten, geringer war als bei den Probanden, die keinen persönlichen Kontakt zu dem Opfer hatten.

Der Täter-Opfer-Ausgleich scheint seine spezialpräventive Wirkung folglich insbesondere entfalten zu können, wenn die Tatbeteiligten direkt miteinander in Kontakt treten. Dies entspricht auch der Konzeption des Täter-Opfer-Ausgleichs als eine Form der Sanktion, bei der der Konflikt direkt zwischen den beteiligten Parteien geschlichtet und ein gerechter Ausgleich des Schadens vereinbart werden soll.

Die unterschiedlichen generellen Rückfallquoten der einzelnen Altersklassen könnten zum Teil aus dem unterschiedlichen Anteil an Täter-Opfer-Ausgleichs-Verfahren mit formalem Ausgleichsgespräch in den Untersuchungsgruppen resultieren. Die Ausgangsuntersuchung ergab, dass der Anteil an Täter-Opfer-Ausgleichs-Verfahren mit formalem Ausgleichsgespräch in allen drei Altersbereichen nicht signifikant voneinander abwich. Somit stellt dieses Merkmal keine Erklärung für die unterschiedlichen Rückfallquoten dar.

4. Zusammenfassung
Die Rückfallanalyse ergab, dass 26% der untersuchten Probanden erneut straffällig und umgekehrt 74% nicht rückfällig wurden.

Eine Unterteilung der Studie in die einzelnen Altersklassen zeigt, dass das Rückfallverhalten der Probanden je nach Alter stark differiert. Bei den Jugendlichen lag die Rückfallquote bei 42%, bei den Erwachsenen war der Anteil der Rückfälligen mit 9% deutlich geringer. Die Rückfallquote der Heranwachsenden war mit 27% zwischen den der beiden anderen Altersklassen einzuordnen. Als Ergebnis bleibt folglich festzuhalten, dass die Rückfallhäufigkeit mit zunehmenden Alter geringer wurde.

Die Auswertung zeigt ferner, dass einige Merkmale des Täter-Opfer-Ausgleichs-Verfahrens Einfluss auf das Rückfallverhalten haben. Die Legalbewährung war besser bei Straftaten, denen ein Dauerkonflikt zugrunde lag, bei Bagatellen, bei nicht Vorbelasteten sowie bei Probanden, die im Rahmen des Täter-Opfer-Ausgleichs persönlichen Kontakt zu dem Geschädigten hatten.

Zudem war die Rückfallquote nach einzelnen Deliktsgruppen unterschiedlich. Weiterhin konnte ein Zusammenhang zwischen dem Alkoholkonsum während der Anlasstatbegehung und dem Rückfallverhalten festgestellt werden. Dieses war jedoch vom Alter der Probanden abhängig. Während erwachsene alkoholbeeinflusste Straftäter vermehrt rückfällig wurden, konnte bei Heranwachsenden ein gegenteiliger Effekt festgestellt werden. Dieses Ergebnis legt die Vermutung nahe, dass Heranwachsende eher therapiert werden können, während Erwachsene zunehmend gefährdet sind, weiterhin durch die suchtbedingte Reduktion der Hemmschwelle straffällig zu werden.

Anhand eines Vergleichs mit anderen Rückfalluntersuchungen ist zu ermitteln, ob diese rückfallbeeinflussenden Merkmale spezifisch für das Täter-Opfer-Ausgleichs-Verfahren sind, oder ob es sich um generell rückfallrelevante Faktoren handelt und wie das Gesamtergebnis zu bewerten ist.

II. Itzehoer Kontrollstudie

In diesem Abschnitt werden die Ergebnisse der Schleswig-Holsteinischen Rückfalluntersuchung mit der Auswertung der Akten der Itzehoer Gerichtshilfe verglichen.

Grundlage der Itzehoer Studie bilden die 43 staatsanwaltschaftlichen Ermittlungsakten, die angefordert wurden, weil diese Aktenzeichen zwar auf der Liste der Gerichtshilfe als erfolgreich abgeschlossene Täter-Opfer-Ausgleichs-Verfahren registriert waren, auf der Liste der Staatsanwaltschaft jedoch keine Erwähnung fanden. Wie oben ausgeführt, ergab die Auswertung dieser Verfahren, dass es sich in den 43 Verfahren um Täter-Opfer-Ausgleichs-Fälle aus dem Erwachsenenbereich handelte, die im Vorverfahren durch die Staatsanwaltschaft eingestellt wurden. Die Auswertung der Itzehoer Akten führte zu einer Bestätigung der Ergebnisse der landesweiten Täter-Opfer-Ausgleichs-Analyse. Die folgende Untersuchung soll zeigen, ob auch das Rückfallverhalten ähnlich zu bewerten ist.

Die Auswertung war wiederum auf einen dreijährigen Beobachtungszeitraum begrenzt.

1. Auswertung der Grundgesamtheit

Zunächst wurde das Rückfallverhalten der Itzehoer Grundgesamtheit untersucht, dann wurde geprüft, ob hier ähnliche Zusammenhänge zwischen den einzelnen Merkmalen der Täter-Opfer-Ausgleichs-Verfahren und der Legalbewährung festgestellt werden konnten.

a) Rückfallquote

Als Rückfall wurde auch bei dieser Studie jeder erneute Eintrag in das Bundeszentralregister gewertet.

Tabelle 91: Rückfallhäufigkeit

	Itzehoer Studie		Landesweite Studie
	Anzahl	Anteil	Anteil
Rückfallhäufigkeit	12	28%	9%
Legalbewährungsquote	31	72%	91%
Σ	43	100%	100%

Die Quote derjenigen, die nach Einstellung des Verfahrens infolge Täter-Opfer-Ausgleichs erneut straffällig wurden, lag in Itzehoe bei 28%.

Die Rückfallquote ist damit um 19 Prozentpunkte höher als bei der landesweiten Rückfallanalyse im Erwachsenenbereich. Die Abweichung ist nicht unerheblich.

Als Grund für diese Abweichung kommt die geringe absolute Anzahl an Verfahren, die bei der Itzehoer Studie berücksichtigt werden konnten, in Betracht. Die geringe Gesamtmenge birgt eine vermehrte Gefahr von Zufallswerten in sich, so dass die Ergebnisse in ihrer Wertung zu relativieren sind.

Eine weitere Erklärung ist jedoch nicht ersichtlich, da ein Vergleich mit der Ausgangsstudie keine Unterschiede in den persönlichen Merkmalen der Probanden oder den einzelnen Merkmalen des Täter-Opfer-Ausgleichs-Verfahrens oder den zugrunde liegenden Taten erkennen ließ.

b) Einschlägige Rückfälle
Des Weiteren wurde untersucht, ob der Anteil der einschlägig rückfälligen Probanden in beiden Studien vergleichbar ist. Die Differenzierung zwischen einschlägigen und nicht einschlägigen Rückfällen wurde anhand der oben ausgeführten Kriterien vorgenommen.

Tabelle 92: Einschlägige Rückfälle

	Itzehoer Studie		Landesweite Studie
	Anzahl	Anteil	Anteil
Einschlägiger Rückfall	4	9%	6%
Kein oder nicht einschlägiger Rückfall	39	91%	94%
Σ	43	100%	100%

Aus der Tabelle geht hervor, dass sich die Auswertungsergebnisse beider Studien angleichen, wenn nur die einschlägigen Rückfälle berücksichtigt werden. So wurden jeweils nur knapp 10% der Probanden erneut aufgrund eines vergleichbaren Deliktes straffällig.

In über 90% der Verfahren haben die Probanden nach einem Täter-Opfer-Ausgleich folglich nicht erneut ein vergleichbares Delikt begangen.

c) Schwere der Rückfälle
Die Rückfälle wurden wiederum nach ihrer Schwere im Verhältnis zur Ausgangstat eingeteilt. Differenziert wurde nach schwereren, gleichschweren und leichteren Rückfällen.

Tabelle 93: Schwere der Rückfälle

	Itzehoer Studie		Landesweite Studie
	Anzahl	Anteil	Anteil
Schwerer Rückfall	4 von 43	9%	3%
Gleichschwerer Rückfall	4 von 43	9%	3%
Leichterer Rückfall	4 von 43	9%	3%

Auch diese Auswertung lässt keine gravierenden Differenzen zwischen den beiden Studien erkennen.

Bei der Itzehoer Untersuchung war jeweils knapp ein Zehntel der Rückfälle leichter, schwerer und gleichschwer. Bei der landesweiten Studie lag der Anteil der milderen, gleichschweren und schwereren Rückfälle jeweils bei 3%. Beide Studien kommen übereinstimmend zu dem Ergebnis, dass nur ein geringer Anteil der Rückfälle als schwerer im Vergleich zur Ausgangstat einzuordnen war. Bei jeweils über 90% der Probanden kam es nach einem Täter-Opfer-Ausgleich nicht zu einer Intensivierung der Kriminalitätsschwere der Straftaten und damit nicht zu einer Verschlechterung der kriminellen Karriere.

d) Schwere der Delikte

Ferner wurde die Deliktsschwere der Rückfälle in Itzehoe untersucht. Die Einteilung erfolgte in die Sparten der Bagatelldelikte, der mittelschweren und der schweren Delikte. Zur Einordnung wurden die oben genannten Kriterien verwendet.

Tabelle 94: Schwere der Rückfalldelikte

	Itzehoer Studie		Landesweite Studie
	Anzahl	Anteil	Anteil
Bagatelldelikte	1 von 43	2%	1%
Mittelschwere Delikte	9 von 43	21%	8%
Schwere Delikte	2 von 43	5%	0%

Der Anteil der schweren Rückfalldelikte war sowohl in der landesweiten Studie mit 0% als auch in der Kontrollstudie mit 5% sehr gering. Die Rückfalldelikte hatten ferner in beiden Studien äußerst selten Bagatellcharakter.

Die meisten Rückfalldelikte waren als mittelschwere Delikte einzuordnen. In diesem Punkt stimmen die beiden Studien überein, auch wenn der Anteil der mittelschweren Delikte bei der Kontrollstudie aufgrund der höheren generellen Rückfallquote erwartungsgemäß höher war als bei der landesweiten Studie.

Tendenziell kommen beide Studien zu dem Ergebnis, dass nur sehr wenige Probanden nach einem Täter-Opfer-Ausgleich ein schweres Delikt begangen haben.

e) Rückfallsanktion

Tabelle 95: Sanktionen der Rückfälle in Itzehoe

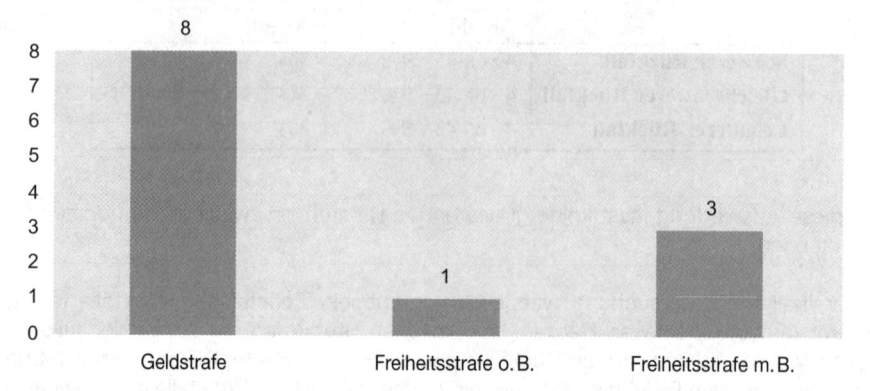

Sanktion	Anzahl
Geldstrafe	8
Freiheitsstrafe o. B.	1
Freiheitsstrafe m. B.	3

Die Auswertung der Itzehoer Daten zeigt, dass hier – wie im Erwachsenenbereich der landesweiten Studie – der überwiegende Anteil der Rückfälle mit Geldstrafen sanktioniert wurde. Die Anzahl der Fälle, in denen aufgrund des Rückfalldelikts eine freiheitsentziehende Maßnahme ohne Bewährung verhängt wurde, war – wie bei der Schleswig-Holsteinischen Rückfallanalyse – sehr gering. Die Milde der Rückfallsanktionen deutet bei beiden Studien darauf hin, dass sich die kriminelle Entwicklung der Probanden nach dem Täter-Opfer-Ausgleich regelmäßig nicht wesentlich verschlechtert hat.

f) Zeitdifferenz
Die Zeitdifferenz zwischen der Einstellungsverfügung der Staatsanwaltschaft nach erfolgreichem Täter-Opfer-Ausgleich und der erneuten Tat betrug in den Itzehoer Daten durchschnittlich 376 Tage, der Median lag bei 318 Tagen.

Im Mittel vergingen folglich mehr als zwölf Monate, bis der Proband rückfällig wurde. Diese Zeitspanne lag in der Schleswig-Holsteinischen Analyse bei 15 Monaten. Zwischen den Studien besteht damit bei der Rückfallgeschwindigkeit eine nicht erhebliche Zeitdifferenz von drei Monaten.

g) Anzahl der Eintragungen
Des Weiteren wurden die Studien in Hinblick auf die Anzahl der Rückfalldelikte der einzelnen Probanden verglichen.

Tabelle 96: Anzahl der Rückfälle in Itzehoe

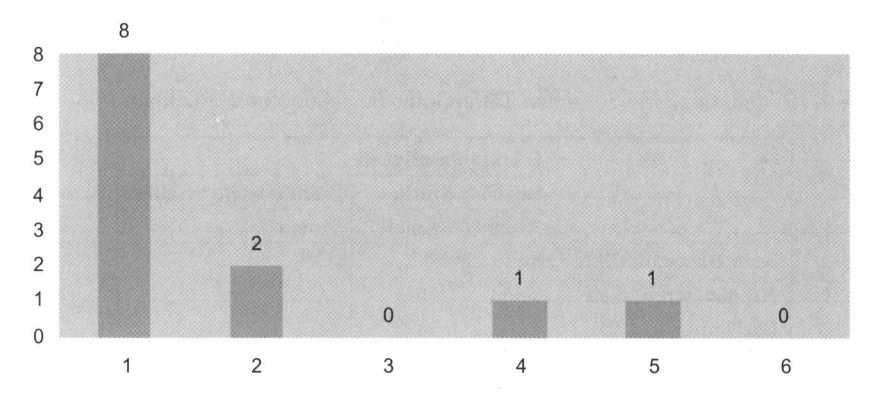

Anzahl Rückfälle	1	2	3	4	5	6
Häufigkeit	8	2	0	1	1	0

Auch die Auswertung der Itzehoer Daten zeigt, dass im Großteil der Rückfallverfahren die Probanden einmal rückfällig wurden. Zu einem zweifachen Rückfall kam es in zwei Verfahren, jeweils ein Proband wurde viermal beziehungsweise fünfmal erneut straffällig.

Die Anzahl der Mehrfachrückfälligen ist sowohl bei der landesweiten Rückfallanalyse als auch bei der Kontrollstudie als gering einzuordnen.

Die Quantität der Rückfalltaten ist als ein Kriterium zur Bewertung der kriminellen Entwicklung der Probanden anzusehen, so dass die geringe Anzahl beider Studien an wiederholt Rückfälligen darauf hindeutet, dass die Probanden nach einem Täter-Opfer-Ausgleich ihre kriminelle Entwicklung selten drastisch verschlechtert haben.

h) Ergebnis des Vergleiches mit den Daten aus Itzehoe

Ein Vergleich der Rückfallauswertungen der landesweiten Studie mit der Itzehoer Kontrollgruppe zeigt zunächst, dass die generellen Rückfallquoten um fast 20% voneinander abweichen. Eine Erklärung für die höhere Rückfallquote der Kontrollgruppe ist nicht ersichtlich, aus dem Vergleich der Ausgangsstudien ließ sich keine rückfallrelevante Abweichung der Untersuchungsgruppen feststellen. Lediglich die geringe absolute Anzahl an berücksichtigten Verfahren bei der Itzehoer Studie kann die Differenz relativieren.

Bei den übrigen Auswertungen entsprechen sich die Ergebnisse beider Studien tendenziell. Somit unterstützt die Itzehoer Kontrollstudie die Auswertungsergebnisse der landesweiten Rückfallanalyse.

2. Abhängigkeit der Rückfälle von einzelnen Merkmalen des Täter-Opfer-Ausgleichs-Verfahrens bei der Itzehoer Kontrollstudie

In diesem Abschnitt wurde untersucht, ob und in welchem Umfang die Rückfälligkeit bei der Itzehoer Kontrollstudie durch bestimmte bei der Ausgangsuntersuchung ermittelte Faktoren beeinflusst wurde. Die Ergebnisse wurden mit denen der Schleswig-Holsteinischen Rückfallanalyse verglichen, um die Ergebnisse der landesweiten Studie zu überprüfen.

a) Zusammenhang zwischen Täter-Opfer-Beziehung und Rückfall

Zunächst wurde untersucht, welchen Einfluss die Beziehung zwischen den Konfliktparteien zum Zeitpunkt der Anlasstat auf das Rückfallverhalten hatte.

Tabelle 97: Zusammenhang zwischen Täter-Opfer-Beziehung und Rückfall

	Rückfallhäufigkeit	
	Itzehoer Studie	Landesweite Studie
	Anzahl Anteil	Anteil
Kein Dauerkonflikt	8 von 28 29%	11%
Nachbarstreitigkeit	0 von 4 0%	0%
Beziehungskonflikt	4 von 11 36%	8%

Bei der Auswertung der vorstehenden Tabelle ist zunächst auffällig, dass sowohl bei der Itzehoer als auch bei der landesweiten Rückfalluntersuchung im Erwachsenenbereich kein Proband rückfällig wurde, bei dem eine Nachbarschaftsstreitigkeit Ursache der Ausgangstat war.

Insgesamt war auch in Itzehoe die Rückfallquote der Probanden, bei denen ein Dauerkonflikt in Form von Nachbarschaftsstreitigkeiten oder Beziehungskonflikten der Ausgangstat zugrunde lagen, mit 27% (4 von 15) ein wenig geringer als die Rückfallquote der Probanden, bei denen kein dauerhafter Konflikt vorlag.

Die Auswertungen beider Studien deuten folglich darauf hin, dass der Täter-Opfer-Ausgleich insbesondere geeignet ist, dauerhafte Konflikte grundlegend zu entschärfen.

b) Zusammenhang zwischen Täter-Opfer-Bekanntschaft und Rückfall

Nun wurde untersucht, ob ein Zusammenhang zwischen dem Bekanntschaftsverhältnis bei der Ausgangstat und dem Rückfall festgestellt werden kann.

Tabelle 98: Zusammenhang zwischen Täter-Opfer-Bekanntschaft und Rückfall

	Rückfallhäufigkeit	
	Itzehoer Studie	Landesweite Studie
	Anzahl Anteil	Anteil
Bekanntschaft	5 von 21 24%	8%
Keine Bekanntschaft	7 von 22 32%	10%

Aus der Tabelle ergibt sich, dass die Rückfallquoten beider Studien in den Fällen etwas geringer sind, in denen sich Beschuldigter und Geschädigter zum Zeitpunkt der Ausgangstat kannten. Die vorherige Studie konnte einen Zusammenhang zwischen der flüchtigen Bekanntschaft und dem Rückfallverhalten nicht nachweisen. Auch in der vorliegenden Auswertung ist der Unterschied im Legalbewährungsverhalten der einander Bekannten und Unbekannten jedoch nicht bedeutend und zudem aufgrund der geringen Anzahl an absoluten Verfahren nicht sonderlich aussagekräftig.

Im Einklang mit der landesweiten Studie kommt die Auswertung der Kontrollgruppe folglich zu dem Ergebnis, dass die Legalbewährung bei bekannten und unbekannten Tatbeteiligten in etwa gleich ist.

c) Zusammenhang zwischen spontaner Aggression und Rückfall
Ferner wurde untersucht, ob und inwieweit spontane Aggression bei der Ausgangstat die Rückfälligkeit der Probanden beeinflusst hat.

Tabelle 99: Zusammenhang zwischen spontaner Aggression und Rückfall

	Rückfallhäufigkeit	
	Itzehoer Studie	**Landesweite Studie**
	Anzahl Anteil	Anteil
Spontane Aggression	5 von 16 31%	6%
Keine spontane Aggression	7 von 27 26%	12%

Aus der vorstehenden Tabelle ergibt sich, dass die Rückfallquoten der Probanden, deren Tat durch spontane Aggression motiviert wurde, und der Probanden, bei denen die Tat nicht infolge spontaner Aggression begangen wurde, ungefähr einander entsprechen.

Insbesondere in Hinblick auf die geringe absolute Anzahl an Verfahren und die geringen Unterschiede der Rückfallquoten ergeben die Auswertungen beider Studien übereinstimmend, dass ein Zusammenhang zwischen der spontanen Aggression bei der Ausgangstatbegehung und der Rückfälligkeit nicht nachgewiesen werden kann.

d) Zusammenhang zwischen Alkoholkonsum und Rückfall
Des Weiteren wurde ermittelt, ob ein Zusammenhang zwischen dem Alkoholkonsum bei der Ausgangstat und dem Rückfall festgestellt werden kann.

Tabelle 100: Zusammenhang zwischen Alkoholkonsum und Rückfall

	Rückfallhäufigkeit	
	Itzehoer Studie	**Landesweite Studie**
	Anzahl Anteil	Anteil
Alkoholeinfluss	4 von 7 57%	21%
Kein Alkoholeinfluss	8 von 36 22%	7%

Die Tabelle macht deutlich, dass die Legalbewährung auch in Itzehoe bei erwachsenen Probanden, die die Anlasstat unter Alkoholeinfluss begangen haben, bedeutend schlechter ist als die Legalbewährung der Probanden, die keinen Alkohol konsumiert hatten.

Dies könnte ein Indiz dafür sein, dass die alkoholbedingten Straftäter weiterhin Alkohol konsumierten und demnach verschärft Gefahr liefen, aufgrund der verringerten Hemmschwelle eine erneute Straftat zu begehen.

Wie die landesweite Studie legt diese Auswertung folglich einen Zusammenhang zwischen Alkoholkonsum und Rückfallverhalten nahe.

e) Zusammenhang zwischen Kriminalitätsschwere der Ausgangstat und Rückfall

Nun wurde untersucht, ob die Auswertung der Itzehoer Rückfallverfahren einen Zusammenhang zwischen der Kriminalitätsschwere der Ausgangstat und dem Rückfall zeigt.

Tabelle 101: Zusammenhang zwischen Kriminalitätsschwere der Ausgangstat und Rückfall

	Rückfallhäufigkeit		
	Itzehoer Studie		Landesweite Studie
	Anzahl	Anteil	Anteil
Bagatelldelikt	3 von 12	25%	7%
Kein Bagatelldelikt	9 von 31	29%	10%

Aus der vorstehenden Tabelle geht hervor, dass die Rückfallquoten bei beiden Studien nach einem Bagatelldelikt ein wenig geringer waren als nach einem Delikt schwererer Kriminalität.

Damit kommt die Auswertung in Übereinstimmung mit der landesweiten Studie zu dem Ergebnis, dass die Legalbewährung nach Bagatellen besser ist als nach schwereren Delikten.

f) Zusammenhang zwischen Deliktsgruppen und Rückfall

Hier wurde ermittelt, ob auch in Itzehoe die Rückfallquoten nach den der Ausgangstat zugrunde liegenden Deliktsgruppen differieren. Aufgrund der geringen Anzahl an Verfahren, die die Untersuchungsgruppe bildeten, werden bei der nachfolgenden Auswertung nur die beiden meistvertretenen Deliktsgruppen berücksichtigt.

Tabelle 102: Rückfall nach einzelnen Delikten

	Rückfallhäufigkeit		
	Itzehoer Studie		Landesweite Studie
	Anzahl	Anteil	Anteil
Einfache KV (§ 223)	7 von 16	44%	6%
Sachbeschädigung	3 von 7	43%	13%

Die Rückfallquoten nach Körperverletzung und Sachbeschädigung sind nach den Daten aus Itzehoe deutlich höher als bei der landesweiten Studie. Ein Grund für diese Diskrepanz ist nicht ersichtlich. Jedenfalls ergaben die Auswertungen der Ausgangsstudien, dass die Deliktsschwere beider Untersuchungsgruppen vergleichbar ist, so dass sich die schlechtere Legalbewährung bei der Itzehoer Studie nicht mit einer höheren Deliktsschwere bei dieser Untersuchungsgruppe erklären lässt.

Die Aussagekraft der erheblich höheren Rückfallquoten bei der Itzehoer Studie dürfte allenfalls zu relativieren sein, da die absolute Anzahl an Verfahren der einzelnen Deliktsgruppen sehr gering ist, so dass Zufälligkeiten nicht ausgeschlossen werden können.

g) Zusammenhang zwischen Bestreiten des Tatvorwurfs der Ausgangstat und Rückfall

Es wurde nun ermittelt, ob ein Zusammenhang zwischen dem Bestreiten beziehungsweise Akzeptieren des Tatvorwurfs und dem Rückfall festgestellt werden kann.

Tabelle 103: Zusammenhang zwischen Bestreiten des Tatvorwurfs und Rückfall

	Rückfallhäufigkeit	
	Itzehoer Studie	**Landesweite Studie**
	Anzahl Anteil	Anteil
Bestreiten des Tatvorwurfs	0 von 3 0%	11%
Akzeptanz des Tatvorwurfs	12 von 40 30%	8%

Bei der Kontrollgruppe war die Rückfallquote der Probanden bei Bestreiten des Tatvorwurfs geringer als bei dessen Akzeptanz. Die Auswertung ist jedoch aufgrund der sehr geringen Anzahl an Probanden, die bei der Ausgangstat den Tatvorwurf bestritten hatten, von geringer Aussagekraft. Somit liefert auch die Auswertung der Kontrollgruppe keinen eindeutigen Hinweis auf einen Zusammenhang zwischen dem Bestreiten beziehungsweise Akzeptieren des Tatvorwurfs und dem Rückfall.

h) Zusammenhang zwischen Vorbelastung und Rückfall

Des Weiteren wurde untersucht, ob Vorbelastungen der Probanden zur Zeit der Ausgangstat die Rückfallquote beeinflusst haben.

Tabelle 104: Zusammenhang zwischen Vorbelastung und Rückfall

	Rückfallhäufigkeit	
	Itzehoer Studie	**Landesweite Studie**
	Anzahl Anteil	Anteil
Keine Vorbelastungen	7 von 32 22%	6%
Geringe Vorbelastungen	2 von 7 29%	22%
Erhebliche Vorbelastungen	3 von 4 75%	15%

Bei Betrachtung der vorstehenden Tabelle wird deutlich, dass die Rückfallquote der nicht vorbelasteten Probanden in beiden Studien geringer ist als die Rückfallquote der bereits straffällig gewordenen Probanden.

Die Kontrollstudie bestätigt damit die landesweite Auswertung. Die Vorbelastung der Probanden hat folglich negativen Einfluss auf die Legalbewährung nach Täter-Opfer-Ausgleich.

i) Zusammenhang zwischen formalem Ausgleichsgespräch und Rückfall

Nun wurde untersucht, ob ein formales Gespräch im Rahmen des Täter-Opfer-Ausgleichs Auswirkungen auf die Rückfallrate haben kann.

Tabelle 105: Zusammenhang zwischen formalem Ausgleichsgespräch und Rückfall

	Rückfallhäufigkeit	
	Itzehoer Studie	Landesweite Studie
	Anzahl　　Anteil	Anteil
Formales Gespräch	8 von 27　　30%	8%
Kein formales Gespräch	4 von 16　　25%	11%

Die Rückfallquoten der Probanden, die im Rahmen des Täter-Opfer-Ausgleichs ein formelles Ausgleichsgespräch mit dem Opfer geführt haben, und die Rückfallquote der Beschuldigten, bei denen der Täter-Opfer-Ausgleich ohne persönlichen Kontakt durchgeführt wurde, liegen ungefähr gleich hoch. Nach einem gemeinsamen Gespräch war die Legalbewährung nur geringfügig schlechter.

Aufgrund der geringen absoluten Anzahl an Ausgangsverfahren und an Rückfallverfahren ist davon auszugehen, dass der ohnehin geringe Unterschied zwischen den Rückfallquoten nicht signifikant ist.

Daher können diese Werte nicht die Ergebnisse der landesweiten Studie in Zweifel ziehen. Es ist bei Berücksichtigung beider Studien davon auszugehen, dass der Täter-Opfer-Ausgleich die spezialpräventive Wirkung insbesondere entfaltet, wenn ein formales Ausgleichsgespräch durchgeführt wird.

j) Ergebnis

Die Auswertung der Itzehoer Rückfalldaten lässt folglich keine gravierenden Unterschiede zu den Auswertungsergebnissen der landesweiten Rückfallstudie erkennen.

Das Legalbewährungsverhalten der Probanden war auch bei dieser Studie besser, wenn der Ausgangstat ein Dauerkonflikt zugrunde lag, wenn das Ausgangsdelikt Bagatellcharakter hatte und wenn die Probanden nicht vorbelastet waren. Schlechter war die Legalbewährung hingegen bei Probanden, die während der Ausgangstat Alkohol konsumiert hatten. Weiterhin konnte auch hier ein Zusammenhang zwischen der Deliktsgruppe des Ausgangsdelikts und dem Rückfallverhalten festgestellt werden.

Die Auswertungen der landesweiten Studie werden somit bestätigt.

4. Kapitel: Vergleich mit anderen Rückfalluntersuchungen

Um die Effizienz des Täter-Opfer-Ausgleichs beurteilen zu können, ist es unerlässlich, die Ergebnisse der vorliegenden Rückfallauswertung mit den Ergebnissen von Rückfalluntersuchungen nach anderen herkömmlichen Sanktionen zu vergleichen. Nur so kann eine Aussage darüber getroffen werden, ob der Täter-Opfer-Ausgleich effektiver die erneute Straffälligkeit verhindern kann als andere strafrechtliche Reaktionen.

Auf die Bildung einer Kontrollgruppe, bestehend aus Probanden, die sich bezüglich der Sanktionierung unterscheiden, wurde verzichtet. Eine Vergleichsgruppe ist nur dann sinnvoll, wenn sich die jeweiligen Probanden lediglich in Hinblick auf die Sanktionierung unterscheiden und in sämtlichen rückfallrelevanten Merkmalen übereinstimmen. Die Bildung einer solchen Gruppe erscheint praktisch nicht durchführbar, so dass von dem Versuch abgesehen und auf bereits vorhandene Rückfalluntersuchungen zurückgegriffen wurde.

Im folgenden Abschnitt sollen nun die Ergebnisse der in der Vergangenheit durchgeführten Rückfallauswertungen dargestellt und in ein Verhältnis zu den Auswertungsergebnissen der Schleswig-Holsteinischen Rückfallanalyse gesetzt werden.

Weiterhin sollen die vergleichenden Rückfallstudien Aufschluss darüber bringen, ob die relativ hohe Rückfallrate der vorbelasteten Beschuldigten sowie die relativ niedrige Rückfälligkeit von Beschuldigten, die als Ausgangsdelikt ein Bagatelldelikt verübt hatten, einen Beleg dafür bringen, dass der Täter-Opfer-Ausgleich bei bestimmten Fallgruppen besser geeignet ist, die Rückfälligkeit zu verhindern, oder ob die Rückfallrate dieser Gruppen auch in anderen Studien regelmäßig höher beziehungsweise niedriger ist.

Zudem ist zu ermitteln, ob auch bei anderen Sanktionsarten die spezialpräventive Wirkung von den einzelnen Deliktsgruppen abhängt oder ob die Täter-Opfer-Ausgleichs-Studie den Schluss zulässt, dass diese Sanktion für einige Deliktsgruppen nicht geeignet ist.

Schließlich soll geklärt werden, ob sich die deutlich höhere Rückfallquote der jüngeren Beschuldigten mit den Erfahrungen anderer Rückfalluntersuchungen deckt.

A. Jugendliche

Zunächst werden empirische Studien dargestellt, die den Rückfall von Probanden untersucht haben, die bei der Eingangstat Jugendliche waren. Die Rückfallergebnisse dieser Studien werden mit den Auswertungen der Täter-Opfer-Ausgleichs-Studie im Jugendbereich verglichen.

I. Österreichische Rückfallstudie von Császár

Als Vergleichsuntersuchung wird zunächst die Rückfallstudie von *Császár*, die am Wiener Universitätsinstitut für Strafrecht und Kriminologie durchgeführt wurde, herangezogen. Untersuchungsgegenstand war das Legalverhalten von Personen, die 1975 am Wiener Gerichtshof angezeigt worden waren. Die Beobachtung umfasst 581 männliche inländische Personen. Alle Personen waren bei Begehung des Anlassdeliktes Jugendliche oder aber zumindest 12 Jahre alt. Die Rückfalluntersuchung erfasste sowohl Personen, deren strafbares Verhalten keinen Schuldspruch zur Folge hatte, als auch Kinder, die aufgrund ihrer Strafunmündigkeit nicht schuldig gesprochen wurden, sowie Personen, die wegen des Anlassdelikts schuldig gesprochen wurden. Als Beobachtungszeitraum über das Folgeverhalten der Untersuchungsgruppe wurden 11 Jahre festgesetzt.[174]

---

[174] s. *Császár* S. 64.

Dieser Beobachtungszeitraum ist deutlich länger als der in der Täter-Opfer-Ausgleichs-Studie gewählte, so dass ein exakter Vergleich der Ergebnisse beider Studien bereits aus diesem Grunde nur begrenzt möglich ist.

1. Rückfallquote
Bei Bestimmung der Rückfallquote wurde nach den strafrechtlichen Reaktionen der Anlasstat unterschieden.

Tabelle 106: Rückfallquoten im Vergleich

	Rückfall-quote	Legal-bewährung
Täter-Opfer-Ausgleich	42%	58%
Verurteilte	66%	34%
Nicht schuldig Gesprochene	50%	50%
Strafunmündige	50%	50%

Mindestens eine Folgeverurteilung wiesen rund ²/₃ der Jugendlichen auf, die wegen der Anlasstat auch verurteilt wurden. Als Schuldspruch der Anlasstat kamen hier die Ermahnung, die Geldstrafe und die bedingte Freiheitsstrafe in Betracht[175]. Jeweils die Hälfte der wegen der Anlasstat nicht schuldig gesprochenen Jugendlichen beziehungsweise der bei der Anlasstat Strafunmündigen wurden innerhalb des Beobachtungszeitraumes verurteilt.[176]

Nach einem erfolgreich abgeschlossenen Täter-Opfer-Ausgleich wurde bei der Schleswig-Holsteinischen Studie eine Rückfallquote von 42% ermittelt. Damit war die Rückfallquote nach Täter-Opfer-Ausgleich niedriger als die Rückfallquoten der Untersuchungsgruppen von *Császár*.

Aus der niedrigeren Rückfallquote allein kann jedoch nicht zwingend auf eine bessere spezialpräventive Wirkung des Täter-Opfer-Ausgleichs geschlossen werden. Die Differenz der Rückfallquoten könnte daraus resultieren, dass einige rückfallbeeinflussenden Merkmale von Anfang an unterschiedlich in den Untersuchungsgruppen angelegt waren. Im Folgenden wird versucht, eine Erklärung für die verschiedenen Rückfallwerte zu finden. Dazu wird die detaillierte Rückfallauswertung von *Császár* mit den Ergebnissen der Täter-Opfer-Ausgleichs-Studie verglichen.

2. Vorbelastungen
In die nachfolgende Untersuchung wurde nur die Gruppe der bei der Anlasstat strafmündigen Probanden einbezogen.

---

[175] s. *Császár* S. 78 Tabelle 4.
[176] s. *Császár* S. 65.

Tabelle 107: Vorbelastungen und Rückfall im Vergleich

	Rückfall bei Vorbelasteten	Rückfall bei nicht Vorbelasteten
Täter-Opfer-Ausgleich	52%	40%
Strafmündige	84%	54%

Eine Differenzierung zwischen der im Zeitpunkt der Anlasstat Vorbestraften beziehungsweise Unvorbelasteten ergibt, dass fast 50% der Unbescholtenen aber nur 1/6 der Vorbestraften straffrei blieben.[177]

Im Vergleich hierzu wurde bei der Täter-Opfer-Ausgleichs-Untersuchung ermittelt, dass 40% der nicht Vorbelasteten und 52% der vorbelasteten Beschuldigten erneut straffällig wurden.

In der Tendenz ähneln sich die Auswertungsergebnisse beider Studien. Der Anteil der nicht Vorbelasteten, die rückfällig wurden, war jeweils geringer als der Anteil der rückfällig gewordenen Vorbelasteten. Die Rückfallquote war jedoch sowohl bei der Gruppe der Vorbelasteten als auch bei den nicht Vorbelasteten in der Täter-Opfer-Ausgleichs-Untersuchung geringer als in *Császárs* Studie.

Aufgrund des Umstandes, dass die vorbelasteten Jugendlichen vermehrt rückfällig wurden, könnte der Grund für die höhere Rückfallquote der Studie von *Cszásár* darin liegen, dass diese Untersuchungsgruppe anteilsgemäß mehr vorbelastete Probanden enthält als die Täter-Opfer-Ausgleichs-Studie. Ein Vergleich beider Studien zeigt jedoch, dass das Verhältnis zwischen vorbelasteten Jugendlichen und solchen ohne Vorbelastung ungefähr übereinstimmt. Somit scheidet der unterschiedliche Anteil an Vorbelasteten als Grund für die Differenz der generellen Rückfallquoten aus.

3. Anzahl der Folgeverurteilungen
Bei der weiteren Untersuchung wurde wiederum zwischen Kindern sowie Personen mit und ohne Anlassverurteilung differenziert. Zudem wurde eine Einteilung in beim Anlassdelikt Unbescholtene oder Vorbestrafte vorgenommen.

Bei der Auswertung der Folgeverurteilungen wurde zwischen Personen mit jedenfalls einer und solchen mit drei oder mehr erneuten Verurteilungen unterschieden.

Der Anteil der unbescholtenen Personen, die jedenfalls einmal verurteilt wurden, betrug bei den nicht vorbelasteten Jugendlichen in den drei Untersuchungsgruppen zwischen 46% und 59%. Der Anteil der Rückfallverfahren mit drei oder mehr Folgeverurteilungen lag bei den nicht Vorbelasteten zwischen 23% und 34%.

---

[177] s. *Császár* S. 66.

Bei den vorbestraften Personen wurden zwischen 83% und 87% jedenfalls einmal verurteilt. Der Anteil der drei oder mehrmals erneut Straffälligen belief sich bei den vorbelasteten Jugendlichen auf zwischen 59% und 65%.

Die vorbelasteten Jugendlichen wurden folglich in annähernd ²/₃ der Fälle drei oder mehrmals verurteilt, wohingegen die nicht vorbestraften Jugendlichen lediglich zu einem Anteil von ¼ bis ⅓ dreimal oder öfter erneut verurteilt wurden.

Bei der Täter-Opfer-Ausgleichs-Studie wurde aufgrund der geringen Anzahl an Verfahren mit mehreren Folgeverurteilungen nicht zwischen vorbelasteten und nicht vorbelasteten Beschuldigten unterschieden.

Der Anteil der jedenfalls einmal Wiederverurteilten lag hier bei 42%. Zu drei oder mehr Folgeverurteilungen kam es lediglich bei 14% der jugendlichen Beschuldigten.

Der Vergleich macht deutlich, dass sowohl der Anteil der Verfahren, bei denen jedenfalls eine weitere Verurteilung vorlag als auch der Anteil der Verfahren, bei denen mehrere Verurteilungen aufeinander folgten, nach erfolgreich abgeschlossenem Täter-Opfer-Ausgleich deutlich geringer war als in *Császárs* Studie.

4. Deliktsschwere und Rückfall

Die in *Cázsars* Studie vorherrschenden Anlassdelikte, wie Bereicherungsdelikte, Körperverletzungsdelikte sowie Sachbeschädigung[178], sind mit den Delikten vergleichbar, die auch dem Großteil der Täter-Opfer-Ausgleichs-Verfahren zugrunde lagen. Die Diskrepanz der Rückfallquoten beider Studien ist folglich nicht mit unterschiedlichen Anlassdeliktsgruppen zu begründen. Es fällt jedoch auf, dass das Verhältnis der Anlassdelikte zueinander in beiden Studien unterschiedlich ist. In *Császárs* Studie nahmen die Bereicherungsdelikte einen Anteil von über 50% ein, wobei den Täter-Opfer-Ausgleichs-Verfahren zumeist ein Körperverletzungsdelikt (61%) zugrunde lag. Die Rückfallauswertung der Täter-Opfer-Ausgleichs-Fälle ergibt, dass gerade der Diebstahl die höchste Rückfallquote aufweist (57%). Somit könnte der hohe Anteil an Bereicherungsdelikten für die schlechtere Legalbewährung in *Császárs* Studie ausschlaggebend sein. Diese Annahme lässt sich jedoch nicht beweisen, da eine detaillierte Rückfallauswertung nach Deliktsarten in der Wiener Studie nicht vorgenommen wurde.

Császár hat in seiner Studie vielmehr versucht, einen Zusammenhang zwischen der Deliktsschwere und dem Rückfall festzustellen. Dazu verglich er das Legalverhalten von Personen, bei deren Anlassdelikt das Bezirksgericht und solchen, bei denen der Gerichtshof zuständig war. Im Regelfall kommen leichtere Fälle vor das Bezirksgericht und schwerere vor den Gerichtshof. Er stellte fest, dass die Wahrscheinlichkeit einer Rückfalltat umso größer war, je jünger der Täter bei seiner ersten Straftat war und je schwerer das verwirklichte Delikt einzuordnen war.[179]

---

[178] s. *Császár* S. 75 Grafik 2.
[179] s. *Császár* S. 69.

Auch beim Täter-Opfer-Ausgleich wurde ermittelt, dass die Rückfallquote nach Bagatelldelikten geringer war als nach schwereren Delikten. Die übereinstimmende Beobachtung beider Studien, dass bei Bagatelldelikten die Legalbewährung besser war als bei schwereren Delikten, deutet darauf hin, dass unabhängig von der Sanktionsart die Rückfallquote nach schwereren Delikten stets höher ist als nach Bagatellkriminalität. Folglich könnte dem Täter-Opfer-Ausgleich nicht entgegengehalten werden, er sei bei schwereren Delikten nicht so effektiv in der Vermeidung von Rückfälligkeit wie bei Bagatelldelikten. Schließlich wäre die Legalbewährung mit steigender Deliktsschwere bei sämtlichen Sanktionen schlechter. Ob diese These haltbar ist, wurde anhand der nachfolgenden Rückfalluntersuchungen überprüft.

5. Die Sanktionen der Rückfalldelikte

Bei den Sanktionen der ersten Folgeverurteilung war die Geldstrafe mit einem Anteil von fast 50% am häufigsten vertreten. Als zweithäufigste Sanktion war die bedingte Freiheitsstrafe zu nennen, die in 40 % der Fälle verhängt wurde. Weiterhin wurde in 10% der ersten Folgeverurteilungen eine unbedingte Freiheitsstrafe ausgesprochen. Die dominierende Stellung der Geldstrafe als strafrechtliche Reaktion setzte sich bis zur dritten erneuten Verurteilung fort. Ab der vierten Verurteilung nahm sodann die unbedingte Freiheitsstrafe die Funktion der Hauptsanktion ein.[180] Diese verschärfte Sanktionierung lag nach Auffassung von *Császár* daran, dass die Straftaten von wiederholt straffälligen Jugendlichen zunächst kontinuierlich schwerwiegender werden und die kontinuierlich wachsende Anzahl an Vorstrafen die Sanktionierung nicht unbeeinflusst lässt.[181]

Ein Vergleich dieser Auswertung mit der Täter-Opfer-Ausgleichs-Untersuchung zeigt, dass nach einem Täter-Opfer-Ausgleich in größerem Maße eine Einstellung des Verfahren im Vorverfahren nach § 45 ff. JGG erfolgte (52%). Die Annahme liegt nahe, dass diese Form der strafrechtlichen Reaktion auf die Rückfalltat gar nicht in *Császárs* Studie als Rückfall definiert wurde. Die Geldstrafe und die freiheitsentziehenden Strafen wie Jugendarrest und Freiheitsstrafe mit und ohne Bewährung machten nach Täter-Opfer-Ausgleich einen Anteil an den gesamten Rückfallsanktionen von nur 35% aus. Würden bei der Täter-Opfer-Ausgleichs-Untersuchung wie bei *Császár* nur Taten als Rückfall berücksichtigt werden, bei denen eine Geldstrafe oder Freiheitsstrafe verhängt wird, so wäre die Rückfallquote nach erfolgreicher Einstellung wegen Täter-Opfer-Ausgleichs noch deutlich geringer als bei der jetzigen gewählten Rückfalldefinition. Die Sanktionierung nach Täter-Opfer-Ausgleich war folglich in jedem Fall erheblich milder als in *Császárs* Studie.

6. Zusammenfassung und Ergebnis des Vergleiches mit der Studie von *Csázsár*

Die Rückfallquote nach Einstellung infolge erfolgreich abgeschlossenem Täter-Opfer-Ausgleich war in Schleswig-Holstein niedriger als die Rückfallquoten der Wiener Untersuchungsgruppen. Auch bei einem Vergleich der detaillierten Rückfallauswertung zeigt sich die Legalbewährung nach Täter-Opfer-Ausgleich in Schleswig-Holstein vergleichsweise besser.

---

[180] s. *Császár* S. 75 Grafik 2.
[181] s. *Császár* S. 76.

Ein Grund hierfür kann der hohe Anteil an Bereicherungsdelikten unter den Anlassdelikten in der Studie von *Császár* sein. Diese Vermutung kann jedoch nicht belegt werden, da die Wiener Studie keine nach Delikten differenzierte Rückfallquote enthält.

Der Umstand, dass die Legalbewährung nach Täter-Opfer-Ausgleich im Vergleich zu *Császárs* Studie besser war, lässt jedoch nicht zwingend den Rückschluss zu, dass der Täter-Opfer-Ausgleich eine effektivere Sanktionsart ist als die in der Wiener Studie verhängten Sanktionen. Es lässt sich nicht ausschließen, dass nicht nur die Sanktionsform das Legalbewährungsverhalten der Probanden beeinflusst hat, sondern bereits anfangs vorhandene rückfallbeeinflussende Merkmale unterschiedlich in den Untersuchungsgruppen angelegt waren und diese mit entscheidend für das Rückfallverhalten waren. Der Ausschluss anderer rückfallbeeinflussender Faktoren ist aufgrund der vorliegenden Daten nicht möglich.

Aufgrund der Tatsache, dass der Einfluss anderer rückfallbeeinflussender Faktoren nicht ausgeschlossen werden kann, lässt der Vergleich der Rückfallauswertungen nur die tendenzielle Deutung zu, dass die spezialpräventive Wirkung des Täter-Opfer-Ausgleichs durch den Vergleich nicht in Frage gestellt werden kann, vielmehr scheint die Legalbewährung nach Täter-Opfer-Ausgleich vergleichsweise besser zu sein.

II. Untersuchung von *Hügel*

Hügel untersuchte eine für die Bundesrepublik repräsentative Stichprobe von 1134 Verfahren, die im Jahr 1980 gegen Jugendliche durchgeführt wurden und entweder eine Einstellung nach §§ 45, 47 JGG a.F. oder eine Verurteilung zu einer ambulanten Maßnahme nach dem Jugendgerichtsgesetz zur Folge hatten.[182] Sodann wurde die Legalbewährung der Jugendlichen mit Hilfe der Auszüge aus dem Bundeszentralregister überprüft. Die Anzahl an Täter-Opfer-Ausgleichs-Verfahren, die in die Studie einbezogen wurden, war sehr gering. So haben insgesamt lediglich 12 Probanden eine Entschuldigung oder Wiedergutmachung erbracht.

Der Beobachtungszeitraum lag je nach Abschlusszeitpunkt des Verfahrens zwischen 4 Jahren und 9 Monaten und 3 Jahren und 9 Monaten.[183]

1. Rückfallquote
Tabelle 108: Rückfallquoten im Vergleich

	Rückfallquote	Legalbewährung
Täter-Opfer-Ausgleich	42%	58%
§ 45 JGG a.F.	35%	65%
§ 47 JGG a.F.	40%	60%
Verurteilungen	50%	50%

---

[182] s. *Hügel* S. 50.
[183] s. *Hügel* S. 191.

Im Beobachtungszeitraum wurden 43% der von *Hügel* untersuchten Probanden rückfällig.[184]

Die Rückfallquote betrug 35% nach Einstellungen gemäß § 45 JGG a.F., 40% nach Einstellungen gemäß § 47 JGG a.F. und nach Verurteilungen 50%.[185]

Die Rückfallquote nach Einstellungen infolge erfolgreich abgeschlossenem Täter-Opfer-Ausgleich lag im Jugendbereich bei 42% und damit höher als nach den Einstellungen gemäß § 45 beziehungsweise § 47 JGG und niedriger als nach Verurteilungen.

Im Folgenden werden die detaillierten Rückfallauswertungen beider Studien verglichen, um herauszufinden, ob die Legalbewährung der Probanden auch bei genauerer Betrachtung des Rückfallverhaltens Unterschiede aufweist oder sich die Rückfallquoten bei Berücksichtigung von rückfallbeeinflussenden Faktoren annähern.

2. Anzahl der Nachentscheidungen
Tabelle 109: Anzahl der Nachentscheidungen im Vergleich

	Kein Rückfall	1 Rückfall	2 Rückfälle	3 Rückfälle	4 und mehr Rückfälle
Täter-Opfer-Ausgleich	58%	24%	13%	1%	4%
§ 45 JGG a.F.	65%	16%	9%	6%	4%
§ 47 JGG a.F.	60%	19%	11%	3%	7%
Verurteilungen	50%	22%	11%	10%	7%

Aus der Tabelle geht hervor, dass bei allen Verfahrensabschlussformen der Anteil der registrierten Verfahren kontinuierlich mit der steigenden Anzahl der Nachentscheidungen abnahm. Der Anteil der Einmalrückfälligen lag zwischen 16% nach Einstellungen gemäß § 45 JGG a.F. und 22% nach Verurteilungen. Zu zwei Eintragungen kam es bei allen Verfahrensarten in ungefähr 10% der Verfahren. Der Anteil der Verfahren mit mehr als vier Rückfällen lag insgesamt bei 5%.[186]

Im Vergleich hierzu wiesen nach Täter-Opfer-Ausgleich 24% der Beschuldigten eine Folgeverurteilung auf. Zu zwei weiteren Eintragungen kam es in 13% der Verfahren. Der Anteil der Verfahren mit mehr als vier Folgeverurteilungen war auch nach Täter-Opfer-Ausgleich mit 4% sehr gering.

In der Tendenz kommen die beiden Studien übereinstimmend zu dem Ergebnis, dass der Anteil der Verfahren mit jeder weiteren Verurteilungen stetig abnimmt. Zudem zeigen beide Studien bei den Mehrfachrückfällen ähnliche Anteilswerte. Die verschiedenen

---

[184] s. *Hügel* S. 281.
[185] s. *Hügel* S. 198 Tabelle 60.
[186] s. *Hügel* S. 194 Tabelle 57.

Sanktionsarten konnten folglich in vergleichbarem Maße dazu beitragen, dass die Anzahl der Probanden, die mehrmals wiederverurteilt wurden, relativ gering war.

3. Vorbelastungen
Tabelle 110: Vorbelastungen und Rückfall im Vergleich

	Rückfall bei Vorbelasteten	Rückfall bei nicht Vorbelasteten
Täter-Opfer-Ausgleich	52%	40%
§ 45 JGG a.F.	67%	32%
§ 47 JGG a.F.	68%	34%
Verurteilungen	70%	42%

Die Auswertung von *Hügel* ergab, dass sich die Unterschiede bei den Verfahrensalternativen ausgleichen, wenn die Vorbelastung der Personen berücksichtigt wurde. Von den vorbelasteten Jugendlichen wurden bei allen Verfahrensarten ²/₃ rückfällig. Bei den Jugendlichen ohne Vorbelastung schwankte die Rückfallquote von 32% nach Einstellungen gemäß § 45 JGG a.F., über 34% nach Einstellungen gemäß § 47 JGG a.F. bis hin zu einer Rückfallquote von 42% nach Verurteilungen.[187] Die Auswertungsergebnisse machen deutlich, dass Vorbelastungen unabhängig von der Sanktionsart die Rückfallquote negativ beeinflussen. Die vorbelasteten Jugendlichen wurden erheblich häufiger rückfällig als die nicht vorbelasteten.

Ähnliche Erkenntnisse zeigt die Auswertung der Schleswig-Holsteinischen Rückfalluntersuchung. Bei der Täter-Opfer-Ausgleichs-Untersuchung wurde ermittelt, dass 40% der nicht Vorbelasteten und 52% der vorbelasteten Beschuldigten erneut straffällig wurden. Im Vergleich zu *Hügels* Studie ist insbesondere auffällig, dass die Legalbewährung der vorbelasteten Probanden nach Einstellung wegen Täter-Opfer-Ausgleichs deutlich besser war. Die Rückfallquoten der nicht Vorbelasteten liegen in beiden Studien ungefähr auf gleichem Niveau.

Die Differenz der Rückfallquoten beider Untersuchungen könnte in dem unterschiedlichen Anteil an vorbelasteten Jugendlichen in den Ausgangsuntersuchungsgruppen zu begründen sein. Die Rückfallquote nach Einstellung gemäß § 45 JGG a.F. war um 7 Prozentpunkte niedriger als die Rückfallquote nach Täter-Opfer-Ausgleich. Auffällig ist, dass bei der Untersuchungsgruppe der Einstellung nach § 45 JGG a.F. auch der Anteil an vorbelasteten Jugendlichen geringer war als bei der Täter-Opfer-Ausgleichs-Untersuchung und zwar um wiederum genau 7 Prozentpunkte. Aufgrund des Auswertungsergebnisses, dass vorbelastete Jugendliche häufiger rückfällig werden als unvorbelastete, könnte der geringere Anteil an Vorbelasteten in der Untersuchungsgruppe ein Grund für die niedrigere Rückfallquote nach Einstellungen gemäß § 45 JGG a.F. sein.

---

[187] s. *Hügel* S. 195 Tabelle 58.

Die Rückfallquote nach Einstellung gemäß § 47 JGG a.F. war ungefähr so hoch wie die Rückfallquote nach Täter-Opfer-Ausgleich. Auch der Anteil an Vorbelasteten in den Untersuchungsgruppen war ungefähr gleich.

Nach Verurteilung war die Rückfallquote um 8 Prozentpunkte höher als nach Täter-Opfer-Ausgleich. Der Anteil der Vorbelasteten war bei der Untersuchungsgruppe der Verurteilten auch um 12% höher als bei den Probanden der Täter-Opfer-Ausgleichs-Studie.

Somit ist bei Betrachtung aller Untersuchungsgruppen ein Zusammenhang zwischen der Rückfallquote und dem Anteil der vorbelasteten Jugendlichen festzustellen. Die Vermutung liegt folglich nahe, dass ein Grund für die unterschiedlichen Rückfallraten der unterschiedliche Anteil an Vorbelasteten in den Untersuchungsgruppen ist.

4. Rückfallgeschwindigkeit

Die Rückfallgeschwindigkeit gibt insoweit Aufschluss über die Effizienz einer strafrechtlichen Reaktion, als ein Rückfall, der in nahem zeitlichen Zusammenhang mit der Sanktion steht, eher gegen die spezialpräventive Wirkung der Sanktion spricht als ein Rückfall, der aufgrund der zeitlichen Entfernung nicht mehr unmittelbar mit der Wirkung der Sanktion in Verbindung gebracht werden kann. Daher wurden im Folgenden die Rückfallgeschwindigkeiten von *Hügels* Studie und der Täter-Opfer-Ausgleichs-Untersuchung verglichen.

Die Zeitdauer von der Einsatzentscheidung bis zur ersten Folgetat betrug bei *Hügels* Studie in 36% der Rückfallverfahren bis zu einem Jahr. In dem Zeitraum von zwei Jahren wurden weitere 22% und im Zeitraum von bis zu drei Jahren 13% der Rückfälligen erneut straffällig.[188]

Nach Täter-Opfer-Ausgleich war die durchschnittliche Zeitdauer von der Einstellung des Verfahrens bis zur Rückfalltat 15½ Monate. Die Hälfte der Rückfalldelikte wurde 14½ Monate nach Abschluss des Täter-Opfer-Ausgleichs-Verfahrens begangen.

Beide Studien kommen damit zu dem übereinstimmenden Ergebnis, dass die meisten Rückfälle in den ersten beiden Jahren geschehen. Somit ist aus dem Vergleich der Rückfallgeschwindigkeiten ein Unterschied in der Effizienz der Sanktionsarten nicht ersichtlich.

5. Sanktion der Rückfalltaten

Eine Freiheitsstrafe ohne Bewährung wurde in der Studie von *Hügel* nach der Einstellung gemäß § 45 JGG a.F. in 2%, nach § 47 JGG a.F. in 3% und nach einer Verurteilung in 4% der Verfahren verhängt.[189]

Der Anteil an Rückfalltaten, die mit einer Freiheitsstrafe ohne Bewährung sanktioniert wurden, betrug nach Täter-Opfer-Ausgleich 3%.

---

[188] s. *Hügel* S. 199 Tabelle 61.
[189] s. *Hügel* S. 198 Tabelle 60.

Wie bei dem Vergleich der allgemeinen Rückfallquote, lag damit auch bei der vergleichenden Betrachtung der Anteile an Freiheitsstrafe ohne Bewährung der Wert der Täter-Opfer-Ausgleichs-Studie über dem nach Einstellung gemäß § 45 JGG a.F., ungefähr auf gleicher Höhe wie der Anteil nach Einstellung gemäß § 47 JGG a.F. und unter dem Wert nach einer Verurteilung.

6. Rückfall und Delikte
Des Weiteren hat *Hügel* die Rückfallquoten nach den verschiedenen Anlassdelikten bestimmt.

Tabelle 111: Rückfall nach Diebstahl im Vergleich

	Rückfallquote	Legalbewährung
Täter-Opfer-Ausgleich	57%	43%
§ 45 JGG a.F.	33%	67%
§ 47 JGG a.F.	44%	56%
Verurteilungen	43%	57%

Bei Diebstahlsdelikten als Anlasstat wurden die Probanden zu 33% nach Einstellungen gemäß § 45 JGG a.F., zu 44% nach Einstellungen gemäß § 47 JGG a.F. und zu 43% nach Verurteilungen rückfällig.[190] Bei der Täter-Opfer-Ausgleichs-Studie betrug die Rückfallquote nach Diebstahl 57% und war damit deutlich höher als in den vergleichenden Untersuchungsgruppen.

Ein Vergleich weiterer Deliktsgruppen ist nicht möglich, da die beiden Studien bei den übrigen der Ausgangssanktion zugrunde liegenden Deliktsgruppen voneinander abweichen. *Hügels* Studie berücksichtigt neben den Diebstahlsdelikten die Deliktsgruppen Fahren ohne Fahrerlaubnis und Verkehrsdelikte. Diese Delikte kommen aufgrund des fehlenden persönlichen Opfers konzeptionsgemäß für den Täter-Opfer-Ausgleich nicht in Betracht. Ein Vergleich der Auswertungsergebnisse ist deshalb schwierig. Aufgrund der unterschiedlichen Deliktsstruktur, die für die Legalbewährung nicht unerheblich ist, ist ein Vergleich der Rückfallauswertung beider Studien nur tendenziell möglich. Die unterschiedliche Deliktsstruktur der Anlasstaten kommt zudem als ein Grund für die Differenz der Rückfallquoten in Betracht.

7. Zusammenfassung und Ergebnis des Vergleiches mit der Studie von *Hügel*
Ein Vergleich der Rückfallauswertung beider Studien zeigt, dass die Legalbewährung nach erfolgreich abgeschlossenem Täter-Opfer-Ausgleich schlechter als nach Einstellung gemäß § 45 JGG a.F., ähnlich wie nach Einstellung gemäß § 47 JGG a.F. und besser als nach Verurteilung war.

---

[190] s. *Hügel* S. 218 Tabelle 79.

Durch einen Vergleich der detaillierten Rückfallauswertungen wurde versucht, eine Erklärung für die unterschiedlichen Rückfallwerte zu finden.

Als Grund für die Unterschiede in dem Legalbewährungsverhalten kommt zunächst die unterschiedliche Vorstrafenbelastung der Untersuchungsgruppen in Betracht. Bei einer genaueren Betrachtung der Vorbelastetenanteile in den Untersuchungsgruppen kann ein Zusammenhang zwischen dem Anteil der Vorbelasteten in den einzelnen Gruppen und dem Rückfallverhalten festgestellt werden. Somit spricht einiges für die Annahme, dass die Unterschiede der Rückfallquoten zum Teil mit den unterschiedlichen Anteilen an Vorbelasteten in den Untersuchungsgruppen zu erklären sind.

Als weitere Ursache für die unterschiedlichen Rückfallquoten kommen die verschiedenen Deliktsgruppen der Anlasstaten in Betracht. Die Auswertungen zeigen, dass die einzelnen Deliktsgruppen ein unterschiedliches Rückfallverhalten zur Folge hatten. Somit könnte der Umstand, dass den beiden verglichenen Studien unterschiedliche Deliktsgruppen zugrunde liegen, eine Erklärung dafür sein, dass die Rückfallquoten voneinander abweichen.

Die Differenz der Rückfallquoten kann folglich zum Teil mit der unterschiedlichen Vorstrafenbelastung der Untersuchungsgruppen und der unterschiedlichen Deliktsstruktur bei der Anlasstat begründet werden.

Insgesamt sind bei dem Vergleich beider Studien wiederum nur tendenzielle Aussagen möglich, da nicht ausgeschlossen werden kann, dass neben der unterschiedlichen Vorstrafenbelastung und Deliktsstruktur andere rückfallbeeinflussende Faktoren in den verglichenen Untersuchungsgruppen zu unterschiedlichen Anteilen vorhanden waren. Der Vergleich beider Studien lässt folglich nur die vorsichtige Deutung zu, dass der Täter-Opfer-Ausgleich bei Berücksichtigung der rückfallrelevanten Faktoren in seiner spezialpräventiven Wirkung zumindest nicht ineffektiver ist als die verglichenen Sanktionen.

III. Untersuchung von *Hock-Leydecker* aus dem LG Bezirk Frankenthal/Pfalz

Ziel der vorliegenden Studie war es unter anderem, das Legalbewährungsverhalten von Probanden nach Einstellung im Wege des formlosen Verfahrens zu untersuchen. Grundlage der Untersuchung bilden die Jugendlichen, deren Verfahren im Jahre 1985 nach §§ 45 und 47 JGG a.F. sowie §§ 153 und 153a StPO im Bezirk des Landgerichts Frankenthal/Pfalz eingestellt wurden. Weiterhin wurde eine Vergleichsgruppe gebildet, die Probanden enthielt, deren Vorgang 1985 eingegangen war und mit einer Verurteilung abgeschlossen wurde.[191]

Bei der Rückfalluntersuchung wurden 476 Probanden berücksichtigt.

Der Beobachtungszeitraum belief sich auf mindestens 4 Jahre und 2 Monate und höchstens 5 Jahre und 8 Monate. Der Kontrollzeitraum war damit um mindestens 1 Jahr länger als bei der Täter-Opfer-Ausgleichs-Studie.

---

[191] s. *Hock-Leydecker* S. 17 ff.

1. Rückfallquote
Als Rückfall wurden auch bei *Hock-Leydecker* alle im Zentral- beziehungsweise Erziehungsregister eingetragenen Straftaten gewertet, die nach der Ausgangsentscheidung begangen wurden.

Tabelle 112: Rückfallquoten im Vergleich

	Rückfallquote	Legalbewährung
Täter-Opfer-Ausgleich	42%	58%
Einstellung	28%[192]	72%
Verurteilungen	46%[193]	54%

Aus der Tabelle geht hervor, dass die Rückfallquote nach Verurteilung höher war als nach Einstellung infolge Täter-Opfer-Ausgleichs. Die Rückfallquote nach Einstellungen war hingegen um 14% niedriger als bei der Täter-Opfer-Ausgleichs-Studie.

Im Folgenden wird das Rückfallverhalten beider Studien in Hinblick auf weitere Merkmale verglichen, sowie versucht, Erklärungen für das unterschiedliche Rückfallverhalten zu finden.

2. Anzahl der Eintragungen
Ein Vergleich der quantitativen Rückfälligkeit beider Studien zeigt, dass in den drei Untersuchungsgruppen jeweils der Anteil der einmalig Rückfälligen am größten war.

Tabelle 113: Anzahl der Eintragungen im Vergleich

	1 Rückfall	2 Rückfälle	3 und mehr Rückfälle
Täter-Opfer-Ausgleich	56%	30%	14%
Einstellung[194]	59%	26%	15%
Verurteilungen[195]	51%	23%	26%

Aus der Tabelle geht weiterhin hervor, dass der Anteil der Mehrfachrückfälle nach Verurteilungen vergleichsweise am größten war. Die Untersuchungsgruppe der Täter-Opfer-Ausgleichs-Studie zeigt hingegen ein anteilig ähnliches Rückfallverhalten auf wie die Kontrollgruppe nach Einstellung.

---

[192] s. *Hock-Leydecker* S. 152 Tabelle 69.
[193] s. *Hock-Leydecker* S. 152 Tabelle 69.
[194] s. *Hock-Leydecker* S. 156 Tabelle 72.
[195] s. *Hock-Leydecker* S. 156 Tabelle 72.

3. Rückfall und Vorbelastung
Hier wurden die Auswertungen beider Studien in Hinblick auf die Zusammenhänge zwischen Vorbelastungen und dem Rückfallverhalten verglichen.

Tabelle 114: Rückfall und Vorbelastungen im Vergleich

	Rückfall der Vorbelasteten	Rückfall der nicht Vorbelasteten
Täter-Opfer-Ausgleich	48%	40%
Einstellung[196]	36%	26%
Verurteilungen[197]	64%	36%

Aus der Tabelle geht zunächst hervor, dass die Rückfallquote der nicht Vorbelasteten beim Täter-Opfer-Ausgleich vergleichsweise am höchsten war. Bei der Untersuchungsgruppe der Vorbelasteten war die Legalbewährung nach Täter-Opfer-Ausgleich besser als nach Verurteilung und schlechter als nach Einstellung.

Ansonsten zeigt der Vergleich der Werte beider Studien, dass bei allen Untersuchungsgruppen die Rückfallquote der nicht Vorbelasteten deutlich geringer war als die der Vorbelasteten.

Eine Erklärung für die Differenz der generellen Rückfallquoten könnte folglich der unterschiedliche Anteil an Vorbelasteten in den Untersuchungsgruppen sein.

Ein Vergleich der Anteile an Vorbelasteten in den Kontrollgruppen ergab erwartungsgemäß den geringsten Anteil an Vorbelasteten bei der Gruppe der Einstellungen mit 13% und den höchsten Anteil bei den Verurteilten mit 36%.[198] Der Anteil der Vorbelasteten bei der Täter-Opfer-Ausgleichs-Gruppe lag mit 17% zwischen den beiden anderen Kontrollgruppen. Der relativ geringe Unterschied zwischen den Werten der Gruppe der Einstellungen und denen der Täter-Opfer-Ausgleichs-Studie vermag die unterschiedliche Rückfallquote nur teilweise zu erklären, so dass nach weiteren Erklärungen zu suchen ist.

4. Delikte und Rückfall
Hock-Leydecker untersuchte, ob ein Zusammenhang zwischen dem Rückfallverhalten der Probanden und dem begangenen Ausgangsdelikt festgestellt werden konnte. Getrennt betrachtet wurden hier die Gruppe der Eigentums- und Vermögensdelikte sowie die Verkehrsdelikte. Die Auswertung ergab, dass die Rückfallquoten nach Verkehrsdelikten mit 23% bei den Einstellungen und 29% bei den Verurteilungen am niedrigsten waren. Bei der Deliktsgruppe der Eigentums- und Vermögensdelikte wurden hingegen Rückfallquoten von 30% bei den Einstellungen und von 49% bei den Verurteilungen

---

[196] s. *Hock-Leydecker* S. 158 Tabelle 73.
[197] s. *Hock-Leydecker* S. 158 Tabelle 73.
[198] s. *Hock-Leydecker* S. 158 Tabelle 73.

ermittelt.[199] Wie bei der Täter-Opfer-Ausgleichs-Studie ergab die Auswertung folglich, dass das Rückfallverhalten nach den einzelnen Deliktsgruppen differiert.

Das unterschiedliche Rückfallverhalten der einzelnen Deliktsgruppen legt nahe, dass die Differenz der generellen Rückfallquoten beider Studien aus der unterschiedlichen Deliktsstruktur der Untersuchungsgruppen resultieren könnte. Ein Vergleich der Deliktsarten der Anlassdelikte ergab, dass beide Studien in Hinblick auf die vertretenen Deliktsgruppen sowie in Hinblick auf die Verteilung der Deliktsgruppen stark voneinander abweichen. Die dominierende Deliktsgruppe in *Hock-Leydeckers* Studie waren Eigentums- und Vermögensdelikte mit 52% bei den Einstellungen und 66% bei den Verurteilungen. Bei der Schleswig-Holsteinischen Studie waren hingegen die Körperverletzungsdelikte mit 61% am häufigsten vertreten. Die Untersuchungsgruppen waren folglich in Bezug auf die Deliktsgruppen der Anlasstaten nicht homogen, so dass nicht auszuschließen ist, dass die Differenz der generellen Rückfallquoten mit der unterschiedlichen Struktur der Ausgangsdelikte zusammenhängt.

Eine weitere Erklärung für die Differenz zwischen den generellen Rückfallquoten könnte in der unterschiedlichen Deliktsschwere der Anlasstaten in den Untersuchungsgruppen liegen. In Übereinstimmung mit anderen Studien ergab die Auswertung der Täter-Opfer-Ausgleichs-Studie, dass die Legalbewährung mit steigender Deliktsschwere schlechter wird.

Der Anteil der Bagatelldelikte machte bei der Täter-Opfer-Ausgleichs-Studie 8% aus. Bei *Hock-Leydeckers* Studie handelte es sich hingegen bei 24% der Anlasstaten um Diebstahl und Unterschlagung geringwertiger Sachen nach § 248 a StGB, damit machte dieser Straftatbestand den Schwerpunkt der Untersuchung aus.[200] Es ist davon auszugehen, dass dieser Tatbestand insbesondere bei Verfahrenseinstellungen Anwendung fand, so dass hier der Anteil der Bagatelldelikte deutlich höher war als bei der Untersuchungsgruppe des Täter-Opfer-Ausgleichs. Aufgrund des größeren Anteils an Bagatelldelikten war folglich bei der Untersuchungsgruppe der Einstellungen eine niedrigere Rückfallquote als bei der Täter-Opfer-Ausgleichs-Untersuchungsgruppe zu erwarten.

5. Zusammenfassung und Ergebnis des Vergleiches mit der Studie von *Hock-Leydecker*

Ein Vergleich beider Studien zeigt, dass die Legalbewährung der Probanden, deren Verfahren nach Täter-Opfer-Ausgleich eingestellt wurde, einerseits schlechter war als die Legalbewährung der Probanden, deren Verfahren folgenlos oder mit Auflagen eingestellt wurde, und andererseits besser war als die Legalbewährung der Probanden, die verurteilt wurden.

Die Differenz des Rückfallverhaltens kann teilweise durch den unterschiedlichen Anteil an Vorbelasteten in den Untersuchungsgruppen erklärt werden. Weiterhin lässt die unterschiedliche Deliktsstruktur und insbesondere die unterschiedliche Deliktsschwere der Anlasstaten die Differenz der Rückfallquoten erwarten.

---

[199] s. *Hock-Leydecker* S. 167 Tabelle 78.
[200] s. *Hock-Leydecker* S. 107 Tabelle 48.

Aufgrund der nicht homogenen Verteilung der rückfallbeeinflussenden Merkmale in den Untersuchungsgruppen, vermag der Vergleich beider Studien nicht den Beweis für die bessere spezialpräventive Effizienz einer Erledigungsart zu erbringen. Vielmehr lässt er nur die tendenzielle Deutung zu, dass infolge der unterschiedlichen Ausprägung der rückfallrelevanten Faktoren das differierende Rückfallverhalten zu erwarten war und der Vergleich folglich keinen Zweifel an der spezialpräventiven Wirkung des Täter-Opfer-Ausgleichs begründen kann.

IV. Untersuchung von *Storz*

Storz hat in ihrer bundesweiten Studie sämtliche Jugendliche des Geburtsjahrgangs 1961, welche bis einschließlich 1980 mindestens eine Eintragung im Zentral- oder Erziehungsregister aufzuweisen hatten, in Hinblick auf das Legalbewährungsverhalten untersucht. Insgesamt bildeten damit 90.599 Jugendliche die Untersuchungsgruppe. Der Untersuchungszeitraum betrug 4 Jahre.[201]

1. Rückfallquote

Als Rückfall wurde auch in der Vergleichsuntersuchung jede erneute Eintragung im Zentral- oder Erziehungsregister gewertet. Das Rückfallverhalten wurde differenziert nach der Sanktion der Anlasstat betrachtet. Dabei ergab sich folgende Auswertung.

Tabelle 115: Rückfallquoten im Vergleich

	Rückfall-quote	Legal-bewährung
Täter-Opfer-Ausgleich	42%	58%
Informelle Erledigung	35%	65%
Formelle Erledigung	42%	58%
Arrest	58%	42%
Jugendstrafe	79%	21%

Die Rückfallquote nach informeller Erledigung des Verfahrens war folglich am niedrigsten. Nach Täter-Opfer-Ausgleich sowie formeller Einstellung war die Quote um 7% höher. Eine weitaus schlechtere Legalbewährung wurde nach Arrest und Jugendstrafe ermittelt.

Im Folgenden werden andere Gesichtspunkte des Rückfallverhaltens verglichen, sowie versucht, eine Erklärung für die unterschiedlichen Rückfallquoten zu finden.

2. Anzahl der Eintragungen

Die Ermittlung der Anzahl der erneuten Eintragungen ergab, dass die Rückfälligen in beiden Studien zum Großteil einmal erneut straffällig wurden. Zu quantitativ intensiven Rückfällen, bei denen ein Proband dreimal oder häufiger rückfällig wurde, kam es bei *Storzes* Untersuchungsgruppe in 20%[202] und bei der Täter-Opfer-Ausgleichs-Untersuchungsgruppe in 14% der Rückfälle.

---

[201] s. *Heinz/Storz* Diversion im Jugendstrafverfahren S. 135.
[202] s. *Heinz/Storz* Diversion im Jugendstrafverfahren S. 159 Tabelle 12.

Der Anteil der intensiven Rückfälle war damit nach Täter-Opfer-Ausgleich geringer.

3. Delikte und Rückfall
Übereinstimmend mit anderen empirischen Arbeiten kam die Täter-Opfer-Ausgleichs-Studie zu dem Ergebnis, dass das Rückfallverhalten mit steigender Deliktsschwere des Anlassdelikts schlechter wird. Ein Grund für die Differenz der Rückfallquoten könnte folglich in der unterschiedlichen Deliktsschwere der Anlasstaten in den Untersuchungsgruppen zu sehen sein.

Storzes Untersuchung umfasste zu mindestens 47% Anlassdelikte aus dem Bagatellbereich.[203] Es ist davon auszugehen, dass diese Deliktsgruppe zum Großteil der Untersuchungsgruppe der informellen Erledigung zugeschrieben werden kann, so dass aus diesem großen Anteil an Bagatellen zu erwarten war, dass die Rückfallquote niedriger lag als bei der Täter-Opfer-Ausgleichs-Untersuchungsgruppe mit einem Anteil an Bagatelldelikten von 8%.

4. Zusammenfassung und Ergebnis
Ein Vergleich der Erledigungsarten beider Studien zeigt, dass die Legalbewährung der Probanden nach Einstellung infolge eines Täter-Opfer-Ausgleichs wesentlich besser war als nach Arrest und Jugendstrafe.

Die Rückfallquote nach Täter-Opfer-Ausgleich war allerdings schlechter als nach der informellen Erledigung.

Diese Differenzen sind jedoch keine Beweise für eine bessere oder schlechtere spezialpräventive Wirkung des Täter-Opfer-Ausgleichs, da die Untersuchungsgruppen nicht homogen in Hinblick auf rückfallrelevante Faktoren waren. So ist davon auszugehen, dass die Deliktsschwere der Anlassdelikte bei der Untersuchungsgruppe der informellen Erledigung deutlich geringer war als bei der Täter-Opfer-Ausgleichs-Untersuchungsgruppe, so dass eine geringere Rückfallquote bei *Storzes* Studie zu erwarten war. Ein Vergleich anderer rückfallbeeinflussender Faktoren ist aufgrund des Datenmaterials nicht möglich, so dass der Vergleich nur die tendenzielle Deutung zulässt, dass an der spezialpräventiven Wirkung des Täter-Opfer-Ausgleichs kein Zweifel besteht.

Umgekehrt lassen die guten Legalbewährungsergebnisse bei *Storzes* Studie den Schluss zu, dass die folgenlose Einstellung eine adäquate Reaktion auf Bagatellkriminalität ist. Diese Erkenntnis unterstützt die Forderung, bei Bagatelldelikten die folgenlose Einstellung vorzuziehen und den Täter-Opfer-Ausgleich für die mittlere Kriminalität zu reservieren.[204]

---

[203] s. *Heinz/Storz* Diversion im Jugendstrafverfahren S. 164.
[204] s. auch *Frommel*, die den Täter-Opfer-Ausgleich nicht nur mit dem Diversionsgedanken verbunden sehen will, sondern eine Kombination von Wiedergutmachung und Strafe fordert, um eine vermehrte Anwendung des Täter-Opfer-Ausgleichs bei mittlerer und schwerer Kriminalität zu fördern. NJ 1/1999, 5; NK 3/1999, 9 (13 Fußnote 16).

V. Untersuchung von *Matheis* aus Kaiserslautern

In dieser Studie hat *Matheis* untersucht, ob ein Unterschied bei der Legalbewährung von Probanden nach Verfahrenserledigungen der Staatsanwaltschaft im Landgerichtsbezirk Kaiserslautern vor und nach Einführung eines systematisch durchgeführten Modells staatsanwaltschaftlicher, intervenierender Diversion für die Jahre 1984, also vor Einführung, sowie 1986 und damit nach Einführung besteht.[205]

Gegenstand der Untersuchung sind insgesamt 500 Verfahrensakten aus dem Jugenddezernat der Staatsanwaltschaft Kaiserslautern, davon 285 Akten aus dem Jahr 1984 und 215 Akten aus dem Jahr 1986. In beiden Jahrgängen handelte es sich ausnahmslos um Verfahren gegen geständige jugendliche Ersttäter im Bereich der Bagatell- und unteren Kriminalität. 1984 kamen als strafrechtliche Reaktionen ausschließlich Einstellungen im Wege der Nonintervention nach § 45 Absatz 2 JGG a.F., durch Einschaltung des Jugendrichters nach § 45 Absatz 1 JGG a.F. oder durch Antragsschrift für das vereinfachte Verfahren oder Anklage in Betracht. Dahingegen wurden 1986 solche Verfahren ausschließlich im Wege intervenierender Diversion nach § 45 Absatz 2 Nr. 1 JGG a.F. eingestellt. Der Beobachtungszeitraum betrug zwischen zwei und drei Jahren.[206]

1. Rückfallquote

Die Rückfallquote wurde hier sowohl mit Hilfe der Angaben aus der Zentralen Namenskartei als auch anhand der Bundeszentralregisterauszüge ermittelt. Die Zentrale Namenskartei der Staatsanwaltschaft enthält Angaben sämtlicher Anklageerhebungen, Strafbefehlsverfahren und Einstellungen gemäß §§ 153, 153a StPO. Durch den doppelten Abgleich der Legalbewährungsdaten sollte unter anderem gewährleistet werden, dass die Delikte erfasst werden können, die keinen Eintrag im Bundeszentralregister zur Folge haben.

Tabelle 116: Rückfallquoten im Vergleich

	Rückfallquote	Legalbewährung
Täter-Opfer-Ausgleich	42%	58%
Nonintervention 1984	26%	74%
Intervenierende Diversion 1986	12%	88%

Bei den Verfahren aus dem Jahr 1984 wurde eine Rückfallquote von 26% ermittelt, wobei die Aufteilung in die einzelnen Verfahrensalternativen Rückfallraten zwischen 16% bei der Einstellung nach § 45 Absatz 1 JGG a.F. und 33% bei der Anklage ergab. Die Rückfallquote der Untersuchungsgruppe der Verfahren aus dem Jahr 1986 betrug 12%.[207]

---

[205] s. *Matheis* S. 47.
[206] s. *Matheis* S. 41.
[207] s. *Matheis* S. 119.

Trotz der zusätzlichen Berücksichtigung der Angaben aus der Zentralen Namenskartei waren alle Rückfallquoten deutlich geringer als die Rückfallquote nach Einstellung wegen erfolgreich durchgeführtem Täter-Opfer-Ausgleich mit 42%.

Um zu ermitteln, ob das Rückfallverhalten nach Täter-Opfer-Ausgleich insgesamt schlechter war und um eine Erklärung für die unterschiedlichen Rückfallquoten zu finden, wurden im Folgenden die detaillierten Rückfallauswertungen verglichen.

2. Rückfall nach einzelnen erzieherischen Maßnahmen
Bei der Arbeitsauflage als erzieherische Maßnahme lag die Rückfallquote bei 46% im Jahr 1984 und 14% im Jahr 1986. Die Personen, die eine Geldauflage erbringen mussten, wurden im Jahr 1984 zu 21% und im Jahr 1986 zu 17% rückfällig. Bei der mündlichen Ermahnung wurde eine Rückfallquote von 22% bei den Verfahren aus dem Jahr 1984 und eine Rückfallquote von 5% bei den Verfahren aus dem Jahr 1986 ermittelt.[208]

Als Ergebnis dieser Auswertungen bleibt festzustellen, dass die Legalbewährung bei der Anordnung von erzieherischen Maßnahmen nach den Verfahrensalternativen im Jahr 1984 zum Teil wesentlich schlechter war, als die Legalbewährung bei mit dem Jugendlichen einvernehmlich vereinbarten erzieherischen Maßnahmen nach den Verfahrensalternativen im Jahr 1986.

Die differenzierte Rückfallbetrachtung nach den einzelnen Auflagen bestätigt tendenziell das Ergebnis der verglichenen allgemeinen Rückfallquote. Bis auf die Rückfallquote nach der Arbeitsauflage im Jahr 1984 war die Rückfallrate nach Täter-Opfer-Ausgleich deutlich höher als die Werte in *Matheis* Studie.

3. Rückfallhäufigkeit
Tabelle 117: Anzahl der Rückfälle im Vergleich

	1 Rückfall	2 Rückfälle	3 und mehr Rückfälle
Täter-Opfer-Ausgleich	56%	30%	14%
Nonintervention 1984	56%	23%	21%
Intervenierende Diversion 1986	80%	8%	12%

Bei den Verfahren des Jahres 1984 wurden 56% der Rückfälligen einmal erneut straffällig, 23% zweimal und 21% drei- bis sechsmal rückfällig. Die Auswertung des Jahrgangs 1986 ergab, dass 80% der Rückfälligen einmal, 8% zweimal und 12% drei- bis sechsmal erneut straffällig wurden.[209]

---

[208] s. *Matheis* S. 124.
[209] s. *Matheis* S. 134.

Im Vergleich zu dieser Auswertung wiesen 56% der Beschuldigten nach Einstellung infolge Täter-Opfer-Ausgleichs eine Folgeverurteilung auf. Zu zwei weiteren Eintragungen kam es in 30% der Verfahren. Der Anteil der Verfahren mit drei oder mehr Folgeverurteilungen lag nach Täter-Opfer-Ausgleich bei 14%.

Auffällig ist folglich, dass der Anteil an Verfahren mit mehreren Rückfalldelikten in allen Studien kontinuierlich abnahm. Ein Vergleich der Rückfallhäufigkeit zeigt, dass bei der Untersuchungsgruppe der intervenierenden Diversion besonders wenig quantitativ massive Rückfälle festzustellen waren, und das Rückfallverhalten bei den anderen beiden Untersuchungsgruppen diesbezüglich vergleichbar war.

4. Rückfallgeschwindigkeit

Bei der Untersuchung der Rückfallgeschwindigkeit wurde ermittelt, welcher Zeitraum zwischen der Einsatztat und der ersten Rückfalltat lag. Bei den Verfahren aus dem Jahre 1984 wurden 70% der Rückfälligen und bei den Verfahren aus dem Jahr 1986 40% der Rückfälligen innerhalb des ersten Jahres erneut straffällig.[210]

Im Vergleich hierzu betrug die durchschnittliche Zeitdauer von der Einstellung des Verfahrens nach erfolgreich abgeschlossenem Täter-Opfer-Ausgleich bis zur erneuten Straftat ungefähr 15 Monate. In diesem Zeitraum wurden auch die Hälfte der Täter rückfällig. Die Rückfallgeschwindigkeit nach Täter-Opfer-Ausgleich entsprach damit ungefähr derjenigen der Verfahren aus dem Jahr 1986 und war geringer als die Rückfallgeschwindigkeit der Verfahren aus dem Jahr 1984.

Der Vergleich der Rückfallgeschwindigkeiten beider Studien ergibt, dass sich die Rückfälligen nach Einstellung infolge Täter-Opfer-Ausgleichs und Einstellung nach intervenierender Diversion über einen vergleichbaren Zeitraum hinweg legal bewährten. Im Gegensatz zu den Sanktionen aus dem Jahr 1984 blieben die Rückfälligen nach Täter-Opfer-Ausgleich über einen längeren Zeitraum hinweg straffrei.

5. Einschlägige Rückfälligkeit

Es wurde untersucht, wie viele Probanden, die als Einsatztat einen Diebstahl begangen haben, erneut aufgrund eines Diebstahls straffällig wurden.

Tabelle 118: Einschlägiger Rückfall nach Diebstahl im Vergleich

	Rückfallquote	Legalbewährung
Täter-Opfer-Ausgleich	35%	65%
Nonintervention 1984	17%	83%
Intervenierende Diversion 1986	5%	95%

---

[210] s. *Matheis* S. 135.

Bei den Verfahren, die dem Erfassungsjahr 1984 zuzuordnen waren, wurden 17% der Probanden, die wegen Diebstahls straffällig geworden sind, im Beobachtungszeitraum wiederum wegen Diebstahls auffällig. Bei den Verfahren aus dem Jahr 1986 belief sich dieser Wert auf 5%.

Bei der Täter-Opfer-Ausgleichs-Studie erhielten 35% (8 von 23) der Jugendlichen, die als Ausgangsdelikt einen Diebstahl begangen hatten, erneut wegen eines Diebstahls eine Eintragung im Bundeszentralregister. Der Anteil der einschlägigen Rückfälle nach einem Diebstahl war nach Einstellung infolge Täter-Opfer-Ausgleichs somit deutlich höher als nach den von *Matheis* untersuchten Sanktionsformen. Zu relativieren ist diese Aussage aber in Hinblick auf die geringe absolute Zahl.

6. Rückfallsanktionen
Hier wurde untersucht, wie viele Jugendliche derart massiv rückfällig geworden sind, dass gegen sie eine schwerere Sanktion in Form von Jugendstrafe oder Jugendarrest verhängt wurde.

Bei der Erfassungsgruppe aus dem Jahr 1984 erhielten 4% der Probanden eine solche Sanktion, bei den Verfahren aus dem Jahr 1986 betrug dieser Wert 2%.[211]

Der Anteil an aufgrund der Rückfalltat verhängten Freiheitsstrafen ohne Bewährung betrug nach Täter-Opfer-Ausgleich 3%, der Anteil der Rückfälle, die mit Jugendarrest sanktioniert wurden, lag bei 15%.

Damit war der Anteil des massiven Rückfalls, der eine freiheitsentziehende Maßnahme zur Folge hatte, nach Täter-Opfer-Ausgleich vergleichsweise größer.

7. Vorstrafen
In *Matheis* Studie wurde ausschließlich das Legalverhalten von geständigen Ersttätern untersucht.[212] Dahingegen wurden in der Untersuchungsgruppe des Täter-Opfer-Ausgleichs auch vorbelastete Beschuldigte berücksichtigt, deren Anteil bei den Jugendlichen 18% ausmachte. Die unterschiedlichen Rückfallquoten beider Studien könnten zum Teil in den verschiedenen Vorstrafenbelastungen der Ausgangsuntersuchungsgruppen begründet sein.

Die Täter-Opfer-Ausgleichs-Studie ergab, dass die Legalbewährung der nicht vorbelasteten Probanden besser war als die der Vorbelasteten. Somit liegt die Annahme nahe, dass die höhere Rückfallquote nach Täter-Opfer-Ausgleich zum Teil mit dem größeren Anteil an Vorbelasteten in dieser Untersuchungsgruppe zu erklären ist.

8. Deliktsschwere
Eine Erklärung für die Differenz der Rückfallquoten könnte weiterhin in der unterschiedlichen Schwere der Anlassdelikte in den Untersuchungsgruppen liegen.

---

[211] s. *Matheis* S. 137 Grafik 11.
[212] s. *Matheis* S. 92.

Matheis hat in seiner Studie ausschließlich Bagatelldelikte und Delikte aus dem unteren Kriminalitätsbereich berücksichtigt.[213]

Der Anteil der Bagatelldelikte war bei den Anlassdelikten, die den Täter-Opfer-Ausgleich zur Folge hatten, mit 8% äußerst gering, der Großteil der verwirklichten Delikte war dem leichteren bis mittleren Kriminalitätsbereich zuzuordnen.

Bei alleiniger Auswertung der Gruppe der Täter-Opfer-Ausgleichs-Verfahren, deren Anlassdelikte Bagatellcharakter hatten, betrug die Rückfallquote nach Täter-Opfer-Ausgleich 8%. Das bedeutet, dass nur ein Jugendlicher, der als Anlasstat ein Bagatelldelikt begangen hat, erneut straffällig wurde. Trotz der geringen absoluten Anzahl an Verfahren mit Bagatelldelikten wurde durch das Auswertungsergebnis deutlich, dass das Rückfallverhalten mit steigender Deliktsschwere schlechter wurde und die Rückfallquote zunahm. Die Vermutung liegt folglich nahe, dass eine Erklärung für die Differenz der Rückfallquoten beider Studien in der unterschiedlichen Deliktsschwere der Anlasstaten zu finden ist.

9. Zusammenfassung und Ergebnis des Vergleiches mit der Studie von *Matheis*

Ein Vergleich der Rückfallauswertungen zeigt, dass sowohl bei genereller als auch bei detaillierter Betrachtung die Legalbewährung nach Täter-Opfer-Ausgleich schlechter war als nach den von *Matheis* untersuchten Sanktionen.

Als Grund für die Differenz der Rückfallquoten kommt zunächst der unterschiedliche Anteil an verstärkt rückfallgefährdeten Vorbelasteten in den Untersuchungsgruppen in Betracht. *Matheis* berücksichtigte nur Ersttäter, wohingegen bei der Täter-Opfer-Ausgleichs-Studie 18% der Probanden vorbelastet waren. Zudem lässt die unterschiedliche Deliktsschwere der Anlasstaten eine höhere Rückfallquote nach Täter-Opfer-Ausgleich erwarten. *Matheis* hat nur Delikte aus dem Bagatellbereich und der unteren Kriminalität berücksichtigt. In diesem Bereich war auch nach Täter-Opfer-Ausgleich die Rückfallquote deutlich geringer. Folglich kann die unterschiedliche Legalbewährung zum Teil mit der Differenz der Deliktsschwere der Anlasstaten erklärt werden.

Weiterhin ist nicht auszuschließen, dass andere Faktoren die Rückfallquoten beeinflusst haben. Ein Vergleich weiterer Merkmale der Untersuchungsgruppen war aufgrund der vorliegenden Daten nicht möglich. Da die Bildung von homogenen Vergleichsgruppen, wie erwähnt, praktisch unmöglich ist, ist wiederum lediglich eine tendenzielle Deutung der Auswertungsergebnisse möglich. Der Vergleich hat ergeben, dass die Legalbewährung nach Täter-Opfer-Ausgleich schlechter war, jedoch besteht aufgrund der unterschiedlichen rückfallbeeinflussenden Merkmale in den Untersuchungsgruppen kein gerechtfertigter Anlass, die spezialpräventive Wirkung des Täter-Opfer-Ausgleichs schlechter einzuschätzen als die der Vergleichssanktionen.

Auch dieser Vergleich spricht dafür, bei Bagatellkriminalität mit der nonintervenierenden Diversion zu reagieren und den Täter-Opfer-Ausgleich bei Bagatelldelikten nicht anzuwenden.

---

[213] s. *Matheis* S. 92.

VI. Untersuchung von *Kalpers-Schwaderlapp* aus Koblenz und Mainz

Kalpers-Schwaderlapp hat die spezialpräventive Wirkung verschiedener Erledigungsformen im Jugendstrafverfahren durch die Staatsanwaltschaft oder das Gericht untersucht. Dazu hat sie jeweils 100 Strafverfahren gegen Jugendliche, die bei der Staatsanwaltschaft Koblenz und bei der Staatsanwaltschaft Mainz im Herbst 1983 im Strafregister registriert worden waren, in Hinblick auf die Legalbewährung der Jugendlichen analysiert. Diese Staatsanwaltschaften boten sich für den Vergleich der spezialpräventiven Wirkung verschiedener Erledigungsformen an, da bei der Jugendstaatsanwaltschaft Koblenz eine hohe Einstellungsquote, bei der Jugendstaatsanwaltschaft Mainz eine sehr geringe Einstellungsquote ermittelt wurde.

Untersuchungsgrundlage bildeten ausschließlich Verfahren, deren Anlasstat ein Diebstahl mit einem Schadenshöchstwert von 200 DM war, da davon ausgegangen wurde, dass in diesem Bereich am ehesten eine Diversion durchgeführt werde.[214]

Der Beobachtungszeitraum für das Legalbewährungsverhalten wurde auf 4 Jahre festgelegt.[215]

1. Rückfallquote
Tabelle 119: Rückfallquoten im Vergleich

	Rückfallquote	Legalbewährung
Täter-Opfer-Ausgleich	42%	58%
Koblenz	36%	64%
Mainz	28%	72%

In Koblenz wurde eine Rückfallquote von 36% ermittelt.[216] In Mainz betrug die Rückfallquote 28%[217].

Die Rückfallquoten waren folglich geringer als die der Probanden nach Einstellung infolge Täter-Opfer-Ausgleichs mit 42%.

Um herauszufinden, ob sich eine Erklärung für die Differenz der Rückfallquoten finden lässt und ob die Legalbewährung nach Täter-Opfer-Ausgleich auch bei differenzierter Auswertung schlechter war, wurde ein Vergleich der detaillierten Rückfallauswertungen vorgenommen.

2. Rückfall nach den einzelnen Verfahrensarten
Kalpers-Schwaderlapp hat untersucht, ob die Rückfallquoten nach den einzelnen Verfahrensarten Unterschiede aufwiesen.

---

[214] s. *Kalpers-Schwaderlapp* S. 16.
[215] s. *Kalpers-Schwaderlapp* S. 123.
[216] s. *Kalpers-Schwaderlapp* S. 126.
[217] s. *Kalpers-Schwaderlapp* S. 146.

Die Rückfallquote nach förmlichem Jugendverfahren mit Anklageerhebung war sowohl in Koblenz mit 36% als auch in Mainz mit 52% vergleichsweise am höchsten. Die nächsthöchste Rückfallquote wurde in Mainz nach der Einstellung durch den Richter gemäß § 47 JGG a.F. mit 43% und in Koblenz nach dem vereinfachten Jugendverfahren gemäß § 76 f. JGG mit 36% gemessen. In Mainz wurden nach vereinfachtem Jugendverfahren 21% der Jugendlichen rückfällig.

Die beste Legalbewährung wurde jeweils nach Einstellungen im Vorverfahren ermittelt. In Koblenz betrug die Rückfallquote nach Einstellung gemäß § 45 Absatz 1 JGG a.F. 33% und nach Einstellung gemäß § 45 Absatz 2 JGG a.F. 31%. Bei den Mainzer Verfahren kam es in den fünf Verfahren, die gemäß § 45 Absatz 1 und 2 JGG a.F. eingestellt wurden, zu keiner erneuten Straffälligkeit. Jedoch handelte es sich in vier dieser Fälle um Ausländer, die in ihr Heimatland zurückgereist sind, wodurch ein Rückfall unwahrscheinlich geworden ist.[218]

Bei der Täter-Opfer-Ausgleichs-Studie wurde im Vergleich zu dem Großteil der von *Kalpers-Schwaderlapp* untersuchten Erledigungsarten eine höhere Rückfallquote ermittelt. Die Rückfallquote der Probanden nach Einstellung infolge Täter-Opfer-Ausgleichs war jedoch geringer als nach dem normalen Jugendverfahren und nach Einstellung durch den Richter gemäß § 47 JGG a.F. in Mainz.

3. Einschlägiger Rückfall
Tabelle 120: Einschlägiger Rückfall nach Diebstahl

	Einschlägiger Rückfall	Kein einschlägiger Rückfall
Täter-Opfer-Ausgleich	35%	65%
Koblenz	61%	39%
Mainz	64%	36%

Sowohl in Koblenz als auch in Mainz wurden fast ²/₃ der Rückfälligen erneut aufgrund eines Diebstahls verurteilt.[219]

Bei der Schleswig-Holsteinischen Studie wurde ermittelt, dass 35% der Beschuldigten, die als Anlasstat einen Diebstahl begangen hatten, wiederum aufgrund eines Diebstahldelikts eine erneute Eintragung erhielten.

Im Vergleich beider Studien war der Anteil an einschlägigen Rückfällen nach Einstellung infolge Täter-Opfer-Ausgleichs somit deutlich geringer.

---

[218] s. *Kalpers-Schwaderlapp* Koblenz S. 139; Mainz S. 162.
[219] s. *Kalpers-Schwaderlapp* S. 127/ S. 146.

4. Rückfallhäufigkeit
Tabelle 121: Anzahl an Neueintragungen in Vergleich

	1 Rückfall	2 Rückfälle	3 Rückfälle	4 und mehr Rückfälle
Täter-Opfer-Ausgleich	56%	30%	3%	11%
Koblenz	53%	25%	11%	11%
Mainz	61%	11%	21%	7%

Aus der Tabelle geht hervor, dass der Großteil der Rückfälligen in allen drei Untersuchungsgruppen eine erneute Eintragung erhielt.

In Koblenz wurden mehr als die Hälfte der Rückfälligen nur einmal rückfällig, ¼ der Jugendlichen wiesen zwei erneute Eintragungen auf, knapp 20% der Rückfälligen beginnen zwischen drei und vier Rückfälle.[220]

In Mainz war keine kontinuierliche Abnahme der Rückfallhäufigkeit mit der Rückfallanzahl zu verzeichnen, jedoch wurden auch hier die meisten Jugendlichen nur einmal rückfällig. Zu zwei Rückfällen kam es bei 11%, zu drei bei 21% und zu vier und fünf Rückfällen bei 7% der Rückfälligen.[221]

Nach Täter-Opfer-Ausgleich wurden 56% der Rückfälligen einmal erneut straffällig, zwei weitere Eintragungen wiesen 30% auf und zu drei und mehr erneuten Straftaten kam es in 14% der Rückfallverfahren.

Damit war gerade der Anteil der quantitativ massiven Rückfälle mit drei und mehr erneuten Eintragungen nach Täter-Opfer-Ausgleich vergleichsweise gering. Bei der Täter-Opfer-Ausgleichs-Studie wurde damit in Hinblick auf den quantitativ massiven Rückfall ein besseres Legalbewährungsverhalten der Jugendlichen ermittelt.

5. Rückfallgeschwindigkeit
Sowohl in Koblenz als auch in Mainz betrug der Zeitabstand von der Einsatztat bis zum ersten Rückfall in über der Hälfte der Rückfallverfahren bis zu ein Jahr.[222]

Damit entsprach die Rückfallgeschwindigkeit ungefähr der bei der Täter-Opfer-Ausgleichs-Studie. Hier vergingen in der Hälfte der Rückfallverfahren ungefähr 15 Monate zwischen Einstellung des Verfahrens und der erneuten Deliktsbegehung.

---

[220] s. *Kalpers-Schwaderlapp* S. 127.
[221] s. *Kalpers-Schwaderlapp* S. 147.
[222] s. *Kalpers-Schwaderlapp* S. 128 / S. 147.

6. Sanktionen bei Rückfalltaten
Tabelle 122: Sanktionen und Rückfall

	Jugend-arrest	FS m. B.	FS o. B.
Täter-Opfer-Ausgleich	15%	5%	3%
Koblenz	8%	2%	18%
Mainz	11%	4%	24%

In Koblenz wie in Mainz wurden die meisten Rückfalldelikte mit einer Verwarnung kombiniert mit der richterlichen Weisung sanktioniert. Als nächst häufigste Sanktionen waren wiederum in beiden Landgerichtsbezirken die Jugendstrafe und die Einstellung nach § 47 beziehungsweise nach § 45 JGG a.F. zu nennen.[223]

Der Anteil der freiheitsentziehenden Sanktionen Jugendstrafe und Jugendarrest als Folge der Rückfalltat betrug in Koblenz 32% und in Mainz 38%.

In der Täter-Opfer-Ausgleichs-Studie wurden bei 18% der Rückfalltaten als Sanktion Jugendarrest oder Freiheitsstrafe ohne Bewährung verhängt. Dieser Anteil an freiheitsentziehenden Sanktionen war deutlich geringer als der in den Koblenzer und Mainzer Vergleichsstudien.

Die Sanktion gibt mittelbar Auskunft über die Schwere des Rückfalls. Es ist davon auszugehen, dass nur ein massiver Rückfall eine freiheitsentziehende Maßnahme zur Folge hat. Damit deutet der geringere Anteil an freiheitsentziehenden Sanktionen darauf hin, dass die Rückfälle beim Täter-Opfer-Ausgleich als vergleichsweise milder einzuordnen sind.

7. Vorstrafen und Rückfall
Tabelle 123: Vorbelastungen und Rückfall

	Rückfall der Vorbelasteten	Rückfall der nicht Vorbelasteten
Täter-Opfer-Ausgleich	52%	40%
Koblenz	85%	24%
Mainz	73%	22%

In Koblenz wurden 85% der vorbelasteten Jugendlichen im Beobachtungszeitraum erneut straffällig.[224] In Mainz betrug der Anteil der Vorbelasteten, die rückfällig wurden, 73%.[225]

---

[223] s. *Kalpers-Schwaderlapp* S. 128/S. 148.
[224] s. *Kalpers-Schwaderlapp* S. 137.
[225] s. *Kalpers-Schwaderlapp* S. 160.

Die Rückfallquote der nicht Vorbelasteten war in beiden Untersuchungsgruppen erwartungsgemäß deutlich geringer. Die Rückfallquote der unvorbelasteten Jugendlichen lag in Koblenz bei 24% und in Mainz bei 22%.

Beim Täter-Opfer-Ausgleich wurden 52% der vorbestraften Jugendlichen erneut straffällig. Damit war die Legalbewährung der Vorbelasteten nach Täter-Opfer-Ausgleich im Vergleich zur Kontrollstudie deutlich besser. Die Rückfallquote der nicht Vorbelasteten war jedoch nach Täter-Opfer-Ausgleich mit 40% im Vergleich zu der anderen Studie deutlich höher.

Infolge des unterschiedlichen Legalbewährungsverhaltens der vorbelasteten und nicht vorbelasteten Jugendlichen könnte der unterschiedliche Anteil an Vorbelasteten in den Ausgangsuntersuchungsgruppen ein Grund für die Differenz der allgemeinen Rückfallquoten beider Studien sein. Diese Erklärung scheidet jedoch aus, da der Anteil an Vorbelasteten in den Untersuchungsgruppen beider Studien bei ungefähr 15% und somit auf gleichem Niveau lag.

8. Rückfall und Delikt
Die Unterschiede in den Rückfallquoten könnten in der Deliktsstruktur der Ausgangsdelikte beider Studien begründet sein.

Kalpers-Schwaderlapp hat in ihrer Untersuchung ausschließlich Strafverfahren berücksichtigt, in denen Jugendliche einen einfachen Diebstahl mit einem Schadenshöchstwert von 200 DM begangen hatten.

Der Täter-Opfer-Ausgleichs-Studie lagen eine Reihe unterschiedlicher Deliktsgruppen zugrunde, wobei der Diebstahl nach Körperverletzungsdelikten und Sachbeschädigung das dritthäufigste Delikt war. Im Vergleich der Deliktsgruppen war bei der Täter-Opfer-Ausgleichs-Studie die Rückfallquote nach Diebstahl mit 57% am höchsten. Jedoch ist zu beachten, dass im Gegensatz zu *Kalpers-Schwaderlapps* Studie hier nicht nur leichte Fälle des Diebstahls Berücksichtigung fanden, sondern die Schadenshöhe oftmals 200 DM überstieg oder ein besonders schwerer Fall des Diebstahls nach § 243 StGB verwirklicht wurde. Die Differenzierung der Rückfallauswertung nach einerseits einfachem Diebstahl bis zu einem Schadenshöchstwert von 200 DM und andererseits Diebstahl über einer Schadenshöhe von 200 DM oder in einem besonders schweren Fall erbrachte, dass der Täter-Opfer-Ausgleichs-Studie nur ein Diebstahlsverfahren zugrunde lag, das den Anforderungen in *Kalpers-Schaderlapps* Studie genügt hätte. Bei allen anderen Diebstählen war entweder die Schadenshöhe von 200 DM überschritten oder ein Regelbeispiel des § 243 StGB verwirklicht. Der Beschuldigte, der einen einfachen Diebstahl mit einer Schadenshöhe von weniger als 200 DM begangen hatte, wurde nicht rückfällig. Die Rückfallquote nach dem schwereren Diebstahl betrug 55%.

Die der Täter-Opfer-Ausgleichs-Studie zugrunde liegende absolute Anzahl an Diebstahlsverfahren, die die Voraussetzungen der Studie von *Kalpers-Schwaderlapp* erfüllten, war mit einem Fall so gering, dass ein direkter Vergleich der Rückfallauswertungen gleicher Deliktsgruppen mit ähnlicher Kriminalitätsschwere nicht möglich ist.

Die Täter-Opfer-Ausgleichs-Studie gab jedoch allgemeine Hinweise darauf, dass die Deliktsschwere im Zusammenhang mit der Rückfallquote steht. So betrug die Rückfallquote bei dem geringen Anteil an Bagatelldelikten unter den Anlassdelikten lediglich 8%. Dieses Auswertungsergebnis stützt die Annahme, dass die Legalbewährung mit steigender Schwere des Anlassdelikts schlechter wird. Dem Großteil der Täter-Opfer-Ausgleichs-Verfahren lagen Anlassdelikte von leichter bis mittelschwerer Kriminalität zugrunde. In Anbetracht der geringen Deliktsschwere der einfachen Diebstahlsdelikte, die *Kalpers-Schwaderlapps* Untersuchungsgrundlage bildeten, war eine höhere Rückfallquote bei der Täter-Opfer-Ausgleichs-Studie zu erwarten.

9. Zusammenfassung und Ergebnis des Vergleiches mit der Studie von *Kalpers-Schwaderlapp*

Die allgemeinen Rückfallquoten waren bei den Probanden der Jugendstaatsanwalt Koblenz sowie denen der Jugendstaatsanwaltschaft Mainz um 7 beziehungsweise um 15 Prozentpunkte geringer als die nach Täter-Opfer-Ausgleich ermittelte Rückfallquote.

Ein Vergleich der Rückfallquoten nach verschiedenen Erledigungsarten mit der Rückfallquote nach Einstellung infolge Täter-Opfer-Ausgleichs ergab, dass ausgenommen von der Einstellung nach förmlichen Jugendverfahren mit Anklageerhebung und nach richterlicher Einstellung gemäß § 47 JGG a.F. in Mainz die Rückfallquote nach Täter-Opfer-Ausgleich regelmäßig höher war als nach den anderen Erledigungsarten.

Zur Überprüfung, ob das Rückfallverhalten der Probanden nach Täter-Opfer-Ausgleich insgesamt als schlechter einzuordnen ist oder ob eine Erklärung für die unterschiedlichen Rückfallquoten gefunden werden kann, wurden weitere Rückfallauswertungsergebnisse beider Studien verglichen.

Dabei wurde festgestellt, dass bei der Täter-Opfer-Ausgleichs-Studie der Anteil der Diebstahlsverfahren mit einschlägigem Rückfall im Vergleich zu den Einstellungsarten der Jugendstaatsanwaltschaften Mainz und Koblenz geringer war. Nach Täter-Opfer-Ausgleich haben die Probanden folglich vergleichsweise seltener erneut ein kriminologisch vergleichbares Delikt begangen.

Ein Vergleich beider Studien erbrachte zudem, dass der Anteil an Rückfallverfahren mit quantitativ intensiven Rückfällen nach Täter-Opfer-Ausgleich geringer war als nach den Erledigungsarten der Vergleichsstudie.

Positiv zu vermerken ist weiterhin, dass der Anteil der freiheitsentziehenden Sanktionen als Folge der Rückfalltat nach Täter-Opfer-Ausgleich vergleichsweise geringer war. Dies deutet darauf hin, dass es beim Rückfall nach Täter-Opfer-Ausgleich seltener zu quantitativ oder qualitativ derart massiven Rückfällen kam, die eine freiheitsentziehende Sanktion erforderten.

Das Rückfallverhalten nach Täter-Opfer-Ausgleich ist trotz der höheren allgemeinen Rückfallquote in einigen Vergleichspunkten folglich als besser zu bewerten. Fraglich bleibt jedoch, ob es eine Begründung für die höhere allgemeine Rückfallquote gibt.

Die Vorstrafenbelastung scheidet als Begründung aus, da das Verhältnis von Vorbelasteten und nicht Vorbelasteten in beiden Untersuchungen ungefähr übereinstimmte.

Eine Erklärung kann in der unterschiedlichen Deliktsstruktur der Anlasstat gesehen werden. Zunächst wurde ein Zusammenhang zwischen der Deliktsschwere des Ausgangsdelikts und der Rückfallquote dargestellt. Sodann war es aufgrund der vergleichsweise milderen Deliktsstruktur plausibel, dass auch die Rückfallquote in der Untersuchung von *Kalpers-Schwaderlapp* geringer war.

Infolge der unterschiedlichen Deliktsstrukur und der Tatsache, dass nicht gewährleistet werden kann, dass weitere rückfallbeeinflussende Faktoren die in den Untersuchungsgruppen unterschiedlich angelegt sind, lässt der Vergleich beider Studien nur eine tendenzielle Deutung in Hinblick auf die Effizienz des Täter-Opfer-Ausgleichs zu. Der Vergleich der Auswertungsergebnisse deutet darauf hin, dass die höhere Rückfallquote nach Täter-Opfer-Ausgleich aufgrund der unterschiedlichen Deliktsstruktur und Kriminalitätsschwere der Ausgangsdelikte beider Untersuchungsgruppen keinen Anlass bietet, an der spezialpräventiven Wirkung des Täter-Opfer-Ausgleichs zu zweifeln.

VII. Untersuchung von *Kraus/Rolinski* aus Regensburg

Kraus/Rolinski haben das Legalbewährungsverhalten ehemaliger Teilnehmer von Sozialen Trainingskursen des Kontakt Regensburg e. V. untersucht. Die Auswertung erstreckt sich auf den Zeitraum Juni 1982 bis Juni 1987 und erfasst 54 Probanden. Der Beobachtungszeitraum betrug mindestens 2 Jahre.[226]

1. Rückfallquote

Als Rückfall wurde wiederum jede erneute Registrierung im Bundeszentral- bzw. Erziehungsregister angesehen.

Tabelle 124: Rückfallquoten im Vergleich

	Rückfallquote	Legalbewährung
Täter-Opfer-Ausgleich	42%	58%
Sozialer Trainingskurs	56%	44%

Die Rückfallquote nach der Teilnahme an einem sozialen Trainingskurs lag bei 56%.[227]

Ein Vergleich der Rückfallquoten beider Studien ergibt, dass die Probanden nach Sozialem Trainingskurs häufiger rückfällig werden als nach Täter-Opfer-Ausgleich mit 42% Rückfälligen.

Im Folgenden wird versucht, anhand des Datenmaterials das unterschiedliche Legalbewährungsverhalten zu erklären.

---

[226] s. *Kraus/Rolinski* MschrKrim 1992, 32 (33).
[227] s. *Kraus/Rolinski* MschrKrim 1992, 32 (36).

2. Rückfallhäufigkeit
Tabelle 125: Rückfallhäufigkeit im Vergleich

	1 Rückfall	2 Rückfälle	3 und mehr Rückfälle
Täter-Opfer-Ausgleich	56%	30%	14%
Sozialer Trainingskurs	37%	50%	13%

Bei der Täter-Opfer-Ausgleichs-Studie war der Anteil der Rückfälligen, die im Beobachtungszeitraum einmalig rückfällig wurden mit 56% um 19% höher als bei der Studie von *Kraus/Rolinski*. Dafür war der Anteil der Rückfälligen, die zweimal erneut straffällig wurden, nach sozialem Trainingskurs mit 50% um 20% höher als nach Täter-Opfer-Ausgleich. Der Anteil der Rückfälligen, die drei oder mehr Rückfälle begangen haben, lag bei beiden Studie auf ähnlichem Niveau.[228]

3. Rückfallsanktionen
In *Kraus/Rolinskis* Studie überwiegt bei sämtlichen Rückfallsanktionen nach einer Trainingsmaßnahme die Jugend- und Freiheitsstrafe mit 46%.[229]

Der Anteil an Probanden, deren Rückfalldelikt eine solche Sanktion zur Folge hatte, lag nach Einstellung infolge Täter-Opfer-Ausgleichs bei 11%.

Die Freiheitsstrafe kommt als Sanktion lediglich bei schweren Delikten in Betracht, so dass die Sanktion mittelbar eine Aussage über die Deliktsschwere zulässt. Der erheblich geringere Anteil an freiheitsentziehenden Sanktionen bei der Täter-Opfer-Ausgleichs-Studie deutet darauf hin, dass auch die Schwere der Rückfalldelikte nach Täter-Opfer-Ausgleich als vergleichsweise leichter einzuordnen ist und der Rückfall somit weniger massiv war.

4. Vorbelastung
Kraus/Rolinski haben in ihrer Untersuchung nicht zwischen dem Rückfallverhalten der Vorbelasteten im Vergleich zu den nicht Vorbelasteten unterschieden. Aus anderen Rückfallstudien liegt die Erkenntnis vor, dass Vorbelastete vermehrt rückfällig werden, so dass eine Erklärung für die Differenz der Rückfallquoten der unterschiedliche Anteil an Vorbelasteten in den Untersuchungsgruppen sein könnte.

Die Teilnehmer an sozialen Trainingskursen waren zu 26% Ersttäter. Der Anteil der Probanden mit drei oder mehr Vorbelastungen lag immerhin bei 35%.[230]

Im Vergleich hierzu lagen der Täter-Opfer-Ausgleichs-Studie zu 83% Probanden zugrunde, die zuvor nicht straffällig geworden sind. Beschuldigte mit erheblichen Vorbelastungen machten einen Anteil von 3% aus.

---

[228] s. *Kraus/Rolinski* MschrKrim 1992, 32 (36).
[229] s. *Kraus/Rolinski* MschrKrim 1992, 32 (40).
[230] s. *Kraus/Rolinski* MschrKrim 1992, 32 (35).

Die Probanden der Untersuchungsgruppe von *Kraus/Rolinski* waren folglich stärker vorbelastet, so dass eine höhere Rückfallquote bei dieser Studie zu erwarten war.

5. Delikt und Rückfall
Ein weiterer Grund für die Differenz der Rückfallquoten könnte die unterschiedliche Struktur der Deliktsgruppen sein. *Kraus/Rolinski* haben nicht untersucht, ob die Rückfallquoten nach einzelnen Deliktsgruppen verschieden sind. Die Täter-Opfer-Ausgleichs-Studie ergab in Übereinstimmung mit anderen Rückfallstudien, dass die Rückfallquote nach Diebstahlsdelikten im Vergleich zu anderen Deliktsgruppen regelmäßig besonderes hoch ist, so dass die höhere Rückfallquote nach sozialem Trainingskurs mit einem größeren Anteil an Diebstahlsdelikten in der Untersuchungsgruppe zu erklären sein könnte. Die Eigentums- und Vermögensdelikte machten in *Kraus/Rolinskis* Studie 40% der Anlassdelikte aus.[231] Bei der Täter-Opfer-Ausgleichs-Studie lagen den Verfahren zumeist Körperverletzungsdelikte (61%) zugrunde, der Diebstahl war lediglich in 15% Grund der Beschuldigung.

Auffällig ist folglich der deutlich höhere Anteil an Eigentumsdelikten bei der Untersuchungsgruppe von *Kraus/Rolinski*. Aufgrund des erfahrungsgemäß vergleichsweise schlechten Legalbewährungsverhalten nach dieser Deliktsgruppe, war eine höhere Rückfallquote nach sozialem Trainingskurs zu erwarten.

6. Zusammenfassung und Ergebnis
Ein Vergleich der beiden Studien ergab ein deutlich besseres Legalbewährungsverhalten der Probanden nach Einstellung infolge Täter-Opfer-Ausgleichs.

Die Rückfallquote war geringer, die Anzahl der Rückfalltaten niedriger und die Rückfallsanktionen milder, so dass der Rückfall als weniger massiv zu werten ist.

Trotz des Rückfallerfolgs ist dies kein zwingender Beweis für die bessere spezialpräventive Wirkung des Täter-Opfer-Ausgleichs. So lassen die erheblich höhere Vorstrafenbelastung sowie der größere Anteil an Eigentumsdelikten einer schlechtere Legalbewährung nach sozialem Trainingskurs erwarten. Weitere Merkmale konnten aufgrund des Datenmaterials nicht verglichen werden, so dass darüber hinausgehende unterschiedliche Belastungen der Untersuchungsgruppen nicht ausgeschlossen werden können. Aufgrund der fehlenden Homogenität erlaubt der Vergleich nur eine tendenzielle Deutung, die für den Täter-Opfer-Ausgleich spricht.

VIII. Untersuchung vom Kriminologischen Dienst aus Baden-Württemberg
Der Kriminologische Dienst hat zum Teil in Zusammenarbeit mit dem Institut für Kriminologie der Universität Tübingen das Legalbewährungsverhalten von den in der JVA Adelsheim inhaftierten Jugendstrafgefangenen untersucht. Grund dieser Analyse war unter anderem, die Effizienz der 1974 eingeführten differenzierten Behandlungsmöglichkeiten zu ermitteln.

---

[231] s. *Kraus/Rolinski* MschrKrim 1992, 32 (39).

Es wurden zwei Untersuchungsgruppen gebildet. Zunächst die 1976/77 aufgenommenen Jugendstrafgefangenen und weiterhin die 1969 aus der Jugendstrafvollzugsanstalt Entlassenen.

Die erste Gruppe umfasst die repräsentative Anzahl von 509 deutschen Strafgefangenen und der Beobachtungszeitraum betrug mindestens 4 Jahre. Der Gruppe der 1969 aus dem Jugendstrafvollzug Entlassenen liegen 411 Probanden zugrunde, die ungefähr 11 Jahre auf ihr Rückfallverhalten untersucht wurden.[232] Sinn der Datenauswertung der zweiten Untersuchungsgruppe war es, längerfristige Entwicklungen der Legalbewährung unter dynamischen Aspekten zu erfassen. Aufgrund des unterschiedlichen Untersuchungszwecks, der unterschiedliche Auswertungsschwerpunkte zur Folge hatte, sowie der erheblich längeren Beobachtungsdauer und der mit 30 Jahren großen zeitlichen Distanz der zweiten Untersuchungsgruppe im Vergleich zur Täter-Opfer-Ausgleichs-Studie wird im Folgenden maßgeblich die erste Untersuchungsgruppe der Baden-Württembergischen Studie betrachtet. Lediglich allgemeine Daten wie die generelle Rückfallquote und der Anteil der freiheitsentziehenden Sanktionen bei den Rückfalldelikten werden auch von der zweiten Untersuchungsgruppe herangezogen.

1. Rückfallquote
Als Rückfall wurde in beiden Studien jede erneute Eintragung im Bundeszentral- oder Erziehungsregister angesehen.

Tabelle 126: Rückfallquoten im Vergleich

	Rückfallquote	Legalbewährung
Täter-Opfer-Ausgleich	42%	58%
Aufgenommene	83%	17%
Entlassene	85%	15%

Die erste Gruppe der 1976/77 in den Jugendstrafvollzug Aufgenommenen wurde zu 83% innerhalb der untersuchten 4 Jahre rückfällig.[233]

Von den 1969 entlassenen Jugendstrafgefangenen wurden innerhalb des Zeitraums von 11 Jahren 85% erneut straffällig.[234] Auffällig ist, dass die Rückfallquoten beider Untersuchungsgruppen fast identisch waren, obwohl die Möglichkeit des Rückfalls bei der zweiten Gruppe aufgrund der Länge des Beobachtungszeitraumes erheblich größer war. Dies kann teilweise damit erklärt werden, dass infolge der Tilgungsfristen gemäß §§ 45 ff. BZRG ein Teil der Wiederverurteilungen nach 5 Jahren im Strafregisterauszug gelöscht werden, sofern keine weiteren Verurteilungen erfolgt sind. Bei Unterteilung des 11-jährigen Beobachtungszeitraumes in geringere Zeitabschnitte konnte zudem festgestellt wer-

---

[232] s. *Dolde/Grübl* ZfStrVo 1988, 29, 30.
[233] s. *Dolde/Grübl* ZfStrVo 1988, 30.
[234] s. *Dolde/Grübl* ZfStrVo 1988, 32.

den, dass ein Großteil der Rückfälligen bereits in den ersten 4 Jahren nach Entlassung aus dem Jugendstrafvollzug erneut verurteilt wurde.[235]

Ein Vergleich mit der Täter-Opfer-Ausgleichs-Studie zeigt, dass die Rückfallquoten der Untersuchungsgruppen nach der Inhaftierung deutlich höher waren als nach dem Täter-Opfer-Ausgleich mit 42%.

Im Folgenden wurde das differenzierte Rückfallverhalten der Probanden beider Studien verglichen und versucht, Erklärungen für die unterschiedlichen Rückfallwerte zu finden.

2. Sanktionen nach Rückfall
Tabelle 127: Rückfallsanktionen im Vergleich

	Freiheitsstrafe ohne Bewährung
Täter-Opfer-Ausgleich	3%
Aufgenommene	54%
Entlassene	58%

Eine erneute freiheitsentziehende Maßnahme verbüßten bei der ersten Untersuchungsgruppe 54% der Probanden[236], von den 1969 Entlassenen kehrten knapp 58% in den Strafvollzug zurück.[237]

Der Anteil der Beschuldigten, die aufgrund der Rückfalltat zu Freiheitsstrafen ohne Bewährung verurteilt wurden, betrug nach Täter-Opfer-Ausgleich 3%.

Im Vergleich zur Baden-Württembergischen Studie wurden folglich in der Täter-Opfer-Ausgleichs-Studie die Rückfalltaten nur zu einem äußerst geringen Anteil mit freiheitsentziehenden Sanktionen bestraft.

Dies spricht dafür, dass der Rückfall nach Täter-Opfer-Ausgleich weniger massiv war als nach Inhaftierung. Allerdings ist zu beachten, dass die Sanktionierung der Rückfalltat sicherlich von der Vorstrafe der Probanden beeinflusst wird. Eine Verurteilung zu unbedingter Freiheitsstrafe wird eher erfolgen, wenn bereits infolge der Ausgangstat eine Freiheitsstrafe verbüßt wurde. Insofern lag bei der Baden-Württembergischen Studie die erneute Verurteilung zu einer Freiheitsstrafe vergleichsweise näher als nach einem Täter-Opfer-Ausgleich.

3. Rückfall und Anlassdelikte
Die unterschiedlichen Rückfallquoten könnten in der Deliktsstruktur der Anlassdelikte begründet sein. In diesem Vergleich wurde aufgrund der zur Verfügung stehenden Daten-

---

[235] s. *Kerner-Dolde* Jugendstrafvollzug S. 301.
[236] s. *Dolde/Grübl* ZfStrVo 1988, 31.
[237] s. *Dolde/Grübl* ZfStrVo 1988, 32.

grundlage ausschließlich die erste Untersuchungsgruppe der 1976/77 in die JVA Adelsheim Aufgenommenen berücksichtigt.

In Baden-Württemberg war in fast der Hälfte der Fälle ein Diebstahl der Grund für die Einweisung in die Jugendstrafvollzugsanstalt. Weitere häufig vertretene Anlassdelikte waren Gewaltdelikte gegen Personen sowie Verstöße gegen das Betäubungsmittelgesetz.[238]

Den Täter-Opfer-Ausgleichs-Verfahren lagen zumeist (61%) Körperverletzungsdelikte zugrunde, gefolgt von Diebstahl und Sachbeschädigung mit je 15%.

Es waren in beiden Studien ähnliche Deliktsgruppen vertreten, wobei auffällig ist, dass die Inhaftierung am häufigsten aufgrund eines Diebstahls erfolgte und der Täter-Opfer-Ausgleich zumeist nach einem Körperverletzungsdelikt durchgeführt wurde.

Im Folgenden werden beide Studien in Hinblick auf die Rückfallwerte nach einzelnen Deliktsgruppen verglichen.

Die Rückfallquoten beider Studien nach Eigentumsdelikten stimmen mit jeweils ungefähr 60% fast überein. Damit bestätigen beide Studien die grundsätzlich schlechte Legalbewährung nach Eigentumsdelikten.

Ein Vergleich der Rückfallquoten nach Gewalttätigkeiten gegen Personen ergibt nach Strafvollzug einen Wert von 46% und nach Täter-Opfer-Ausgleich eine Quote von 39%. Die Rückfallquote bei Gewalttätigkeiten war nach Täter-Opfer-Ausgleich folglich vergleichsweise geringer.

Weitere Deliktsgruppen können nicht verglichen werden, da sich die weitere Anlassdelikte der Untersuchungsgruppen nicht decken.

Die Auswertung der Rückfallquoten nach den einzelnen Deliktsgruppen ergibt, dass die Rückfallquote nach Eigentumsdelikten in beiden Studien am höchsten war. Im Gegensatz zur Täter-Opfer-Ausgleichs-Studie hat der Großteil der Probanden bei der Baden-Württembergischen Studie als Eingangsdelikt ein Eigentumsdelikt begangen, so dass aufgrund der Deliksstruktur eine höhere Rückfallquote der Inhaftierten zu erwarten war.

Eine weitere Erklärung für die Differenz der Rückfallquoten könnte die unterschiedliche Kriminalitätsschwere der Anlassdelikte darstellen. Aus der Täter-Opfer-Ausgleichs-Studie ging hervor, dass die Rückfälligkeit nach Bagatelldelikten niedriger ist als nach schwererer Kriminalität. Damit steht die Auswertung im Einklang mit anderen Rückfalluntersuchungen, die zeigen, dass die Legalbewährung mit steigender Deliktsschwere schlechter wird. Der Täter-Opfer-Ausgleichs-Studie lagen zumeist Anlassdelikte aus dem Bereich der leichteren bis mittleren Kriminalität zugrunde. Bei der Baden-Württembergischen Studie enthält das Datenmaterial detaillierte Daten lediglich hinsichtlich der Gewaltdelikte gegen Personen. Die größte Gruppe machte hier mit 69% Raub, Erpres-

---

[238] s. *Kerner-Dolde* Jugendstrafvollzug S. 339 Tabelle I 6.

sung und Geiselnahme aus. Derart schwere Delikte führten nur in Ausnahmefällen zur Durchführung eines Täter-Opfer-Ausgleichs. Die Körperverletzung, die beim Täter-Opfer-Ausgleich 61% der gesamten Anlassdelikte ausmachte, war bei den Gewaltdelikten gegen Personen in Baden-Württemberg mit nur 19% vertreten. Auf die gesamten Anlassdelikte umgerechnet, ergibt dies einen Anteil der Körperverletzung von 4% an den Anlassdelikten in Baden-Württemberg. An diesen Zahlen ist zu erkennen, dass die Anlassdelikte in der Baden-Württembergischen Studie als deutlich schwerer einzuordnen sind als in der Schleswig-Holsteinischen Untersuchung.

Ein weiterer Grund für die Annahme, dass die Deliktsschwere der Ausgangstaten in der Täter-Opfer-Ausgleichs-Studie niedriger war, liegt in den unterschiedlichen Sanktionen. Die Jugendstrafe ohne Bewährung ist insoweit „ultima ratio" des Jugendstrafrechts, als sie nur als Sanktion in Betracht kommt, wenn Erziehungsmaßregeln und Zuchtmittel, sei es zur Bekämpfung der „kriminellen Neigung" des Täters, sei es zur Sühne besonders schwerer Schuld, nicht ausreichen.[239] Somit erfordert die Jugendstrafe die Begehung eines so schweren Deliktes, dass andere mildere Sanktionsarten ihren Sinn verfehlen würden und die Jugendstrafe als ultima ratio Anwendung findet. Daher ist davon auszugehen, dass die Anlassdelikte in Baden-Württemberg als deutlich schwerer einzuordnen sind als die Anlassdelikte der Täter-Opfer-Ausgleichs-Studie.

Aufgrund der schlechteren Legalbewährungsprognose nach schwereren Delikten ist die erheblich höhere Rückfallquote der Baden-Württembergischen Studie nicht überraschend.

4. Vorstrafen und Rückfall
Aufgrund der Erkenntnis aus den bisherigen Studien, dass die Legalbewährung bei vorbestraften Tätern schlechter ist, wurden die beiden Untersuchungsgruppen nun in Hinblick auf die Vorstrafenbelastung verglichen.

Die Auswertung ergab, dass 8% der 1976/77 in der JVA Adelsheim Aufgenommenen nicht vorverurteilt waren.[240]

Im Vergleich hierzu wiesen 83% der Beschuldigten bei der Täter-Opfer-Ausgleichs-Studie keine Vorbelastungen auf.

Vorbelastete Straftäter werden regelmäßig häufiger rückfällig als nicht vorbelastete, so dass der erheblich höhere Anteil an Vorbelasteten in der Untersuchungsgruppe der Baden-Württembergischen Studie bereits eine erheblich höhere Rückfallquote erwarten ließ.

5. Sozialisation und Rückfall
Ein Vergleich der als bedeutsam geltenden Daten zum soziobiographischen Hintergrund sowie zum Leistungs- und Freizeitbereich der Untersuchungsgruppen beider Studien vor

---

[239] s. *Schaffstein/Beulke* Jugendstrafrecht S. 139.
[240] s. *Kerner-Dolde* Jugendstrafvollzug S. 339 Tabelle I 6.

der Sanktionierung ist nicht möglich, da bei der Schleswig-Holsteinischen Studie diese Daten nicht ermittelt wurden.

6. Rückfallgeschwindigkeit

Nach Strafvollzug betrug die Rückfallgeschwindigkeit durchschnittlich 13 Monate bei den Wiederkehrern und 23 Monate bei den Verurteilten ohne erneuten Vollzug einer Freiheitsstrafe.[241]

Nach Täter-Opfer-Ausgleich belief sich dieser Zeitraum auf durchschnittlich ungefähr 15 Monate. Damit verhielten sich die Rückfälligen nach einem Täter-Opfer-Ausgleich durchschnittlich länger legal als die Wiederkehrer und kürzer als die Inhaftierten, bei denen nicht erneut eine Freiheitsstrafe vollzogen wurde.

Die schnellere Rückfallgeschwindigkeit nach Täter-Opfer-Ausgleich im Vergleich zu der bei den Verurteilten ohne erneuten Freiheitsentzug spricht für eine bessere abschreckende Wirkung der Freiheitsstrafe. Immerhin haben sich nach dieser Sanktion die Probanden über einen Zeitraum von 7 Monaten länger legal bewährt. Jedoch ist die Effizienz der Sanktionsmaßnahme nicht maßgeblich an einer Vermeidung von erneuter Straffälligkeit in dem trotzdem relativ kurzen Zeitraum von knapp 2 Jahren zu bemessen, sondern an der Förderung der dauerhaften Legalbewährung der Probanden. Der Anteil der Rückfälligen war nach Täter-Opfer-Ausgleich erheblich geringer, so dass insgesamt im Vergleich zum Freiheitsentzug kein Grund zum Zweifel an der spezialpräventiven Wirkung des Täter-Opfer-Ausgleichs besteht.

7. Zusammenfassung und Ergebnis des Vergleiches mit der Studie vom Kriminologischen Dienst aus Baden-Württemberg

Die allgemeine Rückfallquote war bei der Baden-Württembergischen Studie weitaus höher als bei der Täter-Opfer-Ausgleichs-Studie.

Auch der Vergleich beider Studien in Hinblick auf die Schwere der Rückfallsanktionen zeigt, dass das Legalbewährungsverhalten nach Täter-Opfer-Ausgleich als deutlich besser einzuordnen ist. Nach einer Inhaftierung kam es bei einem erheblich größeren Anteil an Probanden zum Vollzug einer freiheitsentziehenden Maßnahme als Sanktion für das Rückfalldelikt.

Die wesentlich schlechtere Legalbewährung nach der Inhaftierung kann jedoch nicht allein der geringeren Effizienz dieser Sanktion angelastet werden, vielmehr sind die Gründe auch in der unterschiedlichen Struktur der Untersuchungsgruppen beider Studien zu suchen.

Die Wahrscheinlichkeit der Verhängung einer erneuten freiheitsentziehenden Maßnahme infolge der schweren Vorstrafe ist nach Strafvollzug höher als nach Täter-Opfer-Ausgleich, so dass der vergleichsweise hohe Anteil der Wiederkehrer hiermit zu erklären ist.

---

[241] s. *Kerner-Dolde* Jugendstrafvollzug S. 249.

Weiterhin ist davon auszugehen, dass die Anlassdelikte der Baden-Württembergischen Studie zum Teil als deutlich schwerer einzuordnen sind, als die der Täter-Opfer-Ausgleichs-Studie. Diese Vermutung ist allein schon wegen der Schwere der verhängten Sanktion plausibel. Aufgrund der Erkenntnis, dass die Rückfälligkeit mit der Schwere der Delikte ansteigt, überrascht die höhere Rückfallquote der Baden-Württembergischen Studie nicht.

Zudem war der Anteil der Vorbestraften in Baden-Württemberg erheblich höher als in der Schleswig-Holsteinischen Studie. Die Rückfallquote ist regelmäßig bei Vorbelasteten höher als bei Unvorbelasteten. Somit ist auch dieser Faktor ein Grund für die höhere Rückfallquote der Baden-Württembergischen Studie.

Die Auswertung der Rückfallgeschwindigkeit lässt zunächst Zweifel an der vergleichsweise besseren Legalbewährung nach Täter-Opfer-Ausgleich aufkommen. So wurde festgestellt, dass sich die Entlassenen, die rückfällig wurden, aber nicht erneut mit einer Freiheitsstrafe sanktioniert wurden, durchschnittlich länger legal bewährten als die Rückfälligen nach Täter-Opfer-Ausgleich. Das Rückfallverhalten der Probanden ist jedoch nicht entscheidend an der Verzögerung erneuter Straffälligkeit sondern an deren Vermeidung zu messen. Aufgrund des erheblich besseren Legalbewährungsverhalten nach Täter-Opfer-Ausgleich in den anderen Auswertungen und der erheblich geringeren Rückfallquote sind Zweifel an der Effizienz des Täter-Opfer-Ausgleichs aus dieser Sicht unbegründet.

Trotz des erheblich besseren Legalbewährungsverhaltens der Probanden nach Täter-Opfer-Ausgleich führt die Auswertung nicht zwingend zu dem Schluss, dass der Täter-Opfer-Ausgleich in Hinblick auf die Vermeidung erneuter Straffälligkeit die geeignetere Sanktion sei. Aufgrund der unterschiedlich angelegten rückfallbeeinflussenden Merkmale in beiden Untersuchungsgruppen erlaubt der Vergleich beider Auswertungen vielmehr nur eine tendenzielle Deutung. Diese Tendenz spricht aber für den Täter-Opfer-Ausgleich.

IX. Untersuchung von *Kerner/Janssen* aus Nordrhein-Westfalen
Kerner/Janssen haben die langfristige Legalbewährung von Jugendstrafgefangenen aus den Jugendstrafanstalten Herford (geschlossener Vollzug) und Staumühle (gelockerter Vollzug) in Nordrhein-Westfalen untersucht. Insgesamt konnte ein Beobachtungzeitraum von 20 Jahren überprüft werden. Der Umfang der Untersuchung beläuft sich auf eine Stichprobe von 500 männlichen Jugendstrafgefangenen, die zwischen dem 1.1.1960 und dem 17.10.1960 bedingt oder unbedingt entlassen worden waren.[242]

1. Rückfallquote
Die Untersuchung wurde in drei Zeitabschnitte eingeteilt. Der erste Nachuntersuchungszeitraum umfasste die ersten fünf Jahre nach der Entlassung, der zweite Zeitraum die folgenden fünf Jahre und der dritte die nächsten zehn Jahre. Die Beobachtungszeitspanne der Schleswig-Holsteinischen Rückfallanalyse betrug lediglich drei Jahre, so dass aufgrund der zeitlichen Distanz zwischen Sanktion und Rückfallbetrachtung einzig der erste

---

[242] s. *Kerner-Kerner/Janssen* Jugendstrafvollzug S. 121.

Nachüberprüfungszeitraum als Vergleichsgruppe zur Täter-Opfer-Ausgleichs-Studie in Betracht kommt.

Tabelle 128: Rückfallquoten im Vergleich

	Rückfallquote	Legalbewährung
Täter-Opfer-Ausgleich	42%	58%
Jugendstrafanstalt	78%	22%

In diesem ersten Nachuntersuchungszeitraum der Studie aus Nordrhein-Westfalen erhielten 78% der Entlassenen mindestens eine neue Verurteilung.[243]

Damit war die ermittelte Rückfallquote deutlich höher als in der Schleswig-Holsteinischen Studie mit 42%.

Im Folgenden sollen die detaillierten Rückfallauswertungen beider Studien verglichen werden, um zu überprüfen, ob das Legalverhalten nach Strafvollzug insgesamt schlechter war als nach Täter-Opfer-Ausgleich und ob eine Interpretation für die unterschiedlichen Rückfallquoten gefunden werden kann.

2. Rückfallsanktionen

In der Nordrhein-Westfälischen Studie begingen 66% der Probanden ein Rückfalldelikt, das sodann mit erneuter unbedingter oder zur Bewährung ausgesetzter Freiheitsstrafe sanktioniert wurde.

Der Anteil an Beschuldigten, deren Rückfalldelikt eine derartige Sanktion zur Folge hatte, belief sich bei der Täter-Opfer-Ausgleichs-Studie auf 11%.

Die Sanktion lässt mittelbar eine Aussage über die Deliktsschwere zu, da eine derart schwere Sanktion wie eine Freiheitsstrafe lediglich bei schweren Delikten in Betracht kommt. Somit lässt der erheblich niedrigere Anteil an Rückfalldelikten, die mit einer Freiheitsstrafe sanktioniert wurden, die Deutung zu, dass auch die Schwere der Rückfalldelikte nach Täter-Opfer-Ausgleich als vergleichsweise deutlich leichter einzuordnen ist und der Rückfall damit weniger massiv war. Bei der Bewertung der Rückfallsanktionen ist jedoch zu beachten, dass die Vorbelastungen Einfluss auf die Sanktion haben. Eine verbüßte Freiheitsstrafe wird sich auf die erneute Sanktion eher verschärfend auswirken als eine Einstellung des Verfahrens infolge Täter-Opfer-Ausgleichs. Somit lag die Verhängung einer Freiheitsstrafe bei der Nordrhein-Westfälischen Studie näher als bei der Schleswig-Holsteinischen Studie. Trotz dieser Einschränkung ist aufgrund des erheblich höheren Anteils an Probanden, deren Rückfalldelikt mit Freiheitsstrafe sanktioniert wurde, davon auszugehen, dass die Rückfälle bei der Nordrhein-Westfälischen Studie regelmäßig massiver waren.

---

[243] s. *Kerner-Kerner/Janssen* Jugendstrafvollzug S. 148.

3. Vorbelastungen und Rückfall
Die Differenz der allgemeinen Rückfallquoten könnte aus unterschiedlichen Anteilen an Vorbelasteten in den Untersuchungsgruppen beider Studien resultieren.

Der Anteil der nicht vorbelasteten Jugendstrafgefangenen in dem ersten und zweiten Nachuntersuchungszeitraum betrug 22%.[244] Dahingegen waren 83% der jugendlichen Probanden, bei denen ein Täter-Opfer-Ausgleich durchgeführt wurde, nicht vorbelastet.

Der Anteil an vorbelasteten Jugendlichen in der Ausgangsuntersuchungsgruppe war folglich bei der Nordrhein-Westfälischen Studie deutlich höher als bei der Schleswig-Holsteinischen Studie.

Zusätzlich wurden die Rückfallquoten der Vorbelasteten beziehungsweise nicht Vorbelasteten differenziert überprüft. Dabei wurde ermittelt, dass bei der Nordrhein-Westfälischen Studie die Legalbewährung der nicht oder einmal Vorbestraften mit ungefähr 70% am besten war, und mit steigender Vorstrafenanzahl schlechter wurde.[245]

Dieses Ergebnis deckt sich tendenziell mit der Auswertung der Täter-Opfer-Ausgleichs-Verfahren. Auch dort wurde festgestellt, dass die Legalbewährung bei Vorbelasteten schlechter war als bei nicht Vorbelasteten, die Rückfallquoten waren hier erwartungsgemäß jeweils deutlich geringer.

Infolge des erheblich größeren Anteils an vorbelasteten Probanden in der Untersuchungsgruppe aus dem Nordrhein-Westfälischen Jugendstrafvollzug war eine höhere Rückfallquote bei der Nordrhein-Westfälischen Studie zu erwarten. Der unterschiedliche Anteil an Vorbelasteten stellt folglich eine Erklärung für die unterschiedlichen Rückfallergebnisse dar.

4. Delikt und Rückfall
Aufgrund der Schwere der verhängten Sanktion ist davon auszugehen, dass die Delikte der Ausgangstat bei der Nordrhein-Westfälischen Studie im Bereich der schwereren Kriminalität einzuordnen sind. Das Ergebnis verschiedener Rückfallauswertungen war, dass das Legalverhalten mit zunehmender Deliktsschwere schlechter wird.

Der Umstand, dass die Ausgangsdelikte der Nordrhein-Westfälischen Studie als deutlich schwerer einzustufen sind als die Ausgangsdelikte der Schleswig-Holsteinischen Studie, lässt somit eine höhere Rückfallquote der Nordrhein-Westfälischen Untersuchungsgruppe erwarten.

5. Zusammenfassung und Ergebnis des Vergleiches mit der Studie von *Kerner/Janssen*
Ein Vergleich der beiden Studien war aufgrund des unterschiedlich angelegten Untersuchungszwecks schwierig. Die Studie von *Kerner/Janssen* sollte Aufschluss darüber brin-

---

[244] s. *Kerner-Kerner/Janssen* Jugendstrafvollzug S. 178 Tabelle 15.
[245] s. *Kerner-Kerner/Janssen* Jugendstrafvollzug S. 178 Tabelle 15.

gen, wie sich das Legalverhalten von jugendlichen Strafgefangenen langfristig entwickelt und ob sich Belastungen aus der Vorgeschichte in Zukunft kontinuierlich fortsetzen.

Die Schleswig-Holsteinische Studie ist hingegen auf einen wesentlich kürzeren Beobachtungszeitraum ausgerichtet und hat zum Ziel, den Erfolg einer bestimmten Sanktion zur Vermeidung von Rückfälligkeit zu untersuchen. Dazu eignet sich ein kürzerer Beobachtungszeitraum besser, da ansonsten der zeitliche Bezug zur Sanktion fehlt und die Wirkung der konkreten Sanktion folglich nicht mehr erforscht werden kann.

Somit konnten nur wenige Ergebnisse beider Studien verglichen werden.

Das Legalbewährungsverhalten war nach Einstellung infolge Täter-Opfer-Ausgleichs bei allen Vergleichspunkten deutlich besser als nach dem Strafvollzug.

Dies kann jedoch nicht eindeutig als Nachweis für eine vergleichsweise bessere spezialpräventive Wirkung des Täter-Opfer-Ausgleichs herangezogen werden. Vielmehr lassen die wesentlich höhere Vorstrafenbelastung und die höhere Deliktsschwere bei der Nordrhein-Westfälischen Studie eine schlechtere Legalbewährung der Probanden vermuten.

Zudem konnten die sozialbiographischen Merkmale der Vorgeschichte infolge der Daten nicht verglichen werden, so dass nicht ausgeschlossen werden kann, dass die unterschiedlichen Rückfallquoten durch weitere Belastungen der Probanden in den Untersuchungsgruppen beeinflusst wurden.

X. Untersuchung des Justizministeriums aus Nordrhein-Westfalen

Die Arbeitsgruppe Kriminologischer Dienst des Justizministeriums Nordrhein-Westfalen wurde Ende 1983 mit einer landesweiten Legalbewährungsuntersuchung zum Jugendstrafvollzug beauftragt.

Grundlage der Untersuchung bilden 1260 junge Gefangene des Entlassungsjahrgangs 1981.[246] Der Beobachtungszeitraum betrug 5 Jahre.

1. Rückfallquote
Tabelle 129: Rückfallquoten im Vergleich

	Rückfallquote	Legalbewährung	Σ
Täter-Opfer-Ausgleich	42%	58%	100%
Strafvollzug	84%	16%	100%

Mindestens eine neue Eintragung im Bundeszentral- oder Erziehungsregister nach Strafentlassung erhielten 84% der Probanden.[247]

---

[246] s. *Kerner-Maetze* Jugendstrafvollzug S. 360.
[247] s. *Kerner-Maetze* Jugendstrafvollzug S. 379 Schaubild 2.

Die Rückfallquote der aus dem Strafvollzug Entlassenen war folglich deutlich höher als die nach Einstellung infolge Täter-Opfer-Ausgleichs mit 42%.

Im Folgenden werden weitere Rückfallmerkmale verglichen, um eine vergleichende Aussage über das gesamte Legalbewährungsverhalten abgeben zu können und eine Erklärung für die unterschiedlichen Rückfallquoten zu finden.

2. Sanktionen der Rückfalldelikte

In der Nordrhein-Westfälischen Untersuchung wurden 68% der Entlassenen erneut zu einer unbedingten oder zur Bewährung ausgesetzten Freiheitsstrafe verurteilt.[248]

Nach Täter-Opfer-Ausgleich belief sich der Anteil der Beschuldigten, deren Rückfalldelikt eine derartige Sanktion zur Folge hatte, auf 11%.

Der Anteil der Rückfalldelikte, die mit der schweren Sanktion Freiheitsstrafe bestraft wurden, war folglich nach Täter-Opfer-Ausgleich erheblich geringer als nach Strafvollzug.

Da die Sanktion mittelbar eine Deutung hinsichtlich der Deliktsschwere der zugrunde liegenden Straftat erlaubt, lässt der erheblich höhere Anteil an harten Sanktionen nach Strafvollzug darauf schließen, dass auch die Rückfalldelikte nach Strafvollzug als schwerer einzuordnen sind. Der Rückfall nach Strafvollzug war folglich massiver als nach Einstellung infolge Täter-Opfer-Ausgleichs.

Jedoch ist wiederum darauf hinzuweisen, dass die Sanktionierung des Rückfalldelikts mit Freiheitsstrafe aufgrund der schweren Vorbelastung eher bei den Probanden erfolgen wird, die aus dem Strafvollzug entlassen wurden, als bei den Probanden, bei denen das Verfahren nach Einstellung infolge Täter-Opfer-Ausgleichs eingestellt wurde. Trotz dieses Einwandes ist aufgrund des bedeutend höheren Anteils an mit Freiheitsstrafe sanktionierten Probanden davon auszugehen, dass die Rückfalldelikte bei den Entlassenen in der Regel von schwererer Kriminalität waren als die Rückfalldelikte derjenigen, deren Verfahren nach Täter-Opfer-Ausgleich eingestellt wurde. Der Rückfall der aus dem Strafvollzug Entlassenen ist folglich als massiver zu werten.

3. Rückfallhäufigkeit

Ungefähr die Hälfte der Rückfälligen nach Strafvollzug erhielten eine oder zwei erneute Eintragungen, 14% der Rückfälligen weisen fünf oder mehr Verurteilungen auf.[249]

Bei der Täter-Opfer-Ausgleichs-Studie wurde ermittelt, dass 86% der Rückfälligen eine oder zwei erneute Eintragungen in das Bundeszentral- oder Erziehungsregister erhielten. Zu 5 oder mehr Verurteilungen kam es lediglich bei 3 der 66 erneut Straffälligen.

Nach einem Täter-Opfer-Ausgleich war der Anteil der mehrfach rückfälligen Probanden folglich erheblich geringer als nach Strafvollzug.

---

[248] s. *Kerner-Maetze* Jugendstrafvollzug S. 379 Schaubild 2.
[249] s. *Kerner-Maetze* Jugendstrafvollzug S. 380.

Bei der Bewertung des Rückfallverhaltens anhand der Anzahl der erneuten Eintragungen ist aber zu beachten, dass dieses Merkmal allein keinen Aufschluss über die Intensität der kriminellen Karriere der Probanden geben kann. Wird ein Proband bereits relativ frühzeitig nach der Entlassung erneut inhaftiert, so hat er weniger Gelegenheit, eine weitere Straftat zu begehen und erneut verurteilt zu werden. Dieser Einwand hatte bei der Täter-Opfer-Ausgleichs-Studie keinerlei Relevanz, da die Anzahl der verhängten unbedingten freiheitsentziehenden Sanktionen sehr gering war. Die von *Maetze* vorgestellte Untersuchung aus Nordrhein-Westfalen enthielt jedoch eine große Anzahl an Rückfalldelikten, die mit freiheitsentziehenden Maßnahmen sanktioniert wurden, so dass die Intensität des Rückfallverhaltens nicht allein mit Hilfe der Quantität der Verurteilungen ermittelt werden kann. Somit ist ein Vergleich der Rückfallschwere beider Studien anhand dieses Kriteriums nur eingeschränkt möglich.

4. Rückfallgeschwindigkeit

Die Nordrhein-Westfälische Studie ergab, dass nach einem Jahr bereits zwei Drittel aller Rückfälligen eine erneute Eintragung im Bundeszentralregister oder Erziehungsregister aufwiesen.[250]

Die Rückfallgeschwindigkeit war damit deutlich höher als bei der Täter-Opfer-Ausgleichs-Studie, bei der die Hälfte der jugendlichen Rückfälligen innerhalb der ersten 15 Monate erneut straffällig wurde.

Die geringe Zeitdauer zwischen der Erledigung einer Strafsanktion und einer erneuten Straffälligkeit lässt vermuten, dass die Probanden ihre kriminelle Karriere nicht unterbrochen haben. Folglich ist das Rückfallverhalten der Probanden nach Täter-Opfer-Ausgleich aufgrund des vergleichsweise längeren Legalbewährungszeitraums im Vergleich zu dem Rückfallverhalten der Probanden nach Strafvollzug als besser einzuordnen.

5. Einschlägiger Rückfall

Bei der Nordrhein-Westfälischen Untersuchung wurde ein Rückfall dann als einschlägig angesehen, wenn die Hauptdeliktsart des Einweisungsurteils mit der Hauptdeliktsart einer Rückfallverurteilung übereinstimmte. Diese Definition der Einschlägigkeit ist enger als in der Schleswig-Holsteinischen Studie, da dort auf die kriminologische Vergleichbarkeit der Delikte abgestellt wurde, während in Nordrhein-Westfalen nur das gleiche Delikt den Ausschlag gab.

Trotz dieser erhöhten Voraussetzungen, die an die Einordnung als einschlägiger Rückfall geknüpft wurden, lag der Anteil der Rückfälligen, die zumindest einmal einschlägig rückfällig wurden, in der Nordrhein-Westfälischen Studie bei 54%.[251]

Nach Täter-Opfer-Ausgleich wurden 56% der Rückfälligen einschlägig wiederverurteilt. Dieser vergleichsweise hohe Wert der einschlägigen Wiederverurteilungen in der Schleswig-Holsteinischen Studie lässt sich zum Teil mit der unterschiedlichen Einordnung der

---

[250] s. *Kerner-Maetze* Jugendstrafvollzug S. 380.
[251] s. *Kerner-Maetze* Jugendstrafvollzug S. 381.

einschlägigen Rückfälle beider Studien erklären. Bei Zugrundelegung der verschärften Anforderungen an die Einschlägigkeit wäre der ermittelte Anteil an einschlägigen Rückfällen nach Täter-Opfer-Ausgleich erheblich geringer. Aufgrund der unterschiedlichen Definition des Merkmals einschlägiger Rückfall lassen sich die Auswertungen der beiden Studien nur schwer vergleichen.

6. Vorbelastungen
Bei der Nordrhein-Westfälischen Studie wiesen 5% der Probanden keine Vorverurteilungen auf. Der Großteil der Strafgefangenen war dreimal vorverurteilt, immerhin knapp 20% hatten sechs oder mehr Eintragungen im Bundeszentral- oder Erziehungsregister.[252]

Der Anteil der nicht Vorverurteilten bei der Schleswig-Holsteinischen Studie betrug 83%. Das bedeutet, dass lediglich 17% der Probanden bereits vorbelastet waren.

Die Auswertung der Täter-Opfer-Ausgleichs-Studie hat in Einklang mit anderen Rückfalluntersuchungen ergeben, dass die Rückfallquote bei vorbelasteten Probanden deutlich höher ist als bei nicht Vorbelasteten.

Der wesentlich höhere Anteil an Vorbelasteten lässt folglich eine höhere Rückfallquote bei der Nordrhein-Westfälischen Studie erwarten.

7. Einlassdeliktsgruppen
Die Hauptdeliktsart im Einweisungsurteil der Nordrhein-Westfälischen Studie war mit fast 50% der Diebstahl, gefolgt von der Körperverletzung und dem Raub mit jeweils knapp 15%.[253]

Dem Täter-Opfer-Ausgleich lag als häufigste Deliktsgruppe die Körperverletzung zugrunde, gefolgt von der Sachbeschädigung und dem Diebstahl.

Ein Vergleich der Rückfallquoten nach den einzelnen Deliktsarten ist nicht möglich, da diese Auswertung in den Nordrhein-Westfälischen Daten nicht enthalten ist. Bei der Täter-Opfer-Ausgleichs-Studie wurde in Übereinstimmung mit anderen Rückfalluntersuchungen ermittelt, dass die Rückfallquote nach Diebstahlsdelikten regelmäßig besonders hoch ist. Der erhebliche Anteil an Diebstahl bei der Nordrhein-Westfälischen Untersuchungsgruppe stellt folglich eine plausible Erklärung für eine höhere Rückfallquote der ehemaligen Strafgefangenen dar.

8. Deliktsschwere
Die Sanktion gibt mittelbar Auskunft über die Schwere des begangenen Delikts. Das Einweisungsurteil der Nordrhein-Westfälischen Studie stellt mit unbedingter Freiheitsstrafe eine schwere Sanktion dar. Somit ist die Annahme berechtigt, dass auch das Delikt, aufgrunddessen diese Sanktion erfolgt ist, von erheblicher Kriminalitätsschwere war. Jedenfalls ist davon auszugehen, dass die Einlassdelikte bei den mit Freiheitsstrafe

---

[252] s. *Kerner-Maetze* Jugendstrafvollzug S. 384 Tab. A4.
[253] s. *Kerner-Maetze* Jugendstrafvollzug S. 385 Tab. A6.

Sanktionierten im Vergleich zu der Erledigung des Verfahrens durch Einstellung der Staatsanwaltschaft nach erfolgreich durchgeführtem Täter-Opfer-Ausgleich, schwerer waren.

Die Auswertung der Täter-Opfer-Ausgleichs-Studie zeigt in Übereinstimmung mit anderen Rückfalluntersuchungen, dass die Legalbewährung mit steigender Schwere der Einlassdelikte schlechter wird. Folglich stellt die Schwere der Einweisungsdelikte einen Grund dafür dar, dass die Rückfallquote nach Strafvollzug höher ist als die Rückfallquote nach Täter-Opfer-Ausgleich.

9. Zusammenfassung und Ergebnis

Ein Vergleich beider Auswertungen zeigt, dass das Legalbewährungsverhalten bei Einstellung durch die Staatsanwaltschaft nach Täter-Opfer-Ausgleich generell besser war als nach Inhaftierung.

Die Rückfallquote war bei der Schleswig-Holsteinischen Untersuchung geringer, die Rückfallhäufigkeit niedriger, die Rückfallgeschwindigkeit langsamer und aufgrund der milderen Rückfallsanktionen war der Rückfall als weniger massiv einzuordnen.

Diese Ergebnisse belegen jedoch nicht zwingend die Aussage, dass der Täter-Opfer-Ausgleich eine vergleichsweise bessere spezialpräventive Wirkung entfaltet als der Strafvollzug. Es lässt sich nämlich nicht ausschließen, dass den Untersuchungsgruppen unterschiedliche rückfallbeeinflussende Merkmale zugrunde lagen, die zu dem differierenden Legalbewährungsverhalten geführt haben. So liegt die Annahme nahe, dass die Einlassdelikte aufgrund der harten Sanktion bei der Nordrhein-Westfälischen Studie schwerer einzustufen sind als bei der Schleswig-Holsteinischen Studie. Weiterhin war der Anteil der Vorbelasteten bei der Nordrhein-Westfälischen Studie deutlich höher. Die Auswertungen anderer Rückfallanalysen ergeben, dass diese beiden Faktoren das Legalverhalten negativ beeinflussen, so dass eine höhere Rückfallquote nach Strafvollzug zu erwarten ist. Zudem scheint die Struktur der Einlassdelikte einen Grund für das unterschiedliche Legalbewährungsverhalten zu geben. So lässt der hohe Anteil an Diebstahl bei den Anlassdelikten der Nordrhein-Westfälischen Studie aufgrund der erfahrungsgemäß schlechten Legalbewährung nach dieser Deliktsart eine höhere Rückfallquote dieser Studie erwarten.

Ein Ausschluss weiterer sozialbiographischer Merkmale, die erfahrungsgemäß Auswirkungen auf den Verlauf der weiteren kriminellen Karriere haben, war aufgrund der zur Verfügung stehenden Daten ferner nicht möglich, so dass der Vergleich beider Studien nur tendenzielle Deutungen zulässt.

Die Auswertungen lassen aber keine Anhaltspunkte erkennen, die Zweifel an der spezialpräventiven Wirkung des Täter-Opfer-Ausgleichs rechtfertigen würden.

XI. Untersuchung von *Wellhöfer* aus Nürnberg

Wellhöfer hat in dieser Studie das Legalbewährungsverhalten straffälliger Jugendlicher untersucht, die zwischen 1989 und 1991 zu Dauerarrest oder zur Teilnahme an einem Sozialen Trainingskurs verurteilt wurden.

Den Gegenstand der Untersuchung bilden je 50 Probanden, der Beobachtungszeitraum betrug mindestens 21 Monate.[254]

1. Rückfallquote
Tabelle 130: Rückfallquoten im Vergleich

	Rückfallquote	Legalbewährung
Täter-Opfer-Ausgleich	42%	58%
Sozialer Trainingskurs	70%	30%
Arrest	78%	22%

Die Rückfallquoten der Nürnberger Studie differierten von 70% bei den Probanden, die an einem sozialen Trainingskurs teilgenommen haben bis zu 78% bei den Probanden, die einen Arrest verbüßen mussten.[255]

Damit waren die Rückfallquoten nach beiden Maßnahmen deutlich höher als nach Täter-Opfer-Ausgleich mit 42% Rückfall.

Im Folgenden wird ermittelt, ob das gesamte Legalbewährungsverhalten nach Täter-Opfer-Ausgleich besser war als nach sozialen Trainingskursen oder nach Arrest und ob anhand der zur Verfügung stehenden Daten eine Erklärung für die unterschiedlichen Rückfallquoten gefunden werden konnte.

2. Anzahl der Rückfalltaten
Tabelle 131: Anzahl der Rückfälle im Vergleich

	1 Rückfall	2 Rückfälle	3 und mehr Rückfälle
Täter-Opfer-Ausgleich	56%	30%	14%
Sozialer Trainingskurs	37%	26%	37%
Arrest	26%	18%	57%

Die meisten Rückfälligen wurden sowohl nach der Teilnahme an sozialen Trainingskursen (37%) als auch nach Arrest (26%) einmal erneut straffällig. Zu drei oder mehr erneuten Verurteilungen kam es bei 37% der Rückfälligen nach sozialem Trainingskurs und 57% der Rückfälligen nach Arrest.

Im Vergleich zu dieser Auswertung erhielten nach Täter-Opfer-Ausgleich 56% der Rückfälligen eine erneute Eintragung im Erziehungs- oder Bundeszentralregister. 14% wurden dreimal oder mehrfach rückfällig.

---

[254] s. *Wellhöfer* MschrKrim 1995, 42 (43).
[255] s. *Wellhöfer* MschrKrim 1995, 42 (45 Tabelle 3).

Der Anteil der Probanden, die bei einer allein quantitativen Bewertung der Rückfälligkeit massiv rückfällig wurden, war folglich nach Täter-Opfer-Ausgleich geringer als nach sozialem Trainingskurs oder Arrest.

3. Deliktsgruppen der Einlasstat

Ein Grund für das unterschiedliche Legalbewährungsverhalten könnten die unterschiedlichen Deliktsgruppen der Einlasstat in den verglichenen Untersuchungsgruppen darstellen.

Bei den Deliktsarten, die zur Maßnahme sozialer Trainingskurs oder Jugendarrest führten, machte die Hauptgruppe mit 55% beziehungsweise 45% Eigentums- und Vermögensdelikte aus. Des Weiteren waren Gewaltdelikte gegen Personen sowie Verkehrsdelikte relativ häufig vertreten.[256]

Bei den Straftaten, die dem Täter-Opfer-Ausgleich zugrunde lagen, handelte es sich zum Großteil um Körperverletzungsdelikte (61%), gefolgt von Sachbeschädigung (15%) und Diebstahl (15%).

Auffällig ist folglich die Dominanz der Eigentums- und Vermögensdelikte bei der Nürnberger Studie und die überragende Bedeutung der Körperverletzungsdelikte bei der Schleswig-Holsteinischen Studie. Erfahrungsgemäß ist bei einem Vergleich der Deliktsgruppen die Legalbewährung nach Eigentums- und Vermögensdelikten grundsätzlich besonderes schlecht. Dieses Ergebnis wird auch durch die Täter-Opfer-Ausgleichs-Studie unterstützt, bei der die Rückfallquote nach Diebstahl mit 57% deutlich am höchsten war. Nach Körperverletzungsdelikten betrug die Rückfallquote bei der Schleswig-Holsteinischen Studie dagegen lediglich 39%. Der vergleichsweise erheblich höhere Anteil an Eigentums- und Vermögensdelikten lässt folglich aufgrund der erfahrungsgemäß schlechten Legalbewährung nach dieser Deliktsgruppe eine höhere Rückfallquote der Nürnberger Studie erwarten.

Eine vergleichende Aussage über die Deliktsschwere der Anlassdelikte beider Studien und des darin begründeten unterschiedlichen Rückfallverhaltens ist infolge der fehlenden Angaben in der Nürnberger Studie nicht möglich.

4. Vorbelastungen

Bei der Nürnberger Studie waren sämtliche Probanden vorbestraft. Erheblichen Vorstrafen, also mehr als drei, wiesen immerhin 40% der Probanden, die Teilnehmer an einem sozialen Trainingskurs waren und 28% der Probanden, denen ein Jugendarrest verordnet wurde, auf.[257]

Der Täter-Opfer-Ausgleichs-Studie lagen zu 83% Probanden zugrunde, die zuvor nicht straffällig geworden sind. Als erheblich vorbelastet konnten hier 3% der Jugendlichen angesehen werden.

---

[256] s. *Wellhöfer* MschrKrim 1995, 42 (44 Tabelle 1).
[257] s. *Wellhöfer* MschrKrim 1995, 42 (44 Tabelle 2).

Im Vergleich waren folglich die Probanden der Untersuchungsgruppen der Nürnberger Studie deutlich stärker vorbelastet. Erfahrungsgemäß werden vorbelastete Probanden häufiger rückfällig, so dass der größere Anteil an vorbelasteten Probanden in den Nürnberger Untersuchungsgruppen eine höhere Rückfallquote vermuten lässt.

5. Zusammenfassung und Ergebnis des Vergleiches mit der Studie von *Wellhöfer*
Die Legalbewährung der Probanden, bei denen das Verfahren nach einem Täter-Opfer-Ausgleich eingestellt wurde, war insgesamt besser als die Legalbewährung nach sozialen Trainingskursen und Arrest.

Die Rückfallquote nach Täter-Opfer-Ausgleich war geringer und es gab weniger quantitativ massive Rückfälle.

Die Diskrepanz im Rückfallverhalten kann zum Teil mit unterschiedlichen rückfallbeeinflussenden Faktoren der verglichenen Untersuchungsgruppen erklärt werden. So war der Anteil an vorbelasteten Jugendlichen in der Nürnberger Studie deutlich größer, zudem gab der erheblich höhere Anteil an Eigentums- und Vermögensdelikten in der Nürnberger Studie einen Grund für die schlechtere Legalbewährung der Probanden dieser Untersuchungsgruppe. Aufgrund der fehlenden Homogenität der verglichenen Untersuchungsgruppen vermögen die Auswertungen zwar eine bessere spezialpräventive Wirkung des Täter-Opfer-Ausgleichs nicht zu beweisen. Es ist aber die tendenzielle Deutung zulässig, dass der Vergleich zumindest keine Anhaltspunkte dafür gibt, an der Geeignetheit des Täter-Opfer-Ausgleichs zur Vermeidung erneuter Straffälligkeit zu zweifeln.

B. Erwachsenenbereich

Im folgenden Abschnitt werden die vorliegenden Rückfalluntersuchungen im Erwachsenenbereich dargestellt und mit der Rückfallauswertung der Täter-Opfer-Ausgleichs-Verfahren verglichen.

I. Untersuchung von *Dünkel* aus Berlin
Dünkel verglich in seiner Untersuchung die Legalbewährung der aus verschiedenen Strafvollzugsformen entlassenen erwachsenen Straftäter. Eine Untersuchungsgruppe bilden die 1971 bis 1974 aus der sozialtherapeutischen Abteilung in Berlin-Tegel Entlassenen. Deren Rückfallverhalten wurde sodann mit dem der Täter aus dem Regelvollzug der gleichen Jahrgänge verglichen, wobei Voraussetzung war, dass bei allen Tätern die formellen Kriterien für die sozialtherapeutische Abteilung vorlagen.[258] Die Gesamtstichprobe hat einen Umfang von 1503 Fällen.[259] Der Beobachtungszeitraum betrug 4,5 Jahre.[260]

1. Rückfallquote
Bei Betrachtung der Rückfallquote muss die Definition des Rückfalls in *Dünkels* Studie berücksichtigt werden. Als Rückfall wurde auch hier eine erneute Eintragung in das Bun-

---

[258] s. *Dünkel* Legalbewährung S. 1.
[259] s. *Dünkel* Legalbewährung S. 168.
[260] s. *Dünkel* Legalbewährung S. 216.

deszentralregister verstanden, jedoch wurden Straftaten, die höchstens zu Geldstrafe bis zu 90 Tagessätzen oder zu Freiheitsstrafe von weniger als 3 Monaten geführt haben, außer Acht gelassen.[261] Bei der Schleswig-Holsteinischen Rückfallanalyse wurde jeder Eintrag in das Bundeszentralregister als Rückfall gewertet, unabhängig von der Art und Schwere der Sanktion. Somit wurde in Schleswig-Holstein eine Vielzahl von erneuten Straftaten als Rückfall angesehen, die in *Dünkels* Studie nicht als Rückfall definiert wurden.

Tabelle 132: Rückfallquoten im Vergleich

	Rückfallquote	Legalbewährung
Täter-Opfer-Ausgleich	9%	91%
Behandlungsvollzug	36%	64%
Regelvollzug	59%	41%

Die Wiederverurteilungsquote betrug 36% beim Behandlungsvollzug und 59% beim Regelvollzug.

Zum Teil könnten diese Unterschiede im Legalbewährungsverhalten mit den Probanden der Vergleichsgruppen zusammenhängen. Die Probanden, die sich im Behandlungsvollzug befunden haben, könnten grundsätzlich stärker motiviert sein, ihr Leben zu verändern und sich legal zu verhalten, als die Insassen des Regelvollzugs. Voraussetzung für die Aufnahme in der sozialtherapeutischen Abteilung ist nämlich unter anderem die Behandlungsbereitschaft des Straftäters. Die Ernsthaftigkeit der Behandlungswilligkeit ist jedoch zweifelhaft, da mit der Aufnahme Vollzugserleichterungen sowie eine mögliche vorzeitige Entlassung verbunden sind[262], wodurch sicherlich viele Straftäter zur Stellung eines Aufnahmeantrages motiviert wurden. So wurde die Erfahrung gemacht, dass die Bereitschaft zur Behandlung oftmals bei Antragsstellung nicht vorlag und der Klient erst nach drei Monaten Aufenthalt begann, sich für sich selbst zu interessieren.[263] Ist der Klient innerhalb eines gewissen Zeitraums nicht bereit, sich behandeln zu lassen, so gibt es die Möglichkeit der Rückverlegung in den Regelvollzug. Diese Rückverlegung erfolgte im Untersuchungszeitraum aus unterschiedlichen Gründen in 73 Fällen, wohingegen in 323 Fällen die Behandlung vollendet werden konnte.[264] Der Anteil der rückverlegten Klienten betrug damit 18%. Aufgrund der Tatsache, dass nur behandlungswillige beziehungsweise solche Klienten, die sich in der Probezeit bewährt haben, Insassen der sozialtherapeutischen Anstalt waren, erscheint es zweifelhaft, inwieweit die Kontrollgruppe aus dem Regelvollzug als homogene Gruppe zu werten ist und die Rückfallergebnisse vergleichbar sind. Es zeigt sich hierin die allgemeine Schwierigkeit, adäquate Vergleichsgruppen zu bilden.

---

[261] s. *Dünkel* Legalbewährung S. 11.
[262] s. *Dünkel* Legalbewährung S. 142 Rn.10.
[263] s. *Dünkel* Legalbewährung S. 145.
[264] s. *Dünkel* Legalbewährung S. 169 Tabelle 1.

Ein Vergleich der Rückfallquoten dieser Studie mit denen der Täter-Opfer-Ausgleichs-Untersuchung zeigt jedenfalls, dass die Klienten nach Täter-Opfer-Ausgleich ein weitaus besseres Legalbewährungsverhalten aufweisen. Die Rückfallquote nach Einstellung infolge Täter-Opfer-Ausgleichs lag im Erwachsenenbereich bei 9% und damit um knapp 30% niedriger als nach Behandlungsvollzug und um 50% geringer als nach Regelvollzug.

2. Anzahl der Wiederverurteilungen
Tabelle 133: Anteile der Wiederverurteilungen im Vergleich

	1 Rückfall	2 Rückfälle	3 Rückfälle	4 und mehr Rückfälle
Täter-Opfer-Ausgleich	62%	23%	15%	
Behandlungsvollzug	47%	31%	13%	9%
Regelvollzug	31%	30%	21%	18%

Die Rückfälligen wurden sowohl nach dem Behandlungsvollzug als auch nach dem Regelvollzug zum Großteil nur einmal wiederverurteilt. Jedoch ist festzustellen, dass die rückfälligen Klienten aus dem Behandlungsvollzug insgesamt weniger häufig verurteilt wurden als die des Regelvollzugs. So wiesen fast 50% der Rückfälligen nach Behandlungsvollzug nur eine Wiederverurteilung auf, von den Rückfälligen nach Regelvollzug wurden hingegen 31% einmal erneut straffällig. Immerhin knapp 20% der Rückfälligen nach Regelvollzug wurden 4- bis 9-mal wiederverurteilt. Der Anteil der Rückfälligen, die mehr als viermal wiederverurteilt wurden, betrug beim Behandlungsvollzug hingegen lediglich 9%.[265]

Nach Täter-Opfer-Ausgleich wurden 62% der Rückfälligen einmal wiederverurteilt, zudem gab es keine Probanden, die mehr als dreimal erneut straffällig wurden.

Der Anteil der quantitativ massiven Rückfälle war folglich nach Täter-Opfer-Ausgleich weitaus geringer als nach Strafvollzug.

3. Rückfallgeschwindigkeit
Der durchschnittliche Zeitraum von der Entlassung bis zur ersten Rückfallverurteilung betrug bei dem Behandlungsvollzug 17½ Monate und bei dem Regelvollzug 15 Monate.[266]

Nach der Einstellung des Verfahrens infolge erfolgreich durchgeführtem Täter-Opfer-Ausgleichs dauerte es durchschnittlich 14½ Monate bis zur Begehung einer erneuten Straftat.

Damit war der durchschnittliche Legalbewährungszeitraum nach Täter-Opfer-Ausgleich ein wenig kürzer als nach dem Strafvollzug. Dies könnte auf eine bessere abschrecken-

---

[265] s. *Dünkel* Legalbewährung S. 219 Tabelle 17.
[266] s. *Dünkel* Legalbewährung S. 225 Tabelle 20.

de Wirkung der Freiheitsstrafe hindeuten. Dabei ist jedoch zu beachten, dass die Zeitdifferenz zwischen den einzelnen Sanktionsarten mit maximal 3 Monaten relativ gering war und dass der spezialpräventive Erfolg einer Sanktion letztlich an der dauerhaften Vermeidung von erneuter Straffälligkeit und nicht nach der Rückfallgeschwindigkeit zu messen ist.

Infolge der Tatsache, dass nach Täter-Opfer-Ausgleich der Anteil der Rückfälligen deutlich geringer war als nach Strafvollzug, besteht kein Anlass, aufgrund der geringfügig höheren Rückfallgeschwindigkeit an der spezialpräventiven Wirkung des Täter-Opfer-Ausgleichs zu zweifeln.

4. Deliktsstruktur und Rückfall

Dünkel hat den Rückfall nach den dem Einweisungsurteil zugrunde liegenden Delikten differenziert betrachtet.

Tabelle 134: Rückfall nach Diebstahl im Vergleich

	Rückfallquote	Legalbewährung
Täter-Opfer-Ausgleich	44%	56%
Behandlungsvollzug	48%	52%
Regelvollzug	71%	29%

Bei den Klienten, die aufgrund eines Diebstahls inhaftiert wurden, betrug die Rückfallquote im Regelvollzug 71% und im Behandlungsvollzug 48%.[267] Die Schleswig-Holsteinische Studie ergab, dass im Erwachsenenbereich der Täter-Opfer-Ausgleich nach einem Diebstahl nur selten durchgeführt wurde. Insgesamt wurden im Beobachtungszeitraum nur 9 solcher Verfahren registriert. Von diesen wurden 4 Beschuldigte erneut straffällig. Dies entspricht einem Prozentsatz von 44% Rückfälligkeit nach Diebstahl. Die Aussagekraft dieser im Gegensatz zu *Dünkels* Untersuchung relativ geringen Rückfallquote ist jedoch nicht unbedingt zu übertragen, da die Anzahl der ausgewerteten Diebstahlsverfahren bei der Schleswig-Holsteinischen Studie sehr gering war.

Tabelle 135: Rückfall nach Körperverletzung im Vergleich

	Rückfallquote	Legalbewährung
Täter-Opfer-Ausgleich	7%	93%
Behandlungsvollzug	25%	75%
Regelvollzug	41%	59%

---

[267] s. *Dünkel* Legalbewährung S. 283 Tabelle 51.

Weiterhin wurde das Legalbewährungsverhalten der Klienten, die als Anlassdelikt ein Körperverletzungsdelikt begangen haben, näher untersucht. Die Rückfallquote lag hier bei 25% im Behandlungsvollzug und 41% im Regelvollzug.[268] Die Körperverletzungsdelikte waren beim Täter-Opfer-Ausgleich relativ häufig vertreten. So wurde im Erwachsenenbereich ein Täter-Opfer-Ausgleich nach einer einfachen Körperverletzung in 63 und nach einer gefährlichen Körperverletzung in 8 Verfahren durchgeführt. Die ermittelten Rückfallquoten lagen hier bei 6% nach der einfachen und 13% nach der gefährlichen Körperverletzung. Damit war der Rückfall bei Körperverletzungsdelikten im Vergleich zu beiden Vollzugsarten jedenfalls um die Hälfte geringer.

Infolge der unterschiedlichen Rückfallquoten nach einzelnen Deliktsarten liegt die Annahme nahe, dass die Differenz im Rückfallverhalten der Untersuchungsgruppen mit der unterschiedlichen Deliktsstruktur der Anlassdelikte zu begründen ist. Erwartungsgemäß lagen den Untersuchungsgruppen in *Dünkels* Studie zumeist Eigentumsdelikte zugrunde, während bei der Täter-Opfer-Ausgleichs-Studie zumeist Körperverletzungsdelikte vertreten waren. Da die Rückfallquote nach Eigentumsdelikten deutlich höher war als nach Körperverletzungsdelikten, ist die unterschiedliche Deliktsverteilung eine Erklärung für die höhere Rückfallquote in *Dünkels* Studie.

Die unterschiedlichen Rückfallquoten könnten unter anderem mit der Deliktsschwere der Eingangsdelikte der verglichenen Untersuchungsgruppen zusammenhängen. Die Auswertungen der Täter-Opfer-Ausgleichs-Studie ergaben in Übereinstimmung mit anderen Rückfalluntersuchungen, dass die Legalbewährung mit steigender Deliktsschwere kontinuierlich schlechter wird. Bei *Dünkels* Studie wurde die Eingangstat der Probanden mit unbedingter Freiheitsstrafe sanktioniert. Aufgrund der harten Sanktion ist davon auszugehen, dass die Kriminalitätsschwere der begangenen Delikte deutlich größer war als die Schwere der Delikte, die in der Schleswig-Holsteinischen Studie eine Einstellung nach Täter-Opfer-Ausgleich zur Folge hatten. Die größere Deliktsschwere lässt folglich eine höhere Rückfallquote in *Dünkels* Studie erwarten.

5. Vorstrafen und Rückfall
Tabelle 136: Vorstrafen und Rückfall im Vergleich

	Rückfallquote der Vorbelasteten	Rückfallquote der nicht Vorbelasteten
Täter-Opfer-Ausgleich	18%	6%
Behandlungsvollzug	38%	15%
Regelvollzug	62%	29%

Bei den Klienten beider Vollzugsformen wurde festgestellt, dass die Vorstrafenbelastung im Zusammenhang mit der Rückfälligkeit steht. So wurden Ersttäter erheblich seltener wiederverurteilt als Vorbelastete. Während der Anteil der Rückfälligen im Regelvollzug mit

---

[268] s. *Dünkel* Legalbewährung S. 291 Tabelle 59.

zunehmender Vorstrafenbelastung stark anstieg, war die Verbindung zwischen Vorbelastung und Rückfälligkeit im Behandlungsvollzug nicht derart deutlich. Auch nach wiederholten Verurteilungen konnten durch die Behandlung weitere Rückfälle vermieden werden.[269]

Auch bei der Rückfalluntersuchung nach Täter-Opfer-Ausgleich wurde ermittelt, dass die vorbestraften erwachsenen Beschuldigten vermehrt rückfällig wurden. Die Rückfallquote bei der Täter-Opfer-Ausgleichs-Studie war in allen Bereichen weitaus geringer, von den nicht Vorbelasteten wurden 6% und von den Vorbelasteten 18% der Gesamtuntersuchungsgruppe rückfällig. Unabhängig von der Vorbelastung war die Legalbewährung nach Einstellung wegen Täter-Opfer-Ausgleichs folglich erheblich besser.

Beide Studien kommen übereinstimmend zu dem Ergebnis, dass vorbelastete Probanden im Vergleich zu nicht Vorbelasteten häufiger rückfällig werden. Die erheblich höhere Rückfallquote nach Strafvollzug könnte somit teilweise mit dem unterschiedlichen Anteil an Vorbelasteten in den verglichenen Untersuchungsgruppen zusammenhängen. Der Anteil an vorbelasteten Eingewiesenen in den Strafvollzug betrug 92% beim Regelvollzug und 89% beim Behandlungsvollzug. Bei der Täter-Opfer-Ausgleichs-Studie waren im Vergleich dazu lediglich 26% der Beschuldigten vorbestraft. Folglich ist ersichtlich, dass die Differenz der Rückfallquoten mit dem unterschiedlichen Anteil an Vorbelasteten erklärt werden kann.

6. Zusammenfassung und Ergebnis des Vergleiches mit der Studie von *Dünkel*

Die Legalbewährung war nach Einstellung wegen Täter-Opfer-Ausgleichs erheblich besser als nach beiden Vergleichsformen des Strafvollzugs.

Die allgemeine Rückfallquote war bei den Probanden der Täter-Opfer-Ausgleichs-Studie deutlich geringer, ferner war die Anzahl der quantitativ massiven Rückfälle niedriger. Auch die differenzierte Auswertung nach Deliktsgruppen und Vorbelastungen ergab, dass der Anteil der Rückfälligen nach Täter-Opfer-Ausgleich erheblich geringer war. Einzig die etwas höhere Rückfallgeschwindigkeit nach Täter-Opfer-Ausgleich spricht für die bessere abschreckende Wirkung des Strafvollzugs. Letztlich ist jedoch die endgültige Verhinderung erneuter Straffälligkeit für die Effizienz einer Sanktion entscheidend, so dass die geringfügig kürzere Zeitdauer bis zum Rückfalldelikt keinen Zweifel an der spezialpräventiven Wirkung des Täter-Opfer-Ausgleichs begründet.

Bei der Bewertung der durchgehend besseren Legalbewährung nach Einstellung wegen Täter-Opfer-Ausgleichs ist jedoch zu berücksichtigen, dass die Vergleichsgruppen in Hinblick auf die rückfallbeeinflussenden soziobiographischen Merkmale nicht homogen waren. Der vergleichsweise größere Anteil an Vorbelasteten und die Schwere der Eingangsdelikte in *Dünkels* Untersuchungsgruppen lassen eine höhere Rückfallquote erwarten. Der Vergleich beider Studien liefert folglich keinen stichfesten Beweis für die bessere spezialpräventive Wirkung des Täter-Opfer-Ausgleichs im Vergleich zum Strafvollzug, er erlaubt lediglich eine entsprechende Deutung.

---

[269] s. *Dünkel* Legalbewährung S. 298 Tabelle 66.

II. Untersuchung von *Schäffer* aus Tübingen

Schäffer hat eine Nachuntersuchung der Tübinger Jungtäter-Vergleichsuntersuchung vorgenommen. Diese Untersuchung wollte unterschiedliche Merkmale wiederholt Straffälliger im Vergleich zur Durchschnittpopulation herausarbeiten. Dazu wurden in den Jahren 1965 bis 1969 zwei Vergleichsgruppen gebildet; eine Gruppe von 200 Straffälligen wurde 200 Personen aus der „Normal"-bevölkerung gegenübergestellt. Sodann wurden die Gruppen in Hinblick auf verschiedene Merkmale verglichen.[270] Voraussetzung für die Aufnahme in eine Vergleichsgruppe war unter anderem, dass die Personen zwischen 20 und 30 Jahren alt waren. Daher wurde die Untersuchung vorliegend in den Erwachsenenbereich eingeordnet.

Schäffer hat nun die Legalbewährung der Gruppe der Straffälligen untersucht. Bei den Straffälligen handelte es sich ausschließlich um Probanden, die eine mindestens sechsmonatige Freiheitsstrafe zu verbüßen hatten. *Schäffer* hat die Nachuntersuchung in zwei Zeitabschnitte unterteilt. Der Nachuntersuchungszeitraum I umfasste den Zeitraum von der Entlassung aus der Haftanstalt bis mindestens fünf Jahre nach der Entlassung. Der Nachuntersuchungszeitraum II schloß an Nachuntersuchungszeitraum I an und erstreckte auf wiederum mindestens fünf Jahre.[271] Aufgrund des dreijährigen Beobachtungszeitpunktes bei der Schleswig-Holsteinischen Studie, wurde in der folgenden Darstellung nur der vergleichbare Nachuntersuchungsbereich I berücksichtigt.

1. Rückfallquote

Als Rückfall wurde in *Schäffers* Studie jede erneute registrierte Straffälligkeit gewertet.

Tabelle 137: Rückfallquote im Vergleich

	Täter-Opfer-Ausgleich	Strafvollzug
Legalbewährung	91%	22%
Verurteilung zu Geldstrafe	8%	13%
Verurteilung zu FS m. B.	0%	3%
Verurteilung zu FS o. B.	1%	63%
Σ	100%	100%

Aus der Tabelle geht hervor, dass die Rückfallquote nach Strafvollzug erheblich höher und zudem die Schwere der Rückfallsanktionen wesentlich härter war als bei der Schleswig-Holsteinischen Täter-Opfer-Ausgleichs-Studie.[272]

Im Folgenden soll durch differenzierte Darstellung des Rückfallverhaltens eine Begründung für das deutlich schlechte Legalbewährungsverhalten nach Strafvollzug gefunden werden.

---

[270] s. *Schäffer* S. 26.
[271] s. *Schäffer* S. 30.
[272] s. *Schäffer* S. 105 Tabelle 4.

2. Anzahl der erneuten Straftaten
Es erfolgt ein Vergleich der Quantität der Rückfälle beider Studien.

Tabelle 138: Anzahl der erneuten Straftaten im Vergleich

	1 bis 3 Straftaten	4 bis 10 Straftaten	über 11 Straftaten
Täter-Opfer-Ausgleich	100%	0%	0%
Strafvollzug	39%	42%	19%

Auch ein Vergleich der Anzahl der erneuten Eintragungen hat zum Ergebnis, dass das Legalbewährungsverhalten nach Strafvollzug erheblich schlechter war als nach Einstellung infolge Täter-Opfer-Ausgleichs. In mehr als 60% der Rückfälle ergab *Schäffers* Auswertung, dass die Rückfälligen mindestens 4 Rückfälle begangen haben.[273] Die Schleswig-Holsteinische Studie umfasste kein einziges Verfahren, in dem ein Proband derart häufig rückfällig wurde.

3. Einschlägige Rückfälle
Als einschlägig wurde auch bei *Schäffers* Studie ein Rückfall gewertet, wenn der Proband erneut eine gleichartige Tat begangen hat. Die Untersuchung wurde in die einzelnen Deliktsgruppen unterteilt. Da beiden Studien unterschiedliche Deliktsgruppen zugrunde lagen, wurden in der folgenden Auswertung nur die Delikte berücksichtigt, die in beiden Studien vertreten waren.

Zunächst wurde der einschlägige Rückfall nach Diebstahlsdelikten betrachtet. Die Auswertung ergab, dass der Anteil der einschlägigen Rückfälle nach Diebstahlsdelikten in *Schäffers* Studie mit 54%[274] erheblich höher war als bei der Täter-Opfer-Ausgleichs-Studie mit 11%. Nach Täter-Opfer-Ausgleich wurde von neun Beschuldigten, die einen Diebstahl als Anlassdelikt begangen haben, nur ein Proband erneut wegen eines Diebstahlsdelikts straffällig.

Auch der Vergleich der einschlägigen Rückfälle nach Delikten gegen die Person kommt zu dem Ergebnis, dass der Anteil der einschlägig rückfälligen Probanden nach Strafvollzug mit 40%[275] weitaus höher war als nach Täter-Opfer-Ausgleich mit lediglich 4%. In Schleswig-Holstein wurden nur drei der 71 Probanden, die ein Körperverletzungsdelikt begangen haben, einschlägig rückfällig.

Auch der Vergleich der einschlägigen Rückfälle ergibt folglich eine vergleichsweise wesentlich schlechtere Legalbewährung nach Strafvollzug.

---

[273] s. *Schäffer* S. 111 Tabelle 6.
[274] s. *Schäffer* S. 251 Tabelle 68.
[275] s. *Schäffer* S. 254.

4. Vorverurteilungen und Rückfall
Tabelle 139: Rückfallquoten nach Vorbelastungen im Vergleich

	Rückfall bei Vorbelasteten	Rückfall bei nicht Vorbelasteten
Täter-Opfer-Ausgleich	18%	6%
Strafvollzug	90%	67%

Die Tabelle zeigt, dass in beiden Studien die Vorbelasteten häufiger rückfällig wurden als die nicht Vorbelasteten, wobei die Werte nach Strafvollzug jeweils gravierend schlechter waren als nach Täter-Opfer-Ausgleich.

Der Anteil der Vorbelasteten in der Untersuchungsgruppe betrug bei *Schäffer* 71%[276], bei der Schleswig-Holsteinischen Studie 26%. Aufgrund der Erkenntnis, dass Vorbelastete häufiger rückfällig werden und aufgrund des erheblich höheren Anteils an Vorbelasteten in *Schäffers* Untersuchungsgruppe, ist eine höhere Rückfallquote nach Strafvollzug zu erwarten. Ein Grund für das unterschiedliche Legalbewährungsverhalten ist folglich in dem unterschiedlichen Anteil an Vorbelasteten zu sehen.

5. Deliktsgruppen und Rückfall
Im Folgenden wird verglichen, ob Abweichungen beider Studien in Hinblick auf die Rückfallquoten nach einzelnen Deliktsgruppen erkennbar sind.

Tabelle 140: Deliktsgruppen und Rückfall im Vergleich

	Delikte gegen die Person	Diebstahl und Unterschlagung
Täter-Opfer-Ausgleich	7%	44%
Strafvollzug	82%[277]	91%[278]

Aus der Tabelle geht hervor, dass das Legalbewährungsverhalten auch bei differenzierter Betrachtung der verschiedenen Deliktsgruppen nach Strafvollzug erheblich schlechter war als nach Täter-Opfer-Ausgleich.

Trotz der Unterschiede ist beiden Studien gemeinsam, dass die Rückfallquote nach Diebstahlsdelikten jeweils besonders hoch war. Ein Grund für die gravierend schlechtere Rückfallquote nach Strafvollzug wird daher in dem vergleichsweise sehr hohen Anteil an

---

[276] s. *Schäffer* S. 175 Tabelle 20.
[277] s. *Schäffer* S. 241.
[278] s. *Schäffer* S. 243 Tabelle 64.

Diebstahlsdelikten in der Anlassuntersuchungsgruppe bei *Schäffers* Studie zu suchen sein.

6. Zusammenfassung und Ergebnis des Vergleiches mit der Studie von *Schäffer*

Ein Vergleich beider Studien macht deutlich, dass die Legalbewährung der Probanden nach Strafvollzug wesentlich schlechter war als nach Täter-Opfer-Ausgleich. Die Rückfallquote war höher, die Rückfallsanktionen härter, das Auftreten mehrfacher Rückfälle höher und der Anteil der einschlägigen Rückfälle höher.

Diese Differenz beider Studien liefert jedoch keinen empirischen Beweis für die bessere spezialpräventive Wirkung des Täter-Opfer-Ausgleichs, da nahe liegt, dass die Untersuchungsgruppen in Hinblick auf rückfallbeeinflussende soziobiografische Faktoren nicht homogen sind. So war insbesondere der Anteil der Vorbelasteten in *Schäffers* Studie erheblich höher als bei der Schleswig-Holsteinischen Studie. Weitere Merkmale konnten aufgrund des Datenmaterials nicht verglichen werden. Es ist aber allein aufgrund der härteren Sanktion davon auszugehen, dass die Gruppe der Straffälligen regelmäßig eine höhere Belastung mit rückfallgefährdenden Merkmalen aufweist.

III. Untersuchung von *Albrecht* aus Baden-Württemberg

Albrecht hat eine Stichprobe von 1823 Strafakten der im Jahr 1972 in Baden-Württemberg rechtskräftig verurteilten männlichen Erwachsenen in Hinblick auf das Legalbewährungsverhalten der Straftäter untersucht. Die Stichprobe wurde auf bestimmte Deliktsgruppen beschränkt. In Betracht kamen Straßenverkehrsdelikte, Eigentums- und Vermögensdelikte, Körperverletzungsdelikte und einige Vergehen des Nebenstrafrechts. Weiterhin wurde eine Einschränkung der Untersuchungsgruppe aufgrund der verhängten Sanktionen vorgenommen. Es handelte sich ausschließlich um Probanden, die zu Geldstrafe oder Freiheitsstrafe verurteilt wurden, wobei die Geldstrafe bei 85% der Probanden und die Freiheitsstrafe bei 15% der Probanden verhängt wurde.

Der Beobachtungszeitraum betrug fünf Jahre und damit 2 Jahre länger als bei der Täter-Opfer-Ausgleichs-Studie.[279]

1. Rückfallquote

Die Rückfälligkeit wurde auch in dieser Studie anhand der Auszüge aus dem Bundeszentralregister bestimmt.

Tabelle 141: Rückfallquote im Vergleich

	Rückfallquote	Legalbewährung
Täter-Opfer-Ausgleich	9%	91%
Geldstrafe	26%	74%
Freiheitsstrafe m. B.	55%	45%
Freiheitsstrafe o. B.	75%	25%

---

[279] s. *Albrecht, Hans-Jörg* Legalbewährung S. 68.

Aus der Tabelle geht hervor, dass bei *Albrechts* Studie in allen Untersuchungsgruppen höhere Rückfallquoten als nach Einstellung infolge Täter-Opfer-Ausgleichs ermittelt wurden.[280]

Die Rückfallquote nach Geldstrafe betrug 26%, nach Freiheitsstrafe mit Bewährung wurden 55% der Probanden rückfällig und nach Freiheitsstrafe ohne Bewährung 75%.

Im Vergleich hierzu wurden nur 9% der Beschuldigten, bei denen das Verfahren nach erfolgreich durchgeführtem Täter-Opfer-Ausgleich eingestellt wurde, erneut straffällig.

Im Folgenden wurde überprüft, ob bei detaillierter Betrachtung des Rückfallverhaltens eine Interpretation für das signifikant unterschiedliche Legalbewährungsverhalten gefunden werden konnte.

2. Rückfall und Delikt

Tabelle 142: Rückfall nach Körperverletzungsdelikten im Vergleich

	Rückfall nach § 223 StGB
Täter-Opfer-Ausgleich	6%
Geldstrafe	40%

Bei den Untersuchungsgruppen der Probanden nach Freiheitsstrafe wurden die Rückfalluntersuchungen nach Delikten nur für die Straßenverkehrsdelikte speziell dargestellt. Die anderen Deliktsgruppen wurden bei dieser Auswertung zusammengefasst. Somit scheiden diese Untersuchungsgruppen für den vorliegenden Vergleich der Rückfallquoten nach einzelnen Delikten aus.

Die Personen, die als Eingangsdelikt eine Körperverletzung begangen haben, wurden in *Albrechts* Untersuchung nach Geldstrafe zu 40% rückfällig.[281] Im Vergleich hierzu wurde bei der Täter-Opfer-Ausgleichs-Studie nach den Körperverletzungsdelikten eine Rückfallquote von 6% bei der einfachen und 13% bei der gefährlichen Körperverletzung ermittelt. Ein Vergleich mit der Untersuchungsgruppe der Geldstrafe zeigt, dass die Rückfallrate nach Einstellung des Verfahrens wegen erfolgreich durchgeführtem Täter-Opfer-Ausgleich bei der Gruppe der Körperverletzungsdelikte wesentlich geringer war als in *Albrechts* Studie.

Tabelle 143: Rückfall nach Diebstahl im Vergleich

	Rückfallquote nach Diebstahl
Täter-Opfer-Ausgleich	47%
Geldstrafe	29%

---

[280] s. *Albrecht, Hans-Jörg* Legalbewährung S. 172 Tabelle 29.
[281] s. *Albrecht, Hans-Jörg* Legalbewährung S. 199 Tabelle 37.

Von den Straftätern, die einen Diebstahl als Eingangsdelikt begangen haben, wurden in *Albrechts* Studie nach Geldstrafe 29% der Probanden rückfällig. In Schleswig-Holstein betrug der Anteil der Rückfälle nach einem Diebstahl 47%. Die Legalbewährung nach Diebstahl war folglich nach Einstellung infolge Täter-Opfer-Ausgleichs schlechter als nach Geldstrafe. Das Ergebnis muss aber aufgrund der sehr geringen Anzahl an Diebstahlsdelikten bei der Täter-Opfer-Ausgleichs-Studie (9) relativiert werden.

Ein Vergleich der anderen Deliktsgruppen wurde nicht durchgeführt, da die weiteren in *Albrechts* Untersuchung aufgenommenen Delikte gar nicht oder nur in sehr geringer Anzahl den Täter-Opfer-Ausgleichs-Verfahren zugrunde lagen.

Zusammenfassend ist festzuhalten, dass auch bei *Albrechts* Studie die Rückfallquote nach den einzelnen Deliktsgruppen unterschiedlich ist.

Somit könnten die höheren Rückfallquoten bei *Albrechts* Untersuchung in der unterschiedlichen Deliktsstruktur der Untersuchungsgruppen begründet sein. Bei der Deliktsstruktur in *Albrechts* Studie fällt auf, dass der Verurteilung zu Geldstrafe und der Verurteilung zu Freiheitsstrafe mit Bewährung mit 71% beziehungsweise 53% zumeist Straßenverkehrsdelikte zugrunde lagen. Demgegenüber war bei der Untersuchungsgruppe der Freiheitsstrafe ohne Bewährung in den meisten Fällen (56%) ein Diebstahlsdelikt Grund der Verurteilung.[282]

Im Gegensatz hierzu fand der Täter-Opfer-Ausgleich zumeist bei Körperverletzungsdelikten Anwendung.

Die hohe Rückfallquote nach Freiheitsstrafe ohne Bewährung war aufgrund des großen Anteils an rückfallgefährdeten Diebstahlsdelikten zu erwarten. Ein Grund für die im Vergleich zur Einstellung nach Täter-Opfer-Ausgleich höhere Rückfallquote nach Geldstrafe sowie Freiheitsstrafe mit Bewährung könnte in dem unterschiedlichen Legalbewährungsverhalten nach Straßenverkehrsdelikten beziehungsweise Körperverletzungsdelikten begründet sein. Aus *Albrechts* Studie geht jedoch hervor, dass die Rückfallquoten bei Straßenverkehrsdelikten sowohl nach Geldstrafe als auch nach Freiheitsstrafe ohne Bewährung im Vergleich zu den anderen Deliktsarten geringer war.[283] Somit vermag der hohe Anteil an Straßenverkehrsdelikten die unterschiedlichen Rückfallquoten nicht zu erklären.

Ein Grund für die unterschiedlichen Rückfallquoten könnte die Deliktsschwere der Anlasstaten sein. Untersuchungen ergeben, dass die Legalbewährung der Probanden mit zunehmender Deliktsschwere schlechter wird. Die Studie von *Albrecht* enthält keine eindeutige Aussage über die Deliktsschwere der Untersuchungsgruppen. Aus den Sanktionen kann aber auf die Schwere der zugrunde liegenden Tat geschlossen werden. Im Vergleich der Untersuchungsgruppen werden die Anlassdelikte bei der Freiheitsstrafe ohne Bewährung aufgrund der harten Sanktion am schwersten einzuordnen sein. Somit ist die

---

[282] s. *Albrecht, Hans-Jörg* Legalbewährung S. 159 Tabelle 25.
[283] s. *Albrecht, Hans-Jörg* Legalbewährung S. 177 Tabelle 32; S. 199 Tabelle 37.

Deliktsschwere ein Grund für die deutlich höhere Rückfallquote dieser Probanden. Bei den anderen Untersuchungsgruppen fällt die Bewertung der Deliktsschwere schwer, so dass ein Vergleich der Deliktsschweren nicht möglich ist.

3. Anzahl der Wiederverurteilungen
Tabelle 144: Anzahl der Wiederverurteilungen im Vergleich

	1 Rückfall	2 Rückfälle	3 und mehr Rückfälle
Täter-Opfer-Ausgleich	62%	23%	15%
Geldstrafe	58%	19%	22%
Freiheitsstrafe m. B.	56%	19%	25%
Freiheitsstrafe o. B.	30%	23%	47%

Aus der Tabelle geht hervor, dass sowohl nach Einstellung infolge Täter-Opfer-Ausgleichs als auch nach Freiheitsstrafe mit Bewährung als auch nach Freiheitsstrafe ohne Bewährung mehr als die Hälfte der Rückfälligen einmal erneut straffällig wurden. Lediglich bei der Untersuchungsgruppe der Probanden nach Freiheitsstrafe ohne Bewährung war der Anteil der Rückfälligen mit einer erneuten Eintragung vergleichsweise niedriger.[284]

Auffällig ist weiterhin, dass der Anteil der Rückfälligen mit drei oder mehr erneuten Verurteilungen in *Albrechts* Studie bei sämtlichen Untersuchungsgruppen höher war als bei der Täter-Opfer-Ausgleichs-Studie mit 15%.

Die Auswertung hat folglich zum Ergebnis, dass der Rückfall auch bei einer rein quantitativen Bewertung bei der Schleswig-Holsteinischen Studie milder war als bei *Albrechts* Studie.

4. Rückfallsanktionen
Tabelle 145: Sanktionen der Rückfalltaten im Vergleich

	Sanktionen der Rückfälle		
	Geldstrafe	Freiheitsstrafe mit Bewährung	Freiheitsstrafe ohne Bewährung
Täter-Opfer-Ausgleich	92%	0%	8%
Geldstrafe	64%	23%	14%
Freiheitsstrafe m. B.	43%	34%	23%
Freiheitsstrafe o. B.	26%	23%	51%

Die Auswertung zeigt, dass in allen Untersuchungsgruppen der Studie von *Albrecht* der Anteil an Rückfalldelikten, die mit einer Freiheitsstrafe bestraft wurden, deutlich größer

---

[284] s. *Albrecht, Hans-Jörg* Legalbewährung S. 172 Tabelle 29.

war als nach Einstellungen infolge Täter-Opfer-Ausgleichs. Erwartungsgemäß war der Anteil der verhängten freiheitsentziehenden Strafen nach der Freiheitsstrafe ohne Bewährung besonders groß, auch nach Freiheitsentzug mit Bewährung wurden über die Hälfte der Probanden erneut mit Freiheitsentzug bestraft. Nach Geldstrafe betrug der Anteil an freiheitsentziehenden Rückfallsanktionen immerhin noch 37%.[285] Im Vergleich hierzu wurden nach Täter-Opfer-Ausgleich fast sämtliche Rückfalldelikte mit Geldstrafe sanktioniert, lediglich ein Proband (8%) wurde infolge der erneuten Straftat zu Freiheitsstrafe ohne Bewährung verurteilt.

Im Vergleich ist festzustellen, dass der Anteil der relativ milden Sanktion Geldstrafe bei den Rückfallverurteilungen nach Täter-Opfer-Ausgleich erheblich größer war als bei den Rückfallverurteilungen nach Geld- beziehungsweise Freiheitsstrafe. Die Rückfallverurteilungen nach Täter-Opfer-Ausgleich sind folglich als vergleichsweise leichter einzuordnen. Dies deutet darauf hin, dass auch die Rückfallkriminalität nach Täter-Opfer-Ausgleich leichter und der Rückfall weniger massiv war.

Bei der Bewertung der Rückfallkriminalität anhand der Schwere der Rückfallsanktion ist jedoch zu berücksichtigen, dass Vorbelastungen das Strafmaß beeinflussen. Insbesondere die Probanden, die eine freiheitsentziehende Strafe erhalten haben, werden aufgrund der schweren Vorstrafe eher eine erneute Verurteilung zu unbedingter Freiheitsstrafe erhalten als Probanden, bei denen das Verfahren nach §§ 153 ff. StPO eingestellt wurde und die somit keine Eintragung im Bundeszentralregister aufweisen. Trotz dieser Einschränkung der vergleichenden Auswertung lässt die deutlich mildere Sanktionierung der Rückfalldelikte nach Täter-Opfer-Ausgleich die Auslegung zu, dass der Rückfall bei dieser Untersuchungsgruppe weniger massiv war als nach Geld- beziehungsweise Freiheitsstrafe.

5. Vorbelastung und Rückfall
Tabelle 146: Rückfall und Vorbelastung im Vergleich

	Rückfall bei Vorbelasteten	Rückfall bei nicht Vorbelasteten
Täter-Opfer-Ausgleich	18%	6%
Geldstrafe	45%	18%
Freiheitsstrafe m. B.	52%	67%
Freiheitsstrafe o. B.	74%	79%

Aus der Tabelle geht hervor, dass die Rückfallquoten sowohl bei den Vorbelasteten als auch bei den nicht Vorbelasteten nach Einstellung infolge Täter-Opfer-Ausgleichs deutlich geringer war als nach den untersuchten Sanktionen in *Albrechts* Studie. Erwartungswidrig ist zudem zu erkennen, dass die Legalbewährung der nicht Vorbelasteten nach Freiheitsstrafen jeweils schlechter war als die der vorbelasteten Probanden.

---

[285] s. *Albrecht, Hans-Jörg* Legalbewährung S. 173 Tabelle 30.

Dieses Ergebnis kann durch die geringen absoluten Fälle, die dieser Gruppe zugrunde liegen, relativiert werden.[286]

Im Vergleich beider Studien ist jedenfalls festzuhalten, dass die Legalbewährung nach Einstellung infolge Täter-Opfer-Ausgleichs unabhängig von der Vorbelastung der Probanden besser war als nach den verglichenen Sanktionen.

Aufgrund der Erkenntnis aus anderen empirischen Arbeiten, dass die Vorbelastung Auswirkungen auf das Rückfallverhalten der Probanden hat, könnte die Differenz der Rückfallquoten zum Teil mit unterschiedlichen Anteilen an Vorbelasteten in den Untersuchungsgruppen zusammenhängen. Bei der Untersuchungsgruppe der Freiheitsstrafe ohne Bewährung betrug der Anteil der vorbelasteten Probanden 88%, bei der Freiheitsstrafe mit Bewährung waren 77% der Probanden vorbelastet und bei der Geldstrafe 30% bereits zuvor straffällig.[287]

Im Vergleich hierzu waren bei der Täter-Opfer-Ausgleichs-Studie 74% der Beschuldigten zuvor nicht straffällig geworden. Der Anteil der Vorbelasteten in den Untersuchungsgruppen war folglich bei der Schleswig-Holsteinischen Studie geringer. Aufgrund der grundsätzlich besseren Legalbewährung der nicht Vorbelasteten ist daher eine geringere Rückfallquote bei der Schleswig-Holsteinischen Studie zu erwarten.

6. Zusammenfassung und Ergebnis des Vergleiches mit der Studie von *Albrecht*

Die Legalbewährung war nach Täter-Opfer-Ausgleich durchgehend besser als nach Geldstrafe und Freiheitsentzug.

Die Rückfallquote war geringer, auch die Rückfallquoten nach einzelnen Deliktsgruppen waren teilweise niedriger. Die Rückfallsanktionen der Täter-Opfer-Ausgleichs-Untersuchungsgruppe waren milder und auch die Rückfallhäufigkeit geringer, so dass der Rückfall als vergleichsweise weniger massiv einzuordnen war.

Bei allen Untersuchungspunkten kommt die vergleichende Auswertung folglich zu dem Ergebnis, dass die Legalbewährung nach Täter-Opfer-Ausgleich besser war.

Trotzdem beweist die Untersuchung nicht zwingend, dass der Täter-Opfer-Ausgleich als Sanktion effektiver den Rückfall vermeiden kann als die Geldstrafe oder die Freiheitsstrafe. Es ist zu berücksichtigen, dass die Untersuchungsgruppen hinsichtlich der rückfallbeeinflussenden Faktoren nicht homogen waren. So war der Anteil der vorbelasteten Probanden in *Albrechts* Studie größer als in der Schleswig-Holsteinischen Studie, auch die Schwere der Anlassdelikte und die Deliktsstruktur waren unterschiedlich. Anzunehmen ist, dass die Vergleichsstudien auch in Hinblick auf weitere soziobiographische Faktoren nicht homogen waren, so dass die Auswertung lediglich eine tendenzielle Deutung zulässt. Ein Vergleich beider Studien deutet auf eine bessere spezialpräventive Wirkung des Täter-Opfer-Ausgleichs hin.

---

[286] s. *Albrecht, Hans-Jörg* Legalbewährung S. 177 Tabelle 32; S. 199 Tabelle 37; S. 203 Tabelle 38.
[287] s. *Albrecht, Hans-Jörg* Legalbewährung S. 177 Tabelle 32; S. 199 Tabelle 37; S. 203 Tabelle 38.

IV. Untersuchung des Justizministeriums aus Nordrhein-Westfalen

Die Arbeitsgruppe kriminologischer Dienst des Justizministeriums Nordrhein-Westfalens untersuchte die Legalbewährung nach längerem Strafvollzug. Insbesondere sollte die Rückfallquote ermittelt werden sowie geprüft werden, ob ein Zusammenhang zwischen vollzuglicher Intervention und Rückfälligkeit besteht und ob die Vollzugform sowie die Strafaussetzung zur Bewährung Einfluss auf die Rückfälligkeit haben.

Grundlage der Untersuchung bilden 1077 Strafgefangene, die in den Jahren 1971 bis 1975 das Einweisungsverfahren in der Einweisungsanstalt Duisburg-Hamborn durchlaufen hatten und 1975 aus einer der dem Einweisungsverfahren in Nordrhein-Westfalen angeschlossenen Justizvollzugsanstalt entlassen wurden. Der Beobachtungszeitraum betrug 5 Jahre und war damit 2 Jahre länger als bei der Täter-Opfer-Ausgleichs-Studie.[288]

1. Rückfallquote

Als Rückfall wurde hier übereinstimmend mit der Rückfalldefinition der Schleswig-Holsteinischen Studie jede erneute Eintragung in das Bundeszentralregister verstanden.

Tabelle 147: Rückfallquote im Vergleich

	Rückfallquote	Legalbewährung
Täter-Opfer-Ausgleich	9%	91%
Strafvollzug	66%	34%

Die Rückfallquote betrug bei der Nordhein-Westfälischen Studie 66%.[289]

Im Vergleich zu dieser Untersuchungsgruppe war die Rückfallquote nach Einstellung infolge Täter-Opfer-Ausgleichs mit 9% äußerst gering.

Aufgrund der fehlenden Homogenität der Vergleichsgruppen ist dieses Ergebnis allein nicht als Erfolg des Täter-Opfer-Ausgleichs zu werten. Im Folgenden wird ein Vergleich des übrigen Legalbewährungsverhaltens vorgenommen und versucht, Erklärungen für die unterschiedlichen Rückfallquoten zu finden.

2. Sanktionen der Rückfalldelikte

Bei der Nordrhein-Westfälischen Untersuchung wurden 55% der Probanden erneut zu einer Freiheitsstrafe verurteilt, 41% zu einer unbedingten Freiheitsstrafe.

Der Anteil an Probanden, die nach einem Täter-Opfer-Ausgleich zu einer Freiheitsstrafe verurteilt wurden, war vergleichsweise sehr gering. Insgesamt wurden bei der Schleswig-Holsteinischen Studie 92% der Rückfälligen mit Geldstrafe sanktioniert, nur einer der 13 erwachsenen Rückfälligen musste eine Freiheitsstrafe ohne Bewährung verbüßen.

---

[288] s. *Baumann u. a.* MschrKrim 1983, 133 (135).
[289] s. *Baumann u. a.* MschrKrim 1983, 133 (136).

Aufgrund der erheblich höheren Anzahl an harten Sanktionen ist davon auszugehen, dass der Rückfall nach Strafvollzug massiver war als nach Täter-Opfer-Ausgleich.

Bei der Bewertung des Rückfallverhaltens anhand der Sanktionen der Rückfalldelikte ist jedoch der Umstand zu berücksichtigen, dass die Vorstrafen Einfluss auf die Sanktionsfindung haben. Ein verhängter Freiheitsentzug als Vorstrafe kann sich negativ auf die Sanktionierung auswirken. Eine Einstellung nach §§ 153 ff. StPO hat hingegen keine Eintragung im Bundeszentralregister zur Folge, so dass die Ausgangsstat bei der Sanktionierung der Rückfalltat in der Täter-Opfer-Ausgleichs-Studie nicht als Vorbelastung gewertet werden konnte. Bei der Untersuchungsgruppe der Probanden nach Strafvollzug lag die erneute Verurteilung zu einer Freiheitsstrafe folglich näher als bei den Probanden, deren Verfahren nach Täter-Opfer-Ausgleich eingestellt wurde. Die Rückfallsanktionen nach Strafvollzug waren jedoch gravierend härter, so dass trotz dieser Einschränkung davon auszugehen ist, dass der Rückfall nach Strafvollzug deutlich härter war als der Rückfall nach Täter-Opfer-Ausgleich.

3. Einschlägigkeit des Rückfalls

Der Rückfall wurde bei der Nordrhein-Westfälischen Studie dann als einschlägig definiert, wenn ein Straftatbestand des Einweisungsurteils mit einem Straftatbestand der erneuten Verurteilung übereinstimmte. Damit waren die Voraussetzungen der Einordnung als einschlägiger Rückfall hier an strengere Anforderungen geknüpft als bei der Schleswig-Holsteinischen Studie, bei der die kriminologische Vergleichbarkeit der Delikte ausschlaggebend war und nicht allein die Identität der Straftatbestände.

Tabelle 148: Einschlägige Rückfälle im Vergleich

	Einschlägige Rückfälle	Keine oder nicht einschlägige Rückfälle
Täter-Opfer-Ausgleich	6%	94%
Strafvollzug	45%	55%

Der Anteil der Probanden, die einschlägig rückfällig wurden, belief sich nach Strafvollzug auf 45%. Bezogen auf die Gruppe der Rückfälligen bedeutet dies, dass bei 70% der Rückfälligen die erneute Tat als einschlägig zu werten ist.[290]

Nach Täter-Opfer-Ausgleich wurden 6% der Probanden einschlägig rückfällig, das sind 62% der Rückfälligen.

Bei dem Vergleich beider Auswertungen ist zu berücksichtigen, dass unterschiedliche Voraussetzungen an die Bestimmung des einschlägigen Rückfalls gestellt wurden. Trotz der geringeren Anforderungen, die bei der Täter-Opfer-Ausgleichs-Studie an die Einordnung als einschlägig geknüpft wurden, war der Anteil der einschlägig Wiederverurteilten bei dieser Studie geringer. Die relativ geringe Differenz der einschlägigen Rückfälle unter

---

[290] s. *Baumann u. a.* MschrKrim 1983, 133 (138).

den Rückfälligen beider Studien von 8% ist neben den geringeren Anforderungen an die Einordnung als einschlägig mit der geringen absoluten Anzahl an Rückfälligen nach Täter-Opfer-Ausgleich zu erklären. Die geringe Anzahl der Rückfallverfahren birgt die Gefahr einer zufälligen Verteilung in sich. Bei Berücksichtigung dieser Faktoren überrascht der relativ geringe Unterschied beider Studien nicht.

Die Umrechnung der einschlägigen Rückfälle auf die gesamten Untersuchungsgruppen hat die erheblich bessere Legalbewährung nach Täter-Opfer-Ausgleich auch in Hinblick auf die Einschlägigkeit der Rückfälle verdeutlicht.

4. Delikte und Rückfall
Im Folgenden werden die Rückfallquoten nach Deliktsgruppen verglichen.

Tabelle 149: Rückfall nach Straftaten gegen die Person im Vergleich

	Rückfall nach Straftaten gegen die Person
Täter-Opfer-Ausgleich	7%
Strafvollzug	59%

Bei der Nordrhein-Westfälischen Studie wurden 42% der Probanden bei dem Einlassdelikt wegen Delikten gegen die Person bestraft. Von ihnen erhielten 59% eine erneute Eintragung im Bundeszentralregister.

Bei der Schleswig-Holsteinischen Studie wurde bei 68 der 144 beobachteten Probanden wegen Körperverletzung strafrechtlich ermittelt. Davon wurden 5 erneut straffällig.

Weitere Deliktsgruppen konnten aufgrund des verschiedenen Datenmaterials nicht verglichen werden.

Im Vergleich ist die Legalbewährung nach Einstellung infolge Täter-Opfer-Ausgleichs auch bei der detaillierten Betrachtung der Deliktsgruppe erheblich besser als nach Strafvollzug. Beide Auswertungen ergaben darüber hinaus, dass die Rückfallquote nach Delikten gegen die Person geringer war als die allgemeine Rückfallquote.

Ein Grund für die Differenz der allgemeinen Rückfallquoten könnte folglich die unterschiedliche Deliktsstruktur der Anlassdelikte darstellen. Diese Vermutung konnte nicht empirisch belegt werden, da bei der Nordrhein-Westfälischen Studie eine Untersuchung der Anlassdelikte nicht vorgenommen wurde.

Bei der Auswertung des Zusammenhangs zwischen den Einlassdelikten und dem Rückfallverhalten ist neben den Deliktsgruppen die Deliktsschwere der Einlasstaten zu beachten. Es ist davon auszugehen, dass die Delikte, die zur Einweisung in den Strafvollzug geführt haben, aufgrund der erheblich härteren Sanktion deutlich schwerer waren als die Delikte, die eine Einstellung des Verfahrens nach erfolgreich durchgeführtem Täter-Opfer-Ausgleich zur Folge hatten. Die Erkenntnisse aus anderen Untersuchungen und der

Schleswig-Holsteinischen Studie zeigen, dass die Rückfälligkeit mit steigender Deliktsschwere zunimmt. Allein aus diesem Grund ist eine deutlich geringere Rückfallquote nach Täter-Opfer-Ausgleich zu erwarten.

5. Vollzugsgestaltung und Rückfälligkeit

Die Nordrhein-Westfälische Studie versuchte des Weiteren, einen Zusammenhang zwischen einzelnen Maßnahmen im Vollzug und der Rückfälligkeit zu finden.

Dazu wurde die Rückfälligkeit differenziert nach der Teilnahme beziehungsweise Nichtteilnahme an Bildungsmaßnahmen, schulischen Maßnahmen und beruflichen Maßnahmen, der erfolgten oder nicht erfolgten Einweisung in den offenen Vollzug sowie der vorgenommenen oder nicht vorgenommenen Entlassung zur Bewährung betrachtet. Eine rückfallmindernde Wirkung von Vollzugsinterventionen konnte hierbei jedoch nicht nachgewiesen werden, wobei berücksichtigt werden muss, dass die verschiedenen Untersuchungsgruppen bezüglich der soziobiographischen Rückfallmerkmale nicht homogen sind.

Zudem zeigt ein Vergleich aller Auswertungsergebnisse mit der Rückfallquote nach Täter-Opfer-Ausgleich, dass die Legalbewährung nach Täter-Opfer-Ausgleich durchgehend weitaus besser war als nach jeglichen Vollzugsformen.[291]

6. Zusammenfassung und Ergebnis des Vergleiches mit der Studie des Justizministeriums aus Nordrhein-Westfalen

Das Legalbewährungsverhalten war nach Täter-Opfer-Ausgleich durchgehend besser als nach Strafvollzug. Die generelle Rückfallquote war geringer, die Rückfalltat wurde milder sanktioniert und war damit weniger massiv, die Rückfälle waren seltener einschlägig und auch die Differenzierung nach den einzelnen Deliktsgruppen ergab eine geringere Rückfallquote.

Die Auswertung liefert jedoch keinen zwingenden Beweis dafür, dass die spezialpräventive Wirkung des Täter-Opfer-Ausgleichs besser ist als die Wirkung des Strafvollzugs. Es ist zu berücksichtigen, dass möglicherweise in den jeweiligen Untersuchungsgruppen rückfallbeeinflussende Faktoren von Anfang an unterschiedlich angelegt waren. So ist zumindest davon auszugehen, dass die Anlassdelikte bei der Nordrhein-Westfälischen Studie deutlich schwerer waren. Ferner liegt die Annahme nahe, dass der Anteil der vorbelasteten Probanden in beiden Untersuchungsgruppen unterschiedlich hoch war und auch die Deliktsstrukturen nicht identisch waren. Da es sich folglich nicht um homogene Vergleichsgruppen handelt, ist nicht auszuschließen, dass das Legalbewährungsverhalten der Probanden stark von weiteren Merkmalen beeinflusst wurde. Der Vergleich beider Studien lässt somit wiederum nur die tendenzielle Deutung auf eine spezialpräventive Wirkung des Täter-Opfer-Ausgleichs zu.

V. Untersuchung von *von Schlieben* aus Nürnberg-Fürth

Von Schlieben hat in seiner von Dölling veranlassten Dissertation das Rückfallverhalten nach Einstellungen gemäß § 153a StPO untersucht. Gegenstand der Untersuchung

---

[291] s. *Baumann* u. a. MschrKrim 1983, 133 (140 ff.).

waren Beschuldigte, deren Strafverfahren 1983 durch die Staatsanwaltschaft bei dem Landgericht Nürnberg-Fürth nach § 153a StPO eingestellt wurde.[292] Die Einstellung nach Täter-Opfer-Ausgleich machte bei *von Schliebens* Studie nur einen Bruchteil von unter 1% der Verfahren aus, die 1983 nach § 153a StPO eingestellt wurden. Der Großteil der Strafverfahren wurde nach Zahlung eines Geldbetrages an die Staatskasse erledigt.[293]

Die Grundgesamtheit bilden 2651 Beschuldigte.[294] Aus der Grundgesamtheit wurde eine Zufallsstichprobe von 160 Beschuldigten entnommen, deren Strafverfahren in Hinblick auf verschiedene Variablen detailliert untersucht wurden. Ein Vergleich der Grundgesamtheit und der Stichprobe I ergab eine beachtlich hohe Übereinstimmung in sämtlichen Merkmalen, so dass es angebracht erschien, bei den weiteren Untersuchungen die Verfahren der Stichprobe I zugrunde zu legen und die Auswertung für die Grundgesamtheit zu übernehmen.[295] Der Beobachtungszeitraum betrug für einen Kontrollzeitraum I drei Jahre und für einen Kontrollzeitraum II vier bis sechs Jahre nach der Einstellung. Aufgrund des dreijährigen Beobachtungszeitraums, der bei der Täter-Opfer-Ausgleichs-Studie angesetzt wurde, wird beim folgenden Vergleich beider Studien nur der Kontrollzeitraum I berücksichtigt.

Zum Vergleich wurde eine weitere Stichprobe mit 167 Beschuldigten gebildet, die bei vergleichbarer Deliktsstruktur im Jahre 1983 nach einer Hauptverhandlung zu einer Geldstrafe verurteilt wurden.[296]

1. Rückfallquote
Tabelle 150: Rückfallquote im Vergleich

	Rückfallquote	Legalbewährung
Täter-Opfer-Ausgleich	9%	91%
Grundgesamtheit	16%	84%
Stichprobe I	10%	90%
Stichprobe II	41%	59%

In *von Schliebens* Studie differiert die Methode der Rückfallbestimmung in den einzelnen Untersuchungsgruppen.

Bei der Grundgesamtheit wurden alle Verfahren als Rückfall erfasst, die von der Staatsanwaltschaft mit Anklageerhebung, Strafbefehlsantrag oder Einstellung gemäß §§ 153, 153a StPO abgeschlossen wurden. Diese Verfahren wurden mit Hilfe der Zentralen

---

[292] s. von *Schlieben* S. 6.
[293] s. Grundgesamtheit: *Dölling* in: Kriminalistik und Strafrecht S. 250; Stichprobe I: *von Schlieben* S. 12 Tabelle 1.
[294] s. *von Schlieben* S. 14.
[295] s. *von Schlieben* S. 30.
[296] s. *von Schlieben* S. 14 / *Dölling* in: Kriminalistik und Strafrecht 239 (242 ff.).

Namenskartei der Staatsanwaltschaft bestimmt. Bei Zugrundelegung dieser Rückfalldefinition wurden 16% der die Grundgesamtheit bildenden Probanden (434 von 2651) erneut straffällig.[297]

Bei den Stichproben wurde die Rückfälligkeit wie bei der Täter-Opfer-Ausgleichs-Studie anhand der Auszüge aus dem Bundeszentralregister bestimmt. Die Auswertungen der Stichproben ergaben, dass die Probanden der Stichprobe I eine Rückfallquote von 10%[298] und die Probanden der Stichprobe II, die mit einer Geldstrafe sanktioniert wurden, eine Rückfallquote von 41%[299] aufwiesen.

Die Rückfallquote war damit bei der Grundgesamtheit um 7%, bei der Stichprobe I um 1% und bei der Stichprobe II um 32% höher als die Rückfallquote nach Täter-Opfer-Ausgleich mit 9%.

Der Unterschied in den Rückfallquoten kann zum Teil mit den verschiedenen Rückfalldefinitionen der Studien erklärt werden. Bei der Schleswig-Holsteinischen Studie wurde die Rückfälligkeit durch Einträge im Bundeszentralregister bestimmt. In das Bundeszentralregister werden Einstellungen gemäß §§ 153, 153a StPO nicht aufgenommen, so dass diese Verfahren bei der Schleswig-Holsteinischen Studie nicht als Rückfall erfasst wurden. Auch die Rückfälle der beiden Stichproben wurden mit Hilfe der Eintragungen im Bundeszentralregister ermittelt, dahingegen bediente sich *von Schlieben* zur Bestimmung der Rückfallquote der Grundgesamtheit der Auskünfte aus dem Zentralen Namensregister der Staatsanwaltschaft beim Landgericht Nürnberg-Fürth. Dies enthält Anklageerhebungen, Strafbefehlsverfahren und Einstellungen gemäß §§ 153, 153a StPO. Es ist folglich davon auszugehen, dass die Rückfallquote der Grundgesamtheit bei *von Schliebens* Studie aufgrund der weiteren Definition des Rückfalls höher war als bei der Schleswig-Holsteinischen Studie.

Wurde bei der Grundgesamtheit in *von Schliebens* Studie nur auf die Verfahren abgestellt, die zu einer Anklageerhebung oder einem Strafbefehlsantrag führten, sank die Rückfallquote auf 14%.[300] Die Rückfallquoten beider Studien nähern sich folglich an, wenn die Kriterien für die Einordnung als Rückfall angeglichen werden. Die Differenz der Rückfallquoten belief sich dann auf lediglich 5%.

2. Anzahl der Rückfälle

In *von Schliebens* Studie wies der Großteil der Rückfälligen (76%) der Grundgesamtheit eine erneute Eintragung auf.[301] Auch bei den Stichproben wurde ermittelt, dass die meisten Rückfälligen eine erneute Eintragung erhielten.[302]

Bei der Schleswig-Holsteinischen Studie wurden 62% der Rückfälligen einmal wiederverurteilt, ein Viertel der Rückfälligen machte sich zweimal strafbar.

---

[297] s. von *Schlieben* S. 19.
[298] s. von *Schlieben* S. 69.
[299] s. von *Schlieben* S. 140.
[300] s. von *Schlieben* S. 19.
[301] s. von *Schlieben* S. 19.
[302] s. von *Schlieben* S. 141 Tabelle 150.

In beiden Studien war der Anteil der Mehrfachrückfälligen folglich relativ gering, die meisten Probanden wurden nicht quantitativ massiv rückfällig.

3. Einschlägiger Rückfall
Tabelle 151: Einschlägiger Rückfall im Vergleich

	Einschlägiger Rückfall	Kein oder nicht einschlägiger Rückfall
Täter-Opfer-Ausgleich	6%	94%
Grundgesamtheit	10%	90%
Stichprobe I	6%	94%
Stichprobe II	21%	79%

Aus der Tabelle geht hervor, dass sich die Werte der einzelnen Untersuchungsgruppen annähern, wenn nur der einschlägige Rückfall betrachtet wird. In von Schliebens Studie wurde bei der Grundgesamtheit jeder zehnte Beschuldigte aufgrund einschlägiger Delikte wiederverurteilt,[303] bei der Stichprobe I wurden 6% der Probanden einschlägig wiederverurteilt,[304] und bei der Stichprobe II 21%.[305] Der Anteil der Probanden, die einschlägig wiederverurteilt wurden, belief sich bei der Schleswig-Holsteinischen Studie auf 6%.

Der Anteil der einschlägig Wiederverurteilten war damit in sämtlichen Untersuchungsgruppen fast gleich hoch. Nur bei den Probanden der Stichprobe II wurde erwartungsgemäß ein höherer Wert ermittelt.

4. Rückfall nach Deliktsgruppen
Bei der Grundgesamtheit in von Schliebens Studie lag den meisten Einstellungen nach § 153a StPO ein Diebstahl zugrunde, gefolgt von Straßenverkehrsdelikten und Körperverletzungsdelikten.[306] Bei der Täter-Opfer-Ausgleichs-Studie dominierten hingegen die Körperverletzungsdelikte, weiterhin waren hier Diebstahl und Sachbeschädigung relativ häufig vertreten.

Die unterschiedliche Verteilung der Deliktsgruppen könnte sich auf die Rückfallquoten ausgewirkt haben. Dies wird anhand der Auswertung der Rückfälligkeit nach den einzelnen Deliktsgruppen untersucht.

Bei von Schliebens Studie war die Rückfallquote insbesondere nach Körperverletzungsdelikten, Straftaten gegen das Waffengesetz und Diebstahl überdurchschnittlich hoch.[307]

---

[303] von Schlieben S. 20.
[304] von Schlieben S. 75 Tabelle 69.
[305] von Schlieben S. 142.
[306] von Schlieben S. 16 Tabelle 2.
[307] s. Dölling in: Kriminalistik und Strafrecht 239 (252 Tabelle 3).

Dahingegen wurden bei der Schleswig-Holsteinischen Studie verhältnismäßig viele Probanden nach Diebstahlsdelikten erneut straffällig, gefolgt von Sachbeschädigung und Körperverletzungsdelikten.

In beiden Studien waren die Deliktsgruppen Diebstahl und Körperverletzungsdelikte in der Ausgangsuntersuchungsgruppe vergleichsweise häufig vertreten und die Rückfallquoten nach diesen Delikten überdurchschnittlich hoch. Das Rückfallverhalten ist folglich vergleichbar.

5. Vorbelastung und Rückfall

Die Vorbelastungen wurden in beiden Studien zum Teil unterschiedlich bestimmt. Die Schleswig-Holsteinische Studie ermittelte die Vorbelastungen anhand der Eintragungen im Bundeszentral- beziehungsweise Erziehungsregister. *Von Schlieben* verwendete diese Register zur Feststellung der Vorbelastungen der Probanden beider Stichproben. Bei der Bestimmung der Vorbelastungen der Grundgesamtheit gebrauchte er hingegen die Auskünfte aus dem Zentralen Namensregister der Staatsanwaltschaft beim Landgericht Nürnberg-Fürth. Daher wurden bei der Untersuchung der Grundgesamtheit in der Nürnberger Studie alle Probanden als vorbelastet eingeordnet, die bereits eine Anklage, einen Strafbefehl oder eine Einstellung nach §§ 153, 153a StPO beziehungsweise §§ 45 Absatz 1 und 2 JGG a.F. erhalten hatten.

Einstellungen nach §§ 153, 153a StPO werden gemäß BZRG nicht in das Bundeszentralregister eingetragen, so dass diese Einstellungen infolge der Ermittlungsmethode der Schleswig-Holsteinischen Studie nicht als Vorbelastungen eingeordnet werden konnten. Daher wurden diese Verfahren bei dem Vergleich beider Studien nicht berücksichtigt.

Bei einem Vergleich der Studien ist weiterhin zu berücksichtigen, dass *von Schliebens* Studie bei der Untersuchung der Grundgesamtheit sämtliche Anklagen als Vorbelastungen wertete, unabhängig davon, ob es zu einer Verurteilung oder einem Freispruch kam. Aus dem Bundeszentralregister gehen hingegen lediglich Verurteilungen hervor, so dass Freisprüche in der Schleswig-Holsteinischen Studie nicht als Vorbelastung gewertet wurden.

Die Kriterien, nach denen ein früheres Verfahren als Vorbelastung gewertet wurde, waren folglich bei der Auswertung der Grundgesamtheit und der Schleswig-Holsteinischen Studie unterschiedlich. Die Voraussetzungen zur Einordnung als Vorbelastung waren infolge der Bestimmungsmethode bei der Schleswig-Holsteinischen Studie enger, so dass davon auszugehen ist, dass bei Zugrundelegung der selben Kriterien, die Anzahl an vorbelasteten Beschuldigten der Täter-Opfer-Ausgleichs-Studie im Vergleich zu der erfolgten Auswertung ansteigt.

Tabelle 152: Rückfall und Vorbelastungen im Vergleich

	Rückfall bei Vorbelasteten	Rückfall bei nicht Vorbelasteten
Täter-Opfer-Ausgleich	18%	6%
Grundgesamtheit	39%	15%
Stichprobe I	80%	7%

Bei einem Vergleich der Auswertungen beiden Studien ist ein Zusammenhang zwischen Vorbelastungen und Rückfall erkennbar.

Die Rückfallquote der vorbelasteten Probanden betrug in *von Schliebens* Studie 39% bei der Grundgesamtheit und 80% bei der Stichprobe I. Bei der Stichprobe II konnte eine Differenzierung der Rückfallquote nach Vorbelastungen aufgrund des zur Verfügung stehenden Datenmaterials nicht vorgenommen werden. In der Schleswig-Holsteinischen Studie wurden 18% der vorbelasteten Beschuldigten erneut straffällig.

Von den nicht Vorbelasteten wurden nach Einstellung gemäß § 153a StPO bei der Grundgesamtheit 15% und bei der Stichprobe I 7% und nach Täter-Opfer-Ausgleich 6% rückfällig.

In der Tendenz kommen beide Studien folglich zu dem Ergebnis, dass die Legalbewährung der nicht Vorbelasteten deutlich besser ist als die der Vorbelasteten. Auffällig ist jedoch, dass die Rückfallquoten der Schleswig-Holsteinischen Studie insbesondere bei den vorbelasteten Probanden im Vergleich zum Unterschied der Studien bei der allgemeinen Rückfallquote relativ stark divergieren. Die vergleichsweise höhere Rückfallquote der Vorbelasteten in *von Schliebens* Untersuchungsgruppen wirkte sich nicht gravierend auf die allgemeine Rückfallquote aus, da der Anteil der Vorbelasteten in *von Schliebens* Untersuchungsgruppen mit 5% in der Grundgesamtheit[308] und 3% bei der Stichprobe I[309] gering war.

Obwohl der Anteil der vorbelasteten Beschuldigten in der Schleswig-Holsteinischen Studie mit 26% höher war als in *von Schliebens* Studie, ist die allgemeine Rückfallquote infolge der deutlich geringeren Rückfallquote der Vorbelasteten und der geringeren Rückfallquote der nicht Vorbelasteten nach Täter-Opfer-Ausgleich geringer als nach Einstellung gemäß § 153a StPO.

Die Auswertungen der Stichprobe II enthielten keine nach Vorbelastungen unterschiedenen Rückfallquoten. Die im Vergleich zu sämtlichen Untersuchungsgruppen deutlich höhere Rückfallquote der Stichprobe II, also der Probanden, die mit Geldstrafe sanktioniert wurden, könnte dem unterschiedlichen Verhältnis an Vorbelasteten zuzuschreiben sein. In der Untersuchungsgruppe der Stichprobe II waren 74% der Probanden vorbelastet.[310] Da Vorbelastete vermehrt zu erneuter Straffälligkeit neigen, liegt die Annahme nahe, dass die Untersuchungsgruppe der Stichprobe II aufgrund des erheblich größeren Anteils an Vorbelasteten, eine höhere Rückfallquote aufweist.

6. Rückfallsanktionen
Die Rückfallsanktionen geben indirekt Auskunft über die Schwere des Rückfalls.

In *von Schliebens* Studie wurden die Sanktionen der Rückfalldelikte der beiden Stichproben ermittelt. Bei der Stichprobe I wurde der Großteil der erneuten Straftaten (75%)

---

[308] s. *von Schlieben* S. 18.
[309] s. *von Schlieben* S. 62.
[310] s. *von Schlieben* S. 138.

mit Geldstrafe sanktioniert, in vier Fällen war die härteste Sanktion eine Freiheitsstrafe ohne Bewährung.[311] Bei der Stichprobe II war auch der Anteil der Geldstrafen als Rückfallsanktion am häufigsten vertreten, der Prozentsatz der verhängten Freiheitsstrafen, insbesondere der zur Bewährung ausgesetzten, war jedoch deutlich höher als bei der Stichprobe I.[312]

Bei der Täter-Opfer-Ausgleichs-Studie war der Anteil an Geldstrafen mit über 90% häufigste Rückfallsanktion, lediglich ein Proband erhielt eine Freiheitsstrafe ohne Bewährung.

Der Rückfall ist folglich nach Einstellung infolge Täter-Opfer-Ausgleichs aufgrund des höchsten Anteils an der vergleichsweise leichten Sanktion Geldstrafe milder einzuordnen als die Rückfallkriminalität der Vergleichsgruppen. Der Rückfall der Probanden, die bei der Ausgangsverurteilung mit Geldstrafe sanktioniert wurden, war aufgrund des hohen Anteils an freiheitsentziehenden Maßnahmen vergleichsweise besonders massiv.

7. Zusammenfassung und Ergebnis des Vergleiches mit der Studie von *von Schlieben*

Ein Vergleich des Rückfallverhaltens der Probanden beider Studien lässt viele Übereinstimmungen erkennen.

Zunächst stimmt die Rückfallquote nach Einstellungen infolge Täter-Opfer-Ausgleichs und die Rückfallquote der Stichprobe und der Grundgesamtheit nach Einstellungen gemäß § 153a StPO mit jeweils ungefähr 10% fast überein. Auffällig ist, dass nach Geldstrafe die Legalbewährung deutlich schlechter war.

Weiterhin war der Anteil an Mehrfachrückfälligen bei sämlichen Untersuchungsgruppen gering, so dass übereinstimmend festgestellt werden kann, dass selten ein quantitativ massiver Rückfall begangen wurde.

Auch die ermittelten Sanktionsarten der Rückfalldelikte rechtfertigen die Annahme, dass die meisten Rückfälle nicht als massiv einzuordnen sind. Nach diesem Kriterium war der Rückfall nach Täter-Opfer-Ausgleich im Vergleich der Studien am mildesten, gefolgt von den Rückfällen der Stichprobe I und der Grundgesamtheit. Die Stichprobe II wies hiernach aufgrund des höheren Anteils an freiheitsentziehenden Maßnahmen den massivsten Rückfall auf.

Auch der Anteil der Probanden, die erneut ein vergleichbares Delikt verübt haben, war nach den Einstellungen infolge Täter-Opfer-Ausgleichs und denen gemäß § 153a StPO gleich gering. Wiederum wiesen die Probanden der Stichprobe II die schlechteste Legalbewährung auf, da der Anteil an einschlägig Rückfälligen hier deutlich am höchsten war.

Ein Vergleich der Rückfallquoten nach den einzelnen Deliktsgruppen zeigt, dass in beiden Studien die Körperverletzungsdelikte und Diebstahlsdelikte besonders stark bei den

---

[311] s. *von Schlieben* S. 72.
[312] s. *von Schlieben* S. 141.

Eingangsdelikten vertreten waren und auch überdurchschnittlich hohe Rückfallquoten aufwiesen. Das Rückfallverhalten der Probanden beider Studien ist insoweit vergleichbar.

Zudem wurden in beiden Studien die Vorbelasteten häufiger rückfällig als die nicht Vorbelasteten. Auffällig ist jedoch die im Vergleich zu den anderen Untersuchungsgruppen deutlich niedrigere Rückfallquote der vorbelasteten Probanden nach Täter-Opfer-Ausgleich. Die Rückfallquoten nach Einstellungen gemäß § 153a StPO und nach Einstellung wegen Täter-Opfer-Ausgleichs stimmen trotzdem überein, da der Anteil an Vorbelasteten bei der Grundgesamtheit und der Stichprobe I äußerst gering war. Obwohl der Anteil an rückfallgefährdeten Vorbelasteten in der Täter-Opfer-Ausgleichs-Untersuchungsgruppe vergleichsweise deutlich höher war, sind die allgemeinen Rückfallquoten folglich aufgrund der vergleichsweise besseren Legalbewährung der Vorbelasteten in dieser Untersuchungsgruppe gleich hoch. Die deutlich höhere Rückfallquote der Stichprobe II ist ersichtlich damit zu erklären, dass hier auch der Anteil an Vorbelasteten gravierend höher war als bei den Vergleichsuntersuchungsgruppen.

Es bleibt festzuhalten, dass das Rückfallverhalten der Probanden, deren Verfahren gemäß § 153a StPO oder nach Täter-Opfer-Ausgleich eingestellt wurden, ähnlich war, obwohl der Anteil an vorbelasteten Beschuldigten in der Täter-Opfer-Ausgleichs-Untersuchungsgruppe vergleichsweise höher war. Die Homogenität der Gruppen in Hinblick auf andere rückfallbeeinflussende Merkmale kann jedoch nicht gewährleistet werden, so dass der Vergleich beider Studien keinen Beweis für die bessere spezialpräventive Wirkung einer Sanktionsart darstellt, sondern nur ein tendenzielles Fazit erlaubt. Als Ergebnis bleibt festzuhalten, dass die Einstellung infolge Täter-Opfer-Ausgleichs eine gute spezialpräventive Wirkung erzielt.

C. Zusammenfassung und Ergebnis

Zunächst sollte die vergleichende Rückfallauswertung klären, ob die Ergebnisse der Täter-Opfer-Ausgleichs-Studie bestätigt werden konnten. Insbesondere sollte untersucht werden, ob die schlechtere Legalbewährung bei jungen Probanden, bei Vorbelasteten, bei zunehmender Deliktsschwere sowie bei einzelnen Deliktsgruppen als spezifisches Problem des Täter-Opfer-Ausgleichs anzusehen ist oder diese Merkmale generell rückfallgefährdend sind.

Die Rückfalluntersuchungen nach anderen Sanktionen ergaben ausnahmslos, dass Vorbelastungen und steigende Deliktsschwere der Anlasstat einen negativen Einfluss auf die Legalbewährung der Probanden hatte. Zudem konnte ein genereller Zusammenhang zwischen einzelnen Deliktsgruppen und dem Rückfallverhalten der Probanden nachgewiesen werden. Die Rückfallquoten nach Eigentumsdelikten waren in Übereinstimmung mit dem Ergebnis der Täter-Opfer-Ausgleichs-Studie regelmäßig höher als die Rückfallquoten nach anderen Deliktsgruppen. Ferner konnte festgestellt werden, dass junge Probanden grundsätzlich häufiger rückfällig wurden als ältere. Somit konnten diese Merkmale nicht als ungeeignet für den Täter-Opfer-Ausgleich gewertet werden, vielmehr sind diese Faktoren unabhängig von der Sanktion als generell rückfallrelevant einzuordnen.

Als Ergebnis bleibt ferner festzuhalten, dass die Vergleichsstudien keinen Zweifel an dem spezialpräventiven Erfolg des Täter-Opfer-Ausgleichs begründen konnten. Insgesamt haben sie hohe Erfolgsquoten in Hinblick auf die Legalbewährung erbracht. Einen Überblick hierzu soll die nachstehende Tabelle liefern:

Tabelle 153: Überblick über die Rückfallquoten verschiedener Studien aus dem Jugendbereich

	Rückfallquote	Legalbewährung
Intervenierende Diversion (Matheis)	12%	88%
Nonintervention (Matheis)	26%	74%
Einstellung nach §§ 45, 47 JGG a.F. (Hock-Leydecker)	28%	72%
Einstellung nach § 45 II JGG a.F. in Koblenz (Kalpers-Schwaderlapp)	31%	69%
Einstellung nach § 45 I JGG a.F. in Koblenz (Kalpers-Schwaderlapp)	33%	67%
Einstellung nach § 45 JGG a.F. (Hügel)	35%	65%
Folgenlose Einstellung (Storz)	35%	65%
Urteilsverfahren in Koblenz (Kalpers-Schwaderlapp)	36%	64%
Einstellung nach § 47 JGG a.F. (Hügel)	40%	60%
Einstellung nach erfolgreichem Täter-Opfer-Ausgleich (eigene Studie)	**42%**	**58%**
Formelle Erledigung (Storz)	42%	58%
Verurteilung (Hock-Leydecker)	46%	54%
Nicht schuldig Gesprochene (Császár)	50%	50%
Verurteilung zu ambulanter Maßnahme (Hügel)	50%	50%
Urteilsverfahren in Mainz (Kalpers-Schwaderlapp)	52%	48%
Sozialer Trainingskurs (Kraus/Rolinski)	56%	44%
Arrest (Storz)	58%	42%
Urteilsverfahren (Császár)	66%	34%
Sozialer Trainingskurs (Wellhöfer)	70%	30%
Arrest (Wellhöfer)	78%	22%
Strafvollzug (Kerner/Janssen)	78%	22%
Strafvollzug (Storz)	79%	21%
Strafvollzug (Justizministerium Nordrhein-Westfalen)	84%	16%
Strafvollzug (Kriminologischer Dienst Baden-Württemberg)	85%	15%

Tabelle 154: Überblick über die Rückfallquoten verschiedener Studien aus dem Erwachsenenbereich

	Rückfallquote	Legalbewährung
Einstellung nach erfolgreichem Täter-Opfer-Ausgleich (eigene Studie)	9%	91%
Einstellung nach § 153 a StPO (von Schlieben)	10%	90%
Geldstrafe (Albrecht)	26%	74%
Behandlungsvollzug (Dünkel)	36%	64%
Freiheitsstrafe mit Bewährung (Albrecht)	55%	45%
Regelvollzug (Dünkel)	59%	41%
Strafvollzug (Justizministerium Nordrhein-Westfalen)	66%	34%
Freiheitsstrafe ohne Bewährung (Albrecht)	75%	25%
Strafvollzug (Schäffer)	78%	22%

Pauschal betrachtet schneidet der Täter-Opfer-Ausgleich im Vergleich zu traditionellen Sanktionen, insbesondere im Vergleich zu Geldstrafe und Freiheitsstrafe im Erwachsenenstrafrecht sowie im Vergleich zu Arrest und Jugendstrafe aber auch bei sozialen Trainingskursen besser, im Vergleich zu der nonintervenierenden Diversion schlechter ab. Die guten Legalbewährungsergebnisse der nonintervenierenden Diversion machen deutlich, dass dies eine adäquate Reaktion auf Bagatellkriminalität zu sein scheint und der Täter-Opfer-Ausgleich bei Bagatelldelikten keine Anwendung finden sollte.

Die Vergleichsgruppen waren in den rückfallbeeinflussenden Merkmalen aber nicht homogen, so dass zwar ein Beweis der besseren spezialpräventiven Wirkung des Täter-Opfer-Ausgleichs nicht erbracht werden konnte. Unter Berücksichtigung der unterschiedlichen rückfallrelevanten Faktoren der einzelnen Untersuchungsgruppen bot jedoch keine Vergleichsstudie Anlass, dem Täter-Opfer-Ausgleich die Effizienz in Hinblick auf eine Vermeidung erneuter Straffälligkeit der Probanden abzusprechen. Vielmehr näherte sich das Rückfallverhalten der Probanden der einzelnen Untersuchungsgruppen einander an, wenn die Belastungen der Probanden berücksichtigt wurden. Die vergleichende Auswertung legt folglich nahe, dass das Rückfallverhalten nach verschiedenen Sanktionen ähnlich ist, wenn die rückfallrelevanten Faktoren der Untersuchungsgruppen einbezogen werden.

Diese Annahme entspricht *der These von der Gleichwirkung* oder *Austauschbarkeit* verschiedener Sanktionen. Die Vertreter dieser These gehen davon aus, dass sich die Unterschiede in den Folgen von Sanktionen auflösen könnten, wenn alle wesentlichen Vorbedingungen oder Randbedingungen aufgeklärt werden könnten.[313]

---

[313] s. *Kerner-Kerner* Jugendstrafvollzug und Bewährung S. 7; *Kaiser* Kriminologie S. 979; *Albrecht, Hans-Jörg* Legalbewährung S. 236 f.; *Heinz* in: Entwicklungstendenzen S. 30; *Kunz* Kriminologie S. 63; *Göppinger* Kriminologie S. 163.

3. Teil: Zusammenfassung und kriminalpolitischer Ausblick

Die empirische Untersuchung hat hohe Erfolgsquoten in Hinblick auf die Legalbewährung gebracht. So verhielten sich 74% der Probanden, bei denen das Verfahren nach einem Täter-Opfer-Ausgleich eingestellt wurde, legal. Die Auswertung zeigt ferner, dass sich die Rückfallquoten der Altersklassen unterscheiden. Während 9% der Erwachsenen rückfällig wurden, lag der Anteil der Rückfälligen bei den Jugendlichen bei 42%. Bei den Heranwachsenden wurden 27% rückfällig.

Die Untersuchung ergab weiterhin, dass die spezialpräventive Wirkung des Täter-Opfer-Ausgleichs durch den Vergleich mit Rückfallauswertungen nach anderen Sanktionen nicht in Zweifel gezogen wurde. Die guten Rückfallergebnisse nach nonintervenierender Diversion machen deutlich, dass dies eine angemessene Reaktion auf Bagatellkriminalität zu sein scheint und der Täter-Opfer-Ausgleich bei Bagatelldelikten keine Anwendung finden sollte. Somit besteht kein Anlass, einer verbreiteten Anwendung des Täter-Opfer-Ausgleichs kritisch gegenüber zu stehen.

Der Vergleich des Rückfallverhaltens nach unterschiedlichen Sanktionen deutet vielmehr darauf hin, dass sich die Rückfallquoten annähern, sofern die Belastungen der einzelnen Untersuchungsgruppen berücksichtigt werden. Geht man nun davon aus, dass sich die Erfolgschancen bei gleicher Belastung nach allen Sanktionen entsprechen, so gibt der verfassungsrechtliche Grundsatz der Verhältnismäßigkeit vor, die eingriffsmildere Sanktion vorzuziehen. Der Täter-Opfer-Ausgleich ist aufgrund der kommunikativen Konfliktlösung im Gegensatz zu den punitiven Strafen eine friedliche Regelung.

Ein weiterer positiver Effekt des Täter-Opfer-Ausgleichs ist, dass die Rolle des Opfers gestärkt wird. Das Opfer wird in das Verfahren einbezogen und erfährt dadurch eine Anerkennung. Zudem kann das Opfer die materielle Wiedergutmachung schneller und unbürokratischer erhalten, als dies im herkömmlichen Verfahren der Fall ist.

Doch nicht nur für das Opfer, auch für den Beschuldigten bringt der Täter-Opfer-Ausgleich Veränderungen. Der Beschuldigte muss sich im Rahmen des Verfahrens mit seiner Tat und damit auch mit dem Opfer auseinander setzen. Dadurch bekommt das Opfer eine persönliche Gestalt, dem Täter wird die Entpersonalisierung des Opfers verwehrt, er muss die Verantwortung für sein Handeln übernehmen. Diese Begegnung mit dem Opfer, insbesondere die Konfrontation mit dessen Ängsten und Erfahrungen bei der Tat, geben dem Beschuldigten die Chance, sein Handeln aus anderem Blickwinkel zu sehen und neu zu überdenken. In jedem Fall ist davon auszugehen, dass diese innere Beteiligung gerade im Vergleich zu anderen Sanktionen resozialisierungsfreundlich wirkt.

Trotz dieser positiven Effekte der alternativen Sanktion wird der Täter-Opfer-Ausgleich in der Praxis bislang nur selten angewendet. Die Entwicklung der letzten Jahre zeigt zwar, dass ein Zuwachs an Täter-Opfer-Ausgleichs-Verfahren zu verzeichnen ist.[314] Auch das Angebot an Vermittlungsstellen wurde erweitert.[315] Dieser Zuwachs war jedoch nicht von

---

[314] s. Zahlen bei *Dünkel* NK 1999, 34 (40); *Heinz* in: MschrKrim 1987, 129 (143 Tabelle 7).
[315] s. Zahlen bei *Dünkel* NK 1999, 34 (36 Tabelle 3).

einem Ausmaß, das verhindern konnte, dass der Täter-Opfer-Ausgleich weiterhin ein Schattendasein fristet.

Somit besteht Handlungsbedarf, um die Rolle des Täter-Opfer-Ausgleichs in der Praxis entscheidend zu stärken. Es ist also eine vermehrte Anwendung zu fordern. Dabei sind Beschuldigte aller Altersklassen zu berücksichtigen. Bislang wird der Täter-Opfer-Ausgleich vorwiegend bei jüngeren Probanden durchgeführt. Aufgrund der positiven Ergebnisse, die die empirische Studie gerade beim Legalbewährungsverhalten der erwachsenen Probanden nachweisen konnte, muss die Verbreitung des Täter-Opfer-Ausgleichs sämtliche Altersklassen umfassen.

Um das Ziel der vermehrten Anwendung zu erreichen, wird vor allem die Änderung der derzeitigen gesetzlichen Regelung nötig sein. Der derzeitigen Rechtsunsicherheit ist entgegen zu wirken. Der Alternativ-Entwurf Wiedergutmachung gibt hierzu Anregungen. Insbesondere muss geregelt werden, in welchem Verfahrensabschnitt die Möglichkeit der Durchführung eines Täter-Opfer-Ausgleichs-Verfahrens zu prüfen ist. Weiterhin ist es notwendig, den Verfahrensbeteiligten aufzuerlegen, die Tatbeteiligten möglichst frühzeitig von dem Täter-Opfer-Ausgleich und dessen Konsequenzen zu unterrichten, damit diese vermehrt die Initiative ergreifen können. Insgesamt sind den Verfahrensbeteiligten präzise Handlungsanweisungen vorzugeben. Zudem ist eine Klarstellung hinsichtlich der Rechtsfolge der erfolgten Wiedergutmachung zu fordern. Dadurch würde der derzeitigen Verunsicherung über die anwendbaren Vorschriften zur Erledigung des Verfahrens nach Täter-Opfer-Ausgleich Abhilfe verschafft.

Weiterhin kommt eine Erweiterung des Personenkreises, der den Anstoß zur Durchführung eines Täter-Opfer-Ausgleichs geben kann, in Betracht. In der derzeitigen Praxis wird der Täter-Opfer-Ausgleich fast ausschließlich von Seiten der Staatsanwaltschaft angeregt. Die vermehrte Einbindung von Polizei und Rechtsanwälten in den Anregungsprozess könnte zu einer Verbreitung der Anwendung des Täter-Opfer-Ausgleichs führen. Die generelle Akzeptanz dieser alternativen Sanktion bei Rechtsanwälten konnte *Walter* nachweisen.[316] Würde es gelingen, den Rechtsanwälten, die aufgrund ihrer Funktion den Tatbeteiligten meist persönlich näher stehen als dies der Staatsanwalt tut, einen Anreiz zu bieten, auf einen Täter-Opfer-Ausgleich hinzuwirken, würde dies sicherlich zumindest eine breitere Anwendung dieses Verfahrens garantieren. Der Anreiz könnte in der Gewährung einer Vergleichsgebühr liegen, die im Zivilrecht bereits geregelt ist. Der Gesetzesbeschluss des Gesetzes zur strafverfahrensrechtlichen Verankerung des Täter-Opfer-Ausgleichs sieht eine solche Regelung in Artikel 3 vor.

Auch die Polizei könnte intensiver in das Auswahlverfahren eingebunden werden. Die Polizeibeamten werden frühzeitig mit den Tatbeteiligten persönlich konfrontiert und erfahren so Hintergründe über die Tat, die Einfluss auf die Eignung für das Täter-Opfer-Ausgleichs-Verfahren haben könnten. Somit sollten auch der Polizei vermehrt Vorschlagsrechte eingeräumt werden.

---

[316] s. *Walter* S. 32

Bei der Forderung nach einer häufigeren Anwendung des Täter-Opfer-Ausgleichs muss jedoch darauf geachtet werden, dass die Qualität dieses Verfahrens durch die vermehrte Quantität nicht leidet. Die vorliegende empirische Studie belegt, dass die Legalbewährung bei den Probanden besser war, die im Rahmen des Täter-Opfer-Ausgleichs ein formales Gepräch mit dem Opfer unter Mithilfe einer Vermittlungsperson geführt haben. Der persönliche Kontakt zwischen den Tatbeteiligten scheint für den Erfolg des Täter-Opfer-Ausgleichs-Verfahrens unerlässlich. Somit ist darauf hinzuwirken, dass dieses Gespräch in der Praxis nicht an Bedeutung verliert.

Anhang: Analyseschemata

Anlage I: Analyseschema der Ausgangsuntersuchung

I. Erledigungsart:

§ 45 II JGG   § 153a StPO   § 153b StPO   sonstige Einstellungen (§ 45 I, III JGG; § 153 StPO)

☐   ☐   ☐   ☐

II. Angaben zum Beschuldigten:
– Alter
– Vorbelastung des Beschuldigten
   keine Aussage   erheblich   gering   keine   einschlägig
   ☐   ☐   ☐   ☐   ☐
– Bestreiten des Tatvorwurfs   ☐ ja   ☐ nein

III. Tatvorwurf:
– Tatbestände:

    – Beziehungstaten (Dauerkonflikt)   -- Nachbarstreitigkeit
                                                          -- Beziehungskonflikt
    – Bekanntschaftsverhältnis
    – Schadenshöhe bei Eigentums- u. Vermögensdelikten:
    – spontane Aggression:
    – Alkoholeinfluss
    – Stellvertreterkonflikte:
    – ärztliche Versorgung und Krankenhausbehandlung bei Körperverletzung
    – Bagatelle, für die eine Verweisung auf den Privatklageweg bzw.
      eine Einstellung wegen Geringfügigkeit angemessener gewesen wäre
      ☐ ja   ☐ nein

IV. Einleitung des TOA durch

Anregung durch die Polizei	Anregung durch den Beschuldigten bzw. Verteidiger	Anregung durch das Opfer	Anregung durch andere	Initiative der StA
☐	☐	☐	☐	☐

V. Art der Durchführung
(mehrere Antworten möglich)   mit gemeinsamen Gespräch   ohne gemeinsames Gespräch
– Entschuldigung mit Worten   ☐   ☐
– Entschuldigung mit Gesten (Blumen)   ☐   ☐
– Schadenswiedergutmachung und Schmerzensgeld   ☐ vollständig ☐   ☐ teilweise ☐
– Geld an gemeinnützige Einrichtung   ☐   ☐
– Geld an den Staat   ☐   ☐
– sonstige Wiedergutmachung   ☐   ☐

VI. Dauer des TOA-Verfahrens (in Monaten und Tagen)
ab Tat   ab Verfügung   bis zum TOA: bis zur Einstellungs-
bis zur Verfügung   der StA: entscheidung:
der StA zum TOA:

Anlage II: Analyseschema der Rückfallanalyse

I. Neue Eintragungen: ☐ ja ☐ nein

II. Anzahl der neuen Eintragungen:

III. Rückfallgeschwindigkeit:
— Zeitpunkt der Einstellung:
— Zeitpunkt der neuen Tat:
— Zwischenraum in Tagen:

IV. Rückfalldelikt:
— Delikt
— einschlägig ☐ ja ☐ nein
— Rückfall verschärft ☐
abgemildert ☐
gleich schwer ☐

V. Rückfallsanktion:
— Geldstrafe
— Freiheitsstrafe o. B.
— Freiheitsstrafe m. B.
— Jugendarrest
— Freizeitarrest
— Weisung
— § 45 I JGG
— § 45II JGG
— 45 II
— 47 JGG

VI. Mehrfachrückfälle:
— Zeitdistanz
— wie viele einschlägig?
— welche Deliktsarten?
— welche Deliktsschweren?
— welche Rückfallschweren?
— welche Sanktionsarten?

Literatur

Albrecht, Hans-Jörg	Legalbewährung bei zu Geldstrafe und Freiheitsstrafe Verurteilten, Freiburg 1982
Albrecht, Hans-Jörg	Kriminologische Perspektiven der Wiedergutmachung in: Neue Wege der Wiedergutmachung im Strafrecht Albin Eser/Günther Kaiser/Kurt Madlener (Hrsg.), S. 43–72, Freiburg i. Br. 1990
Albrecht, Peter-Alexis	Jugendstrafrecht, 2. Auflage, München 1993
Albrecht, Peter-Alexis	Strafrechtsverfremdende Schattenjustiz in: Festschrift für Horst Schüler-Springorum Köln, Berlin, Bonn, München 1993
Albrecht, Peter-Alexis	u. a. Strafrecht – ultima ratio Empfehlungen der Niedersächsischen Kommission zur Reform des Strafrechts und des Strafverfahrensrechts Baden 1992
Bannenberg, Britta/ Uhlmann, Petra	Die Konzeption des Täter-Opfer-Ausgleichs in Wissenschaft und Kriminalpolitik in: Täter-Opfer-Ausgleich in Deutschland, Bundesministerium der Justiz (Hrsg.) S. 1–47, Bonn 1998
Baumann, Jürgen u. a.	Alternativ-Entwurf Wiedergutmachung (AE-WGM) Entwurf eines Arbeitskreises deutscher, österreichischer und schweizer Strafrechtslehrer, München 1992
Baumann, Jürgen/ Maetze, Winfried/ Mey, Hans-Georg	Zur Rückfälligkeit nach Strafvollzug in: MschrKrim 1983, S. 133–148
Bernsmann, Klaus	Wider die Vereinfachung der Hauptverhandlung in: ZRP 1994, S. 329–333
Böhm, Alexander	Die spezialpräventiven Wirkungen der strafrechtlichen Sanktionen in: Kriminalprävention und Strafjustiz, S. 263–290 Jörg-Martin Jehle (Hrsg.), Wiesbaden 1996
Brunner, Rudolf/ Dölling, Dieter	Jugendgerichtsgesetz, Kommentar, 10. Auflage Berlin 1996
Christie, Nils	Grenzen des Leids, Bielefeld 1986
Császár, Franz	Rückfall nach Jugendstrafrecht in: Festschrift für Franz Pallin zum 80. Geburtstag Walter Melnizky; Otto F. Müller (Hrsg.); S. 63–80 Wien 1989
de la Cuesta, José L./ Giménez-Salinas, Esther	Spanien; in: Entwicklungstendenzen und Reformbemühungen im europäischen Vergleich, Frieder Dünkel (Hrsg.) S. 327–352; Schriften zum Strafvollzug, Jugendstrafrecht und zur Kriminologie Bd. 2; Mönchengladbach 1997

Dahs, Hans	Das Verbrechensbekämpfungsgesetz vom 28.10.1994 – ein Produkt des Superwahljahres in: NJW 1995, S. 553–557
Diemer, Herbert/ Schoreit, Armin/ Sonnen, Bernd-Rüdeger	Kommentar zum Jugendgerichtsgesetz 2. Auflage, Heidelberg 1995
Dölling, Dieter	Der Täter-Opfer-Ausgleich in: JZ 1992, S. 493–499
Dölling, Dieter	Einstellung des Strafverfahrens gemäß § 153 a StPO und Rückfall in: Kriminalistik und Strafrecht; Festschrift für Friedrich Geerds/Ellen Schlüchter (Hrsg.); S. 239–262; Lübeck 1995
Dölling, Dieter	Was lässt die Kriminologie von den erwarteten spezial- und generalpräventiven Wirkungen des Jugendkriminalrechts übrig? in: Das Jugendkriminalrecht als Erfüllungsgehilfe gesellschaftlicher Erwartungen? 3. Kölner Symposium, Bundesministerium der Justiz (Hrsg.), S. 143–160 Bonn 1995
Dölling, Dieter/ Hartmann, Arthur	Forschungsbericht zu dem Modellversuch Täter-Opfer-Ausgleich im Erwachsenenrecht bei der Staatsanwaltschaft bei dem Landgericht Nürnberg/Fürth in: Täter-Opfer-Ausgleich in Deutschland, Bundesministerium der Justiz (Hrsg.), S. 295–306, Bonn 1998
Dolde, Gabriele/ Grübl, Günter	Verfestigte „kriminelle Karriere" nach Jugendstrafvollzug? Rückfalluntersuchung an ehemaligen Jugendstrafgefangenen in Baden-Württemberg in: ZfStrVo 1988, S. 29–34
Dünkel, Frieder/ Geng, Bernd/ Kirstein, Wolfgang	Soziale Trainingskurse und andere neue ambulante Maßnahmen in: NK 1999, S. 34–44
Dünkel, Frieder	Legalbewährung nach sozialtherapeutischer Behandlung Strafrecht und Kriminologie Band 7 Jescheck/Kaiser (Hrsg.), Berlin 1980
Eisenberg, Ulrich	Kriminologie, 3. Auflage, Köln, Berlin, Bonn, München 1990
Feltes, Thomas	Konfliktbereinigung zwischen Täter und Opfer in: Verbrechensopfer, Sozialarbeit und Justiz, S. 407–436 Helmut Janssen/Hans-Jürgen Kerner (Hrsg.) 2. Auflage, Bonn 1986
Frehsee, Detlev	Schadenswiedergutmachung als Instrument Strafrechtlicher Sozialkontrolle, Berlin 1987
Frommel, Monika	Alternative Strafen und Alternativen zum Freiheitsentzug in: NK 3/1999, S. 9–13

Frommel, Monika	Fahrverbot – eine fein abstufbare Alternative zur Freiheitsstrafe in: NJ 1/1999, S. 5
Frühauf, Ludwig	Wiedergutmachung zwischen Täter und Opfer, Gelsenkirchen 1988
Göppinger, Hans	Kriminologie, Michael Bock/Alexander Böhm (Bearb.) 5. Auflage, München 1997
Hartmann, Arthur/ Stroezel, Holger	Die Bundesweite Täter-Opfer-Ausgleichs-Statistik in: Täter-Opfer-Ausgleich in Deutschland Bundesministerium der Justiz (Hrsg.), S. 149–202 Bonn 1998
Hartmann, Arthur	Schlichten oder Richten Neue Kriminologische Studien, Bd. 13, München 1995
Hartmann, Ute Ingrid	Täter-Opfer-Ausgleich im Spannungsfeld von Anspruch und Wirklichkeit, Hannover 1995
Hartmann, Ute Ingrid	Forschungsergebnisse zum Täter-Opfer-Ausgleich im allgemeinen Strafrecht in: Täter-Opfer-Ausgleich im allgemeinen Strafrecht S. 129–216, Christian Pfeiffer (Hrsg.), Baden-Baden 1997
Hartmann, Ute Ingrid	Staatsanwaltschaft und Täter-Opfer-Ausgleich Baden-Baden 1998
Heinz, Wolfgang	Neue ambulante Maßnahmen nach dem Jugendgerichtsgesetz in: MschrKrim 1987, S. 129–154
Heinz, Wolfgang	in: Entwicklungstendenzen und Reformstrategien im Jugendstrafrecht im europäischen Vergleich Frieder Dünkel/Anton van Kalmthout/ Horst-Schüler-Springorum (Hrsg.), S. 1–65 Mönchengladbach 1997
Heinz, Wolfgang	Diversion im Jugendstrafverfahren in: ZStW 104 (1992), S. 591–638
Heinz, Wolfgang/ Storz, Renate	Diversion im Jugendstrafverfahren der Bundesrepublik Deutschland, Bundesministerium der Justiz (Hrsg.) Bonn 1992
Hirsch, Hans Joachim	Wiedergutmachung des Schadens im Rahmen des materiellen Strafrechts in: ZStW 102 (1990), S. 534–562
Hochmann, Jessica	Qualitätssicherung beim Täter-Opfer-Ausgleich in: NK 1/1998, S. 30–35
Hock-Leydecker, Gertrud	Die Praxis der Verfahrenseinstellung im Jugendstrafverfahren, Frankfurt am Main 1993
Hügel, Christine	Erzieherische Maßnahmen im Deutschen Jugendstrafrecht, Konstanz 1986

Jesionek, Udo	Österreich; in: Entwicklungstendenzen und Reformbemühungen im europäischen Vergleich, Frieder Dünkel (Hrsg.), S. 269–296; Schriften zum Strafvollzug, Jugendstrafrecht und zur Kriminologie, Bd. 2; Mönchengladbach 1997
Kaiser, Günther	Kriminologie – Ein Lehrbuch – 3. Auflage, Heidelberg 1996
Kaiser, Günther	Täter-Opfer-Ausgleich nach dem SPD-Entwurf eines Gesetzes zur Reform des strafrechtlichen Sanktionensystems in: ZRP 1994, S. 314–319
van Kalmthout, Anton/ Vlaardingerbroek, Paul	Das neue Jugendstraf(prozess)recht in den Niederlanden in: Entwicklungstendenzen und Reformbemühungen im europäischen Vergleich, Frieder Dünkel (Hrsg.) S. 227–268; Schriften zum Strafvollzug, Jugendstrafrecht und zur Kriminologie, Bd. 2; Mönchengladbach 1997
Kalper-Schwaderlapp, Martina	DIVERSION TO NOTHING, Mainz 1989
Kausch, Erhard	Der Staatsanwalt – Ein Richter vor dem Richter? – Untersuchungen zu § 153 a StPO Schriften zum Strafrecht, Band 35, Berlin 1980
Kerner, Hans-Jürgen/ Dolde, Gabriele/ Mey, Hans-Georg	Jugendstrafvollzug und Bewährung Godesberg 1996 zit.: Kerner-Bearb.
Kilchling, Michael	Aktuelle Perspektiven für Täter-Opfer-Ausgleich und Wiedergutmachung im Erwachsenenstrafrecht in: NStZ 1996, S. 309–317
Kleinknecht, Theodor/ Meyer-Goßner, Lutz	Strafprozessordnung, Gerichtsverfassungsgesetz, Nebengesetze und ergänzende Bestimmungen 43. Auflage, München 1997
Kondziela, Andreas	Täter-Opfer-Ausgleich und Unschuldsvermutung in: MschrKrim 1989, S. 177–189
Kraus, Ludwig/ Rolinski, Klaus	Rückfall nach Sozialem Training auf der Grundlage offiziell registrierter Delinquenz in: MschrKrim 1992, S. 32–46
Kuhn, Annemarie/ Rodolph, Martin/ Wandrey, Michael/ Will, Hans-Dieter	»Tat-Sachen« als Konflikt Täter-Opfer-Ausgleich in der Jugendstrafrechtspflege Forschungsbericht zum Modellprojekt „Handschlag" Schriftenreihe der Deutschen Bewährungshilfe e.V. Band 14, Bonn 1989
Kunz, Karl-Ludwig	Kriminologie, 2. Auflage, Bern, Stuttgart, Wien 1998
Kury, Helmut	Zur Notwendigkeit und Problematik empirischer Forschung in der Bewährungshilfe in: Bewährungshilfe – Fachzeitschrift für Bewährungs-, Gerichts- und Straffälligenhilfe – 1980, S. 278–289

Lampe, Ernst-Joachim	Wiedergutmachung als „dritte Spur" des Strafrechts? in: GA 1993, S. 485–494
Leps, Ando	Estland; in: Entwicklungstendenzen und Reformbemühungen im europäischen Vergleich, Frieder Dünkel (Hrsg.) S. 375–380; Schriften zum Strafvollzug, Jugendstrafrecht und zur Kriminologie, Bd. 2; Mönchengladbach 1997
Loos, Fritz	Zur Kritik des „Alternativ-Entwurf Wiedergutmachung" in: ZRP 1993, S. 51–56
Matheis, Bernhard	Intervenierende Diversion – Eine empirische Untersuchung unterschiedlicher Verfahrens- und Reaktionsalternativen in Jugendstrafverfahren im Landgerichtsbezirk Kaiserslautern – Mainz 1991
Mau, Annett	Pilotstudie zum Täter-Opfer-Ausgleich – Modellvergleich Brandenburg und Sachsen-Anhalt – Potsdam 1996
Meier, Bernd-Dieter	Täter-Opfer-Ausgleich und Wiedergutmachung im allgemeinen Strafrecht in: JuS 1996, S. 436–442
Meier, Bernd-Dieter	Konstruktive Tatverarbeitung im Strafrecht – Bestandsaufnahme und Reformperspektiven – in: GA 1999, S. 1–20
Müller-Dietz, Heinz	Strafrechtstheoretische Überlegungen zur Wiedergutmachung in: Neue Wege der Wiedergutmachung im Strafrecht Albin Eser/Günther Kaiser/Kurt Madlener (Hrsg.) S. 355–366, Freiburg i. Br. 1990
Müller-Dietz, Heinz	Prävention durch Strafrecht: Generalpräventive Wirkungen in: Kriminalprävention und Strafjustiz, S. 227–261 Jörg-Martin Jehle (Hrsg.), Wiesbaden 1996
Northoff, Robert	in: Handbuch der Kriminalprävention Northoff, Robert (Hrsg.), 1. Auflage, Baden-Baden 1997 zit.: HdK
Österreicher, Hans	Erfahrungen mit der Einrichtung eines Sonderreferats für Täter-Opfer-Ausgleichs in: Wiedergutmachung und Strafrechtspraxis Erich Marks/Klaus Meyer/Jürgen Schreckling/ Michael Wandrey (Hrsg.), S. 89–103, Bonn 1993
Ostendorf, Heribert	in: Handbuch der Kriminalprävention Northoff, Robert (Hg.), 1. Auflage, Baden-Baden 1997 zit.: HdK
Ostendorf, Heribert	Jugendgerichtsgesetz – Kommentar – 4. Auflage, Köln, Berlin, Bonn, München 1997
Ostendorf, Heribert	Kriminalität und Strafrecht Informationen zur politischen Bildung 248 2. Auflage, München 1999

Pfeiffer, Gerd	Strafprozessordnung und Gerichtsverfassungsgesetz 2. Auflage, München 1999
Picotti, Lorenzo/ Merzagora, Isabella	Italien; in: Entwicklungstendenzen und Reformbemühungen im europäischen Vergleich, Frieder Dünkel (Hrsg.) S. 193–226 Schriften zum Strafvollzug, Jugendstrafrecht und zur Kriminologie, Bd. 2; Mönchengladbach 1997
Pilgram, Arno/ Steinert, Heinz	Plädoyer für bessere Gründe für die Abschaffung der Gefängnisse und für Besseres als die Abschaffung der Gefängnisse in: Freiheit statt Strafe, S. 196–217 Helmut Ortner (Hrsg.), 2. Auflage, Tübingen 1986
Plack, Arno	Plädoyer für die Abschaffung des Strafrechts München 1974
Rössner, Dieter	Was kann das Strafrecht im Rahmen der Sozialkontrolle und der Kriminalprävention leisten? in: Kriminalprävention und Strafjustiz Jörg-Martin Jehle (Hrsg.), S. 203–225
Rössner, Dieter	Strafrechtsfolgen ohne Übelszufügung? – Zur Reform der Sanktionen ohne Freiheitsentzug – in: NStZ 1992, S. 409–415
Rössner, Dieter	WIEDERGUTMACHEN STATT ÜBELVERGELTEN in: Täter-Opfer-Ausgleich, S. 7–37 Dieter Rössner/Erich Marks (Hrsg.), Bonn 1990
Rössner, Dieter	Wiedergutmachung als Aufgabe der Strafrechtspflege in: Täter-Opfer-Ausgleich im allgemeinen Strafrecht Rainer-Dieter Hering/Dieter Rössner (Hrsg.), S. 99–152, Bonn 1993
Rössner, Dieter/ Klaus, Thomas	Rechtsgrundlagen und Rechtspraxis in: Täter-Opfer-Ausgleich in Deutschland, Bundesministerium der Justiz (Hrsg.), S. 49–119 Bonn 1998
Roxin, Claus	Strafverfahrensrecht, 25. Auflage, München 1998
Roxin, Claus	Zur Wiedergutmachung als einer „dritten Spur" im Sanktionensystem in: Festschrift für Jürgen Baumann, S. 243–254 Bielefeld 1992
Roxin, Claus	Strafrecht Allgemeiner Teil Band I, Grundlagen, Der Aufbau der Verbrechenslehre München 1992
Roxin, Claus	Die Wiedergutmachung im System der Strafzwecke in: Wiedergutmachung und Strafrecht, Heinz Schöch (Hrsg.) Neue kriminologische Studien, Bd. 4, S. 37–55, München 1987

Schäffer, Peter	Rückfall bei ehemaligen Strafgefangenen Baden-Baden 1996
Schaffstein, Friedrich/ Beulke, Werner	Jugendstrafrecht 13. Auflage, Stuttgart, Berlin, Köln 1998
Scheerer, Sebastian	Die abolitionistische Perspektive in: KrimJ 1984, S. 90–111
Scheerer, Sebastian	Abolitionismus in: Handwörterbuch der Kriminologie, S. 287–301 Fünfter Band – Nachtrags- und Registerband – Rudolf Sieverts/Hans Joachim Schneider (Hrsg.) 2. Auflage, Berlin, New York 1998
von Schlieben, Eike	Legalbewährung nach Einstellung des Strafverfahrens gemäß § 153a I StPO, Diss. Erlangen 1994
Schneider, Hans Joachim	Kriminologie, Berlin, New York 1987
Schöch, Heinz	Die Rechtswirklichkeit und präventive Effizienz strafrechtlicher Sanktionen in: Kriminalprävention und Strafjustiz, S. 291–326 Jörg-Martin Jehle (Hrsg.), Wiesbaden 1996
Schöch, Heinz	Die Entdeckung der Verbrechensfurcht und die Erkundung der Vorstellungen und Erwartungen der Geschädigten als Forschungsgegenstand in: Das Jugendkriminalrecht als Erfüllungsgehilfe gesellschaftlicher Erwartungen Symposium an der Kriminologischen Forschungsstelle der Universität zu Köln, Bonn 1995
Schöch, Heinz	Empfehlen sich Änderungen und Ergänzungen bei den strafrechtlichen Sanktionen ohne Freiheitsentzug? Gutachen C zum 59. Deutschen Juristentag Hannover 1992
Schönke, Adolf/ Schröder, Horst	Strafgesetzbuch – Kommentar – 25. Auflage, München 1997 zit.: Schönke/Schröder (Bearb.)
Schreckling, Jürgen	Täter-Opfer-Ausgleich nach Jugendstraftaten in Köln 2. Auflage, Landshut 1991
Vogt-Binné, Helga	Erfahrungen im Rahmen der staatsanwaltschaftlichen Diversion in: Wiedergutmachung und Strafrechtspraxis Erich Marks; Klaus Meyer; Jürgen Schreckling; Michael Wandrey (Hrsg.), S. 155–163, Bonn 1993
Walter, Michael u. a.	Täter-Opfer-Ausgleich aus der Sicht von Rechtsanwälten, Bundesministerium der Justiz (Hrsg.) Bonn 1999

Wellhöfer, Peter R.	Soziale Trainingskurse und Jugendarrest. Versuch einer vergleichenden Erfolgskontrolle in: MschrKrim 1995, S. 42–46
Winter, Frank/ Taubner, Svenja/ Krause, Christoph	Konfliktregelung von Schülern für Schüler in: DVJJ-Journal 1998, S. 172–175

Abkürzungsverzeichnis

AE-WGM	Alternativentwurf Wiedergutmachung
a. F.	alte Fassung
BGBl.	Bundesgesetzblatt
BT-Drucks.	Bundestagsdrucksache
BR-Drucks.	Bundesratsdrucksache
BVerfGE	Bundesverfassungsgerichtsentscheidungen
BZRG	Gesetz über das Bundeszentralregister und das Erziehungsregister (Bundeszentralregistergesetz)
bzw.	beziehungsweise
DVJJ-Journal	Deutsche Vereinigung für Jugendgerichte und Jugendgerichtshilfen e.V., München
EMRK	Konvention zum Schutz der Menschenrechte und Grundfreiheiten vom 4.11.1950
f., ff.	folgende
FA	Freizeitarrest
FS	Freiheitsstrafe
GA	Goltdammer's Archiv für Strafrecht, Heidelberg
GG	Grundgesetz für die Bundesrepublik Deutschland v. 23.5.1949
GS	Geldstrafe
JA	Jugendarrest
JGG	Jugendgerichtsgesetz
JuS	Juristische Schulung, München, Frankfurt/M.
JVA	Justizvollzugsanstalt
JZ	Juristenzeitung, Tübingen
KJ	Kritische Justiz, Frankfurt/M.
KJHG	Kinder- und Jugendhilfegesetz
KrimJ	Kriminologisches Journal, München (früher Hamburg)
LG	Landgericht
m. B.	mit Bewährung
m. E.	meines Erachtens
MschrKrim	Monatsschrift für Kriminologie und Strafrechtsreform, Köln
NJ	Neue Justiz, Berlin
NJW	Neue Juristische Wochenschrift, München, Frankfurt
NK	Neue Kriminalpolitik

NStZ	Neue Zeitschrift für Strafrecht, München
o. B.	ohne Bewährung
PKS	Polizeiliche Kriminalstatistik
Rn.	Randnummer(n)
S.	Seite
s.	siehe
StGB	Strafgesetzbuch
StPO	Strafprozeßordnung
Tab.	Tabelle
TOA	Täter-Opfer-Ausgleich
u. a.	und andere, unter anderem
UN	United Nations
vgl.	vergleiche
vollst.	vollständig
ZfStrVo	Zeitschrift für Strafvollzug und Straffälligenhilfe, Saarbrücken
ZRP	Zeitschrift für Rechtspolitik, Frankfurt/M.
ZStW	Zeitschrift für die gesamte Strafrechtswissenschaft, Berlin

Publikationsverzeichnis „Mainzer Schriften"

Band 1 **Risikoverteilung zwischen Bürger und Staat**
Schäden durch missglückte Vollzugslockerungen – wer trägt die Folgen?
Beweislast-Regelung des OEG – für Opfer zumutbar?
Dokumentation des 1. Mainzer Opferforums des WEISSEN RINGS 1989
ISBN 3-9802412-0-3/Preis DM 15,00

Band 2 **Kriminalitätsopfer im Spannungsfeld der Interessen**
Dasein für Opfer – Beruf oder Berufung?
Täter-Opfer-Ausgleich – Chance oder Risiko?
Dokumentation des 2. Mainzer Opferforums des WEISSEN RINGS 1990
ISBN 3-9802412-1-1/Preis DM 15,00

Band 3 **Kommunale Kriminalitätsprophylaxe/Dr. Andreas Ammer**
Zusammenfassung und Analyse des Internationalen Kolloquiums
„Gewalt in unseren Städten als Beispiel für Aufgaben der kommunalen Kriminalpolitik" vom
26.–30. September 1988 in Münster
ISBN 3-9802412-2-X/Preis DM 15,00

Band 4 **Orientierungshilfen bei Kindesmißhandlung/Dr. Günther Deegener**
Tabellarische Übersicht zu kompensatorischen Bedingungen
und Risikofaktoren
ISBN 3-9802412-3-8/Preis DM 17,00

Band 5 **Die Rolle des Verbrechensopfers in den Medien**
Opfer und Medien – Persönlichkeitsrechte geschützt?
Vermarktung von Verbrechen – wo bleiben die Ansprüche der Opfer?
Dokumentation des 3. Mainzer Opferforums des WEISSEN RINGS 1991
ISBN 3-9802412-4-6/Preis DM 15,00

Band 6 **Opferhilfe in Europa**
(dreisprachig: deutsch, englisch, französisch)
Verbrechensopfer und Massenmedien/
Schulung von ehrenamtlichen Opferhelfern
Relevanz von Opferbefragungen für die Opferhilfe/
Finanzierung von Opferfonds aus der Geldstrafe?
Dokumentation der Jahrestagung 1991 des European Forum
for Victim Services
ISBN 3-9802412-5-4/Preis DM 15,00

Band 7 **Das Opferschutzgesetz – Anspruch und Rechtswirklichkeit**
5 Jahre praktische Erfahrungen – Bilanz und Ausblick – Opferschutz bei Sexualdelikten
Dokumentation des 4. Mainzer Opferforums des WEISSEN RINGS 1992
ISBN 3-9802412-6-2/Preis DM 15,00

Band 8 **Bibliographie zum sexuellen Mißbrauch an Kindern und Jugendlichen**
2. erweiterte und aktualisierte Auflage Rund 800 Literaturstellen
aus dem internationalen Schrifttum, größtenteils kurz inhaltlich umrissen
bzw. kommentiert
Günther Deegener und Gunter Hannig, Dagmar Kopnarski, Norbert Ruffing
ISBN 3-9802412-7-0/Preis DM 15,00

Band 9 **Opferschutz im Sozialrecht**
Nicht gewollte Belastung oder unverzichtbare Praxis?
Brauchen wir eine zweite Instanz für die Leistungsträger?
Dokumentation des 5. Mainzer Opferforums des WEISSEN RINGS 1993
ISBN 3-9802412-8-9/Preis DM 15,00

Band 10 **Gewalt in der Schule – am Beispiel Bochum**
2. erweiterte und aktualisierte Auflage: mit einem kurzen Überblick
zur Geschichte in der Schule, zu den bisherigen Schuluntersuchungen,
zu den mögl. Erziehungs- und Ordnungsmaßnahmen, zu den präventiven
Handlungskonzepten und zu „Tips" für die Praxis
Prof. Dr. Hans-Dieter Schwind, Dipl. Päd. Karin Roitsch,
Prof. Dr. Dr. Wilfried Ahlborn, Dipl. Psych. Birgit Gielen
ISBN 3-9802412-9-7/Preis DM 25,00

Band 11 **Kriminalitätsopfer in der Zeitungsberichterstattung**
Berichterstattung über Kriminalitätsopfer und ihre Folgen, Analyse potentiell
viktimisierender Prozesse am Beispiel der Printmedienberichterstattung
Prof. Dr. Michael Kunczik, Wolfgang Bleh
ISBN 3-9803526-0-9/Preis DM 15,00

Band 12 **Täterrechte-Opferrechte – neue Gewichtung im Strafprozeß**
Dokumentation des 6. Mainzer Opferforums des WEISSEN RINGS 1994
ISBN 3-9803526-1-7/Preis DM 15,00

Band 13 **Das Bild des Opfers in der Kriminalitätsdarstellung der Medien**
Ergebnisse einer Untersuchung: Max-Planck-Institut für ausländisches und
internationales Strafrecht; Forschungsgruppe Kriminologie
Ulrich Baumann
ISBN 3-9803526-2-5/Preis DM 15,00

Band 14 **Opferentschädigungsgesetz – Intention und Praxis opfergerecht?**
Dokumentation des 7. Mainzer Opferforums des WEISSEN RINGS 1995
ISBN 3-9803526-3-3/Preis DM 17,00

Band 15 **Psychische Folgeschäden nach Wohnungseinbruch**
Erfahrungen von Opfern nach Einbruchsdiebstahl und Raubüberfall
Prof. Dr. Günther Deegener
ISBN 3-9803526-4-1/Preis DM 17,00

Band 16 **Gewalt gegen Pflegebedürftige**
Expertenforum des WEISSEN RINGS mit Podiumsdiskussion 1995
ISBN 3-9803526-5-X/Preis DM 17,00

Band 17 **Opfer krimineller Gewalttaten**
Ergebnisse einer Untersuchung: Max-Planck-Institut für ausländisches und internationales Strafrecht; Forschungsgruppe Kriminologie
Harald Richter
ISBN 3-9803526-6-8/Preis DM 25,00

Band 18 **Kinder als Gewaltopfer – was kommt danach?**
Strafprozessuale, sozialrechtliche und familienrechtliche Aspekte
Dokumentation des 8. Mainzer Opferforums des WEISSEN RINGS 1996
ISBN 3-9803526-7-6/Preis DM 17,00

Band 19 **Staatliche Entschädigung für Opfer von Gewalttaten in Österreich, Deutschland und der Schweiz**
Torsten Otte
ISBN 3-9803526-8-4/Preis DM 25,00

Band 20 **Vermeidbare und überflüssige Probleme bei der Opferentschädigung?**
Dokumentation des 9. Mainzer Opferforums des WEISSEN RINGS 1997
ISBN 3-9803526-9-2/Preis DM 17,00

Band 21 **Wiedergutmachung für Kriminalitätsopfer**
Dokumentation des 10. Mainzer Opferforums des WEISSEN RINGS 1998
ISBN 3-9806463-0-0/Preis DM 17,00

Band 22 **Entschädigung für Folgen einer Gewalttat**
Muss das OEG bei typischen Problemen versagen?
Dokumentation des 11. Mainzer Opferforums des WEISSEN RINGS 1999
ISBN 3-9806463-1-9/Preis DM 17,00

Band 23: **Zeugenbetreuung in der Justiz** (erscheint im 4. Quartal 2000)
Zu den Möglichkeiten und Auswirkungen justizieller Zeugenbetreuungsstellen
Oliver Nicolas Kaczynski
ISBN 3-9806463-2-7/Preis DM 25,00

Band 24: **Die Effizienz des Täter-Opfer-Ausgleichs** (erscheint im 4. Quartal 2000)
Eine empirische Untersuchung von Täter-Opfer-Ausgleichsfällen aus Schleswig-Holstein
Anke Keudel
ISBN 3-9806463-3-5/Preis DM 25,00

Band 25: **Zum Umgang mit kindlichen Auffälligkeiten** (erscheint im 4. Quartal 2000)
Eine Untersuchung zum Dunkelfeld und zur Prävention von Kinderdelinquenz in Grundschulen
Eckard L. Pongratz
ISBN 3-9806463-4-3/Preis DM 25,00